U0522343

本书受到2022年甘肃省高等学校青年博士基金项目"东西方贸易关系的演变与工业革命缘起之关系研究"（2022QB-186）的资助。

东西方贸易关系的
演变与工业革命的缘起

张琼 著

中国社会科学出版社

图书在版编目（CIP）数据

东西方贸易关系的演变与工业革命的缘起/张琼著.—北京：中国社会科学出版社，2023.10

ISBN 978-7-5227-2538-3

Ⅰ.①东⋯ Ⅱ.①张⋯ Ⅲ.①中外关系—对外经济关系—国际贸易—研究—西方国家 Ⅳ.①F125②F75

中国国家版本馆 CIP 数据核字（2023）第 162947 号

出 版 人	赵剑英	
责任编辑	高 歌	
责任校对	李 琳	
责任印制	戴 宽	

出　　版	中国社会科学出版社	
社　　址	北京鼓楼西大街甲 158 号	
邮　　编	100720	
网　　址	http://www.csspw.cn	
发 行 部	010-84083685	
门 市 部	010-84029450	
经　　销	新华书店及其他书店	
印　　刷	北京明恒达印务有限公司	
装　　订	廊坊市广阳区广增装订厂	
版　　次	2023 年 10 月第 1 版	
印　　次	2023 年 10 月第 1 次印刷	
开　　本	710×1000　1/16	
印　　张	16.25	
插　　页	2	
字　　数	261 千字	
定　　价	89.00 元	

凡购买中国社会科学出版社图书，如有质量问题请与本社营销中心联系调换
电话：010-84083683
版权所有　侵权必究

序

工业革命为什么在英国发生？因何发生？这个问题一直困扰着中外学术界。长期以来，学界的观点堪称汗牛充栋，但归纳起来无外乎"内生性"与"外生性"两种起因。

"内生性"起因是主流看法。其主旨包括两个方面：第一，英国开明的自由放任政府所传承下来的进步性社会环境，促成了英国工业革命的发生，它着重于英国政治制度的领先性；第二，英国工业革命的重大成就是在没有外界帮助的情况下，依靠盎格鲁－撒克逊人特有的创造性和个人主义来完成的，它强调了盎格鲁－撒克逊人的民族优越性。诚如戴维·兰德斯（David S. Landes）所说：英国成功的秘诀就在于它所进行的"内生性"变革的能力。[1]

关于工业革命的"外生性"起因，长期以来并没有得到足够的重视。其原因与历史上的中国与荷兰都曾存在过爆发工业革命的条件，而结果却并没有因此发生工业革命有关。它似乎说明这场革命似乎只会在英国社会内部爆发，因为只有英国具备了引发工业革命的内在特殊性。一些外国学者也表达了对"外生性"观点的认同。如约翰·霍布森（John Hobson）曾在《西方文明的中国起源》一书中认为：尽管英国人自己也做出了贡献，但显然是"外生性"转变促成了英国的成就。他表示："英国是中国宋代

---

[1] David S. Landes, *The Unbound Prometheus*, Cambridge: Cambridge University Press, 1969, p. 39.

工业革命的不自觉的继承者。"① 然而，类似的观点在西方学术界并没有引起广泛的重视。

从国内的研究看，中国学术界在这个问题上基本上延用或整合了西方学者的观点。如国内世界史教科书的看法认为：英国之所以发生工业革命，是因为她具备了一定的技术水平，有充足的能源，有大量的城市人口可以提供廉价的劳动力，有便捷的交通可以满足货物的运送和流通，有一个相对富裕的中产阶级可以保证社会具有一定的购买力，有市场机制下的经济体系以及相应的政治制度，等等。这样的观点实际上整合了西方学术界所存在的"内生性"起因与"外生性"起因的两类看法。如南京大学教授杨豫先生曾认为，英国工业革命的发生归功于两点原因：一是能源革命；蒸汽机广泛投入使用，使煤这种矿物能源可以更好地用在工业生产领域，从而解决了工业革命中能源短缺的问题。二是亚当·斯密《国富论》的发表；它对重商主义的商业原则进行了批判，提出了新自由主义的商业原则，为政府的政策和企业的经营提供了新理论。②

然而，任何纯粹的"内生性"起因或纯粹的"外生性"起因的看法实际上都是片面的，工业革命的发生应该是"内生性"与"外生性"两种因素的结合。诚如毛泽东同志所说："外因是变化的条件，内因是变化的根据，外因通过内因而起作用。"③本书作者张琼从浩如烟海的中外史料中披沙沥金，不断耙梳，经过审慎思考，提出了工业革命的内因即资本主义生产是其出现的内在动力，它只有通过外因即东西方贸易逆差的刺激，才能促使工业革命的发生。只有将"内生性"与"外生性"因素有机地结合起来，方能客观有效地阐述了英国率先发生工业革命的奥秘。

本书首先分析了近代早期东西方贸易的逆差情况。"大航海"开启了近代早期东西方海上出现的直接贸易，欧洲人发现了通往东方的新航路，但真正掌握东西方贸易主导权的力量并不是欧洲人，而仍是东方人，尤其

---

① Marshall G. S. Hodgson, *The Ventrue of Islam* Ⅲ, Chicago: Chicago University Press, 1974, p.197.

② 杨豫：《英国工业革命与民众文化水平》，《南京大学学报》（哲学社会科学版）1994年第4期；另见2016年12月31日，记者对南京大学历史系杨豫教授的采访，https://wenku.baidu.com/view/2837bf98a1116c175f0e7cd184254b35effd1a53.html, 2016-12-31。

③ 《毛泽东选集》第一卷，1951年10月版，第277页。

是中国人。西欧国家虽然奉行重商主义，但由于缺少用于贸易的货物，只能"多买少卖"，用大量的金属货币来填补空缺，最终使大量的国际货币即贵金属流入东方国家，由此造成西方在东西方贸易中出现了严重的逆差。美洲新大陆被发现以后，中国掌控了美洲白银产量的大约一半，这样的结果显然违背了西欧重商主义的贸易宗旨。

在此基础上，本书分析了西欧不同国家所做的如何摆脱贸易逆差的尝试以及因采取不同措施所带来的成效，进而推导出英国工业革命出现的基本逻辑。究竟如何摆脱东西方贸易逆差？西欧各国的做法是不一样的。率先进行殖民扩张的西班牙一味采取殖民主义的手段，将美洲大陆和亚洲的菲律宾变成了自己的殖民地，然后从这些地区最大限度地掠取贵金属——白银；荷兰则采用绝对重商主义的手法，利用自己的商船优势，在全球范围内组织起运销网络，最终变成了掠取商业利益的"海上的马车夫"；而英国则采用"扩大再生产"的办法，先在本国或本殖民地建立手工工场，大力发展制造业，然后将产品销往世界各地，从而最大限度的获取销售利润。从长远角度看，英国的做法无疑是三个国家中最成功的。因为在历史进入17、18世纪之后，随着英国逐步成为海上霸主，其生产和贸易上的优势也越来越突出，最终引发了人类历史上从未有过的技术革命的爆发，即工业革命。工业革命的发生固然有资本主义生产这个内在动力在起作用，但16-18世纪发生的东西方之间的贸易逆差也发挥了巨大的刺激作用，它无疑是18世纪后期英国工业革命爆发的外在动力。

早期的东西方贸易实际上是一场亘古未有的贸易战。贸易战的经验告诉我们，要想获得世界贸易的主导权，必须首先弄清楚用于世界贸易的主要商品是什么？英国人在长期进行的东西方贸易的实践中了解到，印度的棉布将是当时拥有世界最大规模市场的商品，占领这个市场，就等于控制了东西方贸易的主导权。于是，英国开始大力发展棉布生产。一开始，他们仅限于仿造，因生产技术粗糙，产品质量低劣，成本又居高不下，产品很难有销路。为此，英国迫切需要进行棉布生产的技术革新。在反复多次地从中印进行棉织品的进口之后，英国人开始了全民动员，出现了全国范围内的大规模的技术革新运动，最终将瓦特改良后的用于煤炭开采的蒸汽机运用到棉纺织业部门，从而带动了棉纺织业的技术革命。这就是我们所看

■ ■ ■ 东西方贸易关系的演变与工业革命的缘起

到的工业革命。

此外，在谈及当时英国面对的贸易对策时，本书注意到当时的中国并未采取任何反制或反应措施。近代早期的东西方贸易战是一场由西方人单独发起的贸易战争，东方人并没有参与其中。当时的东方国家特别是中国还处在世界贸易的"非警戒"状态，根本看不到任何贸易战的"烟火"。他们对西欧国家没有采取任何反制措施，既没有提升棉纺织品进出口的关税，也没有开展任何足以对抗西方先进技术的科技竞争，只是一味听任英国等西欧国家不断提高其生产棉纺织品的技术能力。其原因是因为当时的中国还是一个农业国，这无疑是中国的时代局限。而英国人在亚洲所采取的贸易对策都是针对东方国家尤其是针对中国的生产优势和贸易优势制定的。他们首先将南亚次大陆一步步变成了完全的殖民地，然后让这里的居民减少稻米和棉花的生产，而改种鸦片和茶叶。这样做，一是加大了南亚次大陆对英国棉纺织品的购买；二是可以将在印度生产的鸦片输往中国；三是还可以减少中国人对英国所需茶叶的输出，可谓一剑三雕，自此彻底改变了长期以来所保持的东方对西方的贸易顺差地位。待到第二次鸦片战争爆发之后，西方人在中西方贸易中的逆差已不复存在，中国再也无法与英国及整个西方世界相抗衡。这样的局面自工业革命以来一直持续到二十一世纪的前不久。

历史发展到今天，我们看到，因中国发展态势迅猛，中美之间的贸易逆差日益扩大，在美国方面看来已经威胁到其全球霸权，美方便想方设法遏制中国，贸易战就是其中的一策。2018年4月，美国前任总统唐纳德·特朗普对中方3000亿美元的商品加征多达25%的关税，毫无顾忌地拉开了中美之间的新贸易战，妄图以此改变中美贸易中美国逆差的局面。这无疑是一种霸凌行为。因为中国人流血流汗，牺牲现有的环境，生产的产品只能从中低端开始慢慢升级，美国人却突然暴征关税，无疑是在对中国人进行"割韭菜"。更何况，今天的中国已经不是过去的旧中国，在中国成为世界第二大经济体之后，这种"割韭菜"的行为必然遭到反制，其后果只能使美方"杀敌一千，自损八百"，因为关税的提高将使美国国内的物价上涨。近期，美国因物价飞涨，总统拜登开始考虑给中国输美商品降税。然而，历次贸易战包括早期贸易战的经验表明，要想在世界贸易中稳居贸易的主导权，必须紧紧抓住引领世界贸易的技术龙头。近代早期，这个龙头曾经是棉布制造；在当今时代，这个龙头可能是芯片、可能是"互联网＋"，可能是人工智能，可能是石墨烯，也可能是核聚变？然而，无论是什么，这个龙头技术最重要的方面将离不开对人类未来"命运共同体"的关注。

谢丰斋

天津师范大学历史文化学院、欧洲文明研究院教授，博士生导师

前　言

"大航海"从海上打开了东西方之间的贸易通道，达成了西欧重商主义国家企图到东方开拓市场的目的。当时，以中国和印度为主体的东方地区是世界财富的中心地，西欧与东方的贸易一开始是以"购买"为主的。东方国家特别是中国，受小农经济的限制，对外来商品的需求很低；同时，西欧国家也确实生产不出东方国家的必需品，因此早期的东西方贸易处于失衡状态。西欧国家要购买东方的商品，必须向东方输入大量的贵金属，特别是白银。

幸运的是，西欧国家在去往东方的航线上发现了美洲这块新大陆，从而为欧洲提供了与东方贸易交往过程中的大量白银。工业革命之前的东西方贸易基本上是欧洲白银对东方商品的贸易，但这种贸易违背了西欧重商主义国家通过贸易获得贵金属的初衷。

近代早期，西欧国家在亚洲的贸易以转口贸易为主。它们获利的方式是以东西方之间金银的不同比价和产品价格差来获取利润，这种方式曾为近代以来的葡、西、荷、英等国普遍采用。然而，随着东西方贸易规模的扩大，输入欧洲的亚洲商品数量逐步增加，其价格自然也就会降低。同时，随着中国和印度从欧洲获得的白银数量越来越多，而美洲白银也终有开采殆尽之时。所以，欧洲各国的贸易公司越来越发现其远东地区的利润空间的下降，单纯用贵金属换取东方产品的贸易形式终不能持久。

约翰·洛克曾言，"通向财富的道路只有两条，掠夺和贸易"。工业革命前，西欧的世界贸易在一定程度上实现了全球资源的调动与整合，它们将美洲白银运往欧洲，将非洲黑奴运往美洲，再将流入欧洲的美洲白银运往亚洲。也就是说商业资本主义的欧洲有能力通过贸易操控世界其他地区的经济，但其自身的产品生产能力还是十分有限的，欧洲对美洲和非洲财富的获取方式是掠夺式的，对亚洲，尤其对中国财富的获取方式则是贸易式的，因为"大一统"的中国完全有能力维护自己的经济利益，西方国家无法像对待美洲和非洲那样对中国进行野蛮掠夺。但是，一味地通过输出贵金属来平衡的贸易不是长久之计。如18世纪末，西班牙、荷兰之所以退出东方贸易，一方面与英国的打压有很大关系，另一方面也与美洲白银数量的减少有关系。因此，欧洲面临的任务是必须从关注东西方贸易的流通领域转向关注生产领域。贸易的前提就是要有可供交换的商品，而不是一味地输出贵金属。

  英国人很早就意识到了这一点。为扭转贸易逆差，他们除了采用金融、关税、转口贸易，尤其是鸦片等手段之外，开始用进口替代的方式率先从棉纺织业入手，努力减少与印度方面的贸易逆差，并在占领孟加拉以后，在孟加拉大量种植鸦片，然后输出到中国。在此基础上，英国开始使用由煤炭所产生的动力机械，由此产生了以棉纺业为核心的相关经济部门的一系列生产技术的革命，从而带动了英国生产力的巨大飞跃。这种生产力的革命又迅速"传染"给西方其他国家，西方国家因此有了巨大的商品储备，对东方的贸易便因此被扭转过来。西方社会乃至西方文明开始前进并发展到一个新的阶段。

目　　录

绪　论 ………………………………………………………………… 1

第一章　大航海与近代东西方贸易的起源 …………………… 33
 第一节　大航海的目的地 …………………………………… 34
 第二节　东方贸易在全球贸易中的地位 …………………… 44
 本章小结 ……………………………………………………… 61

第二章　近代东西方贸易中的西方逆差 ……………………… 64
 第一节　从白银流量看贸易逆差的表现 …………………… 65
 第二节　从商品结构看贸易逆差的表现 …………………… 86
 第三节　贸易逆差对西方的影响 …………………………… 93
 本章小结 ……………………………………………………… 102

第三章　西方贸易逆差出现的原因 …………………………… 104
 第一节　贸易平衡说 ………………………………………… 105
 第二节　金银套利说 ………………………………………… 110
 第三节　制度差异说 ………………………………………… 119
 第四节　生产力相对不足说 ………………………………… 128
 本章小结 ……………………………………………………… 138

第四章　英国扭转贸易逆差的措施 …………………………… 141

第一节 金融政策 …………………………………………… 142
第二节 贸易政策 …………………………………………… 149
第三节 产业政策 …………………………………………… 173
本章小结 ……………………………………………………… 186

第五章 近代东西方贸易地位的转换 ……………………………… 188
第一节 东方贸易地位的边缘化：以中印两国为例 ………… 189
第二节 西方贸易地位的崛起：以英国为例 ………………… 205
本章小结 ……………………………………………………… 224

结　语 ……………………………………………………………… 226

参考文献 …………………………………………………………… 229

绪　　论

一　选题意义

（一）选题缘由及现实意义

大航海开启了真正意义上的全球海上贸易，关于近代以来的世界贸易，学术界长期以来的基本看法是：葡萄牙人和西班牙人开启的大航海成功地打通西方到达东方的新航路，从而使分散的世界连为一体，以欧洲为中心的世界市场开始产生，真正意义上的全球史开始形成。然而，大航海虽然使世界市场开始形成，但是以"欧洲为中心"未免言过其实或言之过早。实际上，从大航海到工业革命的发生，欧洲并没有完全掌握这一时期世界贸易的主导权，这种主导权还控制在印度和中国手里，中国和印度不仅是新航路开辟的目标也是欧洲人贸易的主要对象。随着新航路的开辟以及世界贸易中心逐步向东转移，美洲白银经欧洲最终流向亚洲，尤其是印度和中国。在明末清初长达三百多年的时间里，中国一直占据着世界贸易的制高点，大量美洲白银直接或间接地涌入东方。而这与西方国家奉行的重商主义经济政策相违背，西方国家为解决贸易平衡问题，一方面调整自身经济结构，提高生产效率；另一方面通过政治、军事、经济手段不断改变东方国家尤其是印度和中国的经济结构。在东西方不断地交往过程中，双方经济结构都在发生变化，西方通过产业革命，率先解决生产力问题，再辅以政治、军事、经济等手段，成功地完成近代以来贸易局面的逆转，东方小农经济最终不敌产业革命的巨大压力，"欧洲中心"的局面才最终形成。

探寻这一时期西方崛起原因的著作很多，但大都以西方或欧洲为中心，研究欧洲的政治结构、宗教精神、经济体制等，认为西方崛起的原因是内部因素（诸如政治体制、能源、社会结构等）造成的，鲜有从外部尤其是从东方贸易的视角谈西方崛起的。其实从中世纪以来形成的东西方贸易格局，就是西方对东方的依赖，这种情况一直持续到产业革命甚至是产业革命发生后很长一段时期。东方不需要西方产品，这就造成了长期且大量的贵金属外流问题。为解决这一问题，西方人一方面不断扩张；另一方面从模仿东方产品到自行生产，即重商主义获得财富的途径：掠夺—贸易—生产。最终西方获得世界贸易的主导权，这当然与西方内部各种因素分不开，但是也不能忽视在这一转变过程中，东方所起的重要作用——贸易失衡作为外部因素与西方的兴起息息相关。

因此本书试图分析资本主义形成早期，从商业文明向工业文明过渡时期，东方贸易对工业文明所产生的推动作用。即跳出"欧洲中心"的视角，从东方贸易的角度看西方产业革命兴起以及近代以来东西方贸易格局的转变；即亚洲，尤其是中国及南海贸易圈和印度及印度洋贸易圈逐步衰落，而西方从不占优势的贸易状态到掌握世界贸易的主导权的转变过程。

"一带一路"倡议提出以后，受到国际社会的高度关注，并很快得到沿途国家的广泛支持。因为该倡议是中国在当前国际竞争形势日益加剧和综合国力不断提高的时代背景下，为寻求国家新的发展战略做出的睿智选择。海上丝绸之路成型于秦汉之际，繁荣于唐宋时期，转变于明清之际。两千多年来，中国通过海上丝绸之路以自身强大的经济实力为世界经济的发展作出了卓越贡献，尤其是对欧洲经济、文明的发展起到了积极的推动作用，茶叶、丝绸和瓷器的出口对欧洲经济和社会生活产生了深远影响。而这种国际影响力主要依托我们强大的制造力水平。但是在近代早期东西方以贸易为纽带的交往中，西方国家通过自身努力，对其经济结构进行调整，并对东方国家的经济通过政治、军事等手段进行干预。最终，在双方对峙中，印度沦为英国殖民地，而中国的小农经济最终不敌以英国为首的西方国家的工业文明，东方的贸易优势最终不复存在。因此，在新时期，回顾近代早期中国南海贸易圈以及在这一地区东西方贸易格局的发展变化，有助于我们理清近代早期东西方经济变化的路径，分析成败的原因并从中获得经验、吸取教训。

(二) 理论来源

1. 重商主义理论

"重商主义"一词于1776年由亚当·斯密在《国富论》中最早提出,用来概括15—18世纪反映商业资本主义经济发展时期的经济政策。重商主义政策对现代欧洲的意义十分重大。从早期的贵金属即财富到后期通过贸易保护调节贸易再到工业革命后的自由贸易,无一不有重商主义经济思想的影子。史蒂夫·皮卡斯对重商主义对西欧经济发展所起到的作用给予高度赞扬,他认为:"1880—1930年欧洲各国实现自由贸易,这不得不承认得益于重商主义,更有支持者认为是重商主义造就了现代欧洲,是欧洲通向现代化的重要阶段。"[①] 重商主义经济体制的存在大约始于15世纪中叶,止于18世纪中叶,持续时间约三百年。在"走向资本主义的漫长历史进程中,重商主义是一个复杂的、相互连接的过程"[②]。重商主义的发展经历了两个阶段。即重金主义或货币平衡和重工主义即贸易平衡。

早期重商主义尤为注重货币、贵金属对于经济生活的意义,故又被称作重金主义。重金主义的核心思想认为财富的本质和唯一形态即贵金属,只有掌握金银,才算是获得财富。因此,对于一个国家来说,获得财富的手段只有两种,即矿藏开采和对外贸易。而在当时,欧洲金银矿藏资源十分有限,而且开展国内贸易也不能帮助一个国家获得更多的财富,因为"甲之所得不过是乙之所失",[③] 只是实现财富的转移。正如约翰·洛克所言:"通向财富的道路只有两条:掠夺和贸易。"[④] 而一个国家如果在对外贸易中,可以更多地卖出商品而实现他国贵金属的流入,那么就可以掌握更多的财富。因此,重金主义具体到现实措施上,可以凝结为一个主旨,即"少买多卖",就可以实现贵金属的流入。

---

① Steve Pincus, "Rethinking Mercantilism: Political Economy, the British Empire and the Atlantic World in the Seventeenth and Eighteenth Centuries", *The William and Mary Quarterly* Vol. 69, No. 1, 2012, p. 4.

② [法] 米歇尔·博德:《资本主义史:1500—1980》,吴艾美、杨慧玫、陈来胜译,东方出版社1986年版,第41—42页。

③ [英] 托马斯·孟:《英国得自对外贸易的财富》,袁南宇译,商务印书馆1959年版,第2页。

④ 转引自 [德] 汉斯·豪斯赫尔《近代经济史:从十四世纪末至十九世纪下半叶》,王余庆、吴衡康、王成稼译,商务印书馆1987年版,第228页。

但是要想少买多卖，就要有足够可以卖出的商品，这就对国内制造业水平提出更高要求，于是重商主义发展到16世纪下半期至17世纪过渡到晚期重商主义即重工主义。与早期不同，晚期重商主义的基本原则是发展对外贸易，扩大商品输出，限制商品输入，其特点是通过调节商品运动，达到积累货币财富的目的。晚期重商主义的这种思想被称为贸易差额论或贸易平衡论。为了发展对外贸易，达到顺差的目的，晚期重商主义者采取扶持和鼓励制造业发展的贸易保护或国家干预政策。在这方面，英国是西欧各国中最具代表性的国家。一方面，在当时的英国，至都铎王朝，特别是在伊丽莎白时期，英国国内的商品经济已经有了较好的发展基础，新型的、非封建的经济因素（即资本主义市场经济）成长较好，在发展国内外贸易上具有较好的条件；另一方面，英国本国贵金属矿产贫瘠，无法通过开采矿藏得到更多贵金属。对于英国来说，16世纪后期，英国为禁止金银出口、鼓励金银进口以及对制成品强调出口和限制进口，所采取的一系列措施以及颁布的各种法令，规定的严厉刑法，都与重金主义学说的产生和发展相辅相成。正是贵金属的匮乏引起的铸币紧缺导致了对贵金属货币的保护与贸易中的种种限制措施，而由此催生出了早期重商主义即重金主义的思想和学说。而与东方贸易的逆差，尤其是为对抗与印度的贸易劣势，从棉纺织业入手，从模仿到超越进而扩展到其他行业生产力的变革，最终引起全方位的生产关系的变化。而在发展工业的过程中，英国始终用贸易保护和国家干预政策，为英国工业的发展保驾护航，英国将重商主义的特征：重金主义、重工主义、贸易保护使用得淋漓尽致又恰如其分。

2. 古典政治经济学说

由于重商主义以流通领域为其研究对象，故不能揭示资本主义社会的本质。在重商主义贵金属即财富思潮的影响下，西班牙、葡萄牙率先通过大航海攫取了东方及美洲巨额财富。但是随着西欧手工业的发展以及一味地依靠贵金属平衡的东西方贸易最终会受到美洲贵金属减产的影响，同时也不利于西、葡两国在欧洲内部经济霸权的争夺。旋即西、葡两国经济实力下降，逐渐为其他国家所超越。到17世纪初，商业和对外贸易的发展引起资本主义工场手工业的发展，生产成为资本主义社会经济关系的主体，流通变为生产的一个要素，而非全部，由此导致了重商主义思想的逐步瓦解和新的经济思想的产生，即以资本主义生产为研究对象的古典政治经济学理论。英国率先从重商主义经济思想的束缚下解放出来，英国的有识之士认为国民财富增长的方式不仅仅是增加国内贵金属的数量，而是注重生产力的发展，于是开始从理论上说明产业资本的生产方式怎样使财富迅速增长，探讨财富生产和分配的规律，论证资本主义生产的优越性，由商品流通领域过渡到商品生产领域。威廉·配第认为影响国民财富的第一因素是劳动生产率，商品的价值是由生产商品所耗费的单位劳动时间所决定的。所以他提出增加国民财富的最佳办法是提高劳动生产率，于是产生分工以及产品加工的专业化，重视科学技术。"古典经济学之父"亚当·斯密提出劳动价值论，劳动创造价值。他并非完全反对重商主义，而是不再认为贵金属即财富，认为资本源于生产以及劳动力的交换。其后，大卫·李嘉图则系统地论述了商品价值取决于商品生产的劳动时间，第一次把理论研究从流通领域转移到生产领域。因此从古典政治经济学产生的过程来考察，可以分为现有农业的充分发展，进而促进工业发展，丰富的商品满足国内所需后必然加大出口数量，即促进商业发展。只有商业资本开始日益从属于产业资本，流通过程日益依赖生产过程的时候，国内工业才会迅速发展。这也是英国后来通过工业革命超越西班牙、葡萄牙、荷兰等国的主要原因。

3. 弗里德里希·李斯特的思想

弗里德里希·李斯特（Friedrich List）对古典经济学持怀疑和批判的态度，他是德国历史学派的奠基人和先驱者。其观点与亚当·斯密的自由主义经济学相左，他认为国家应该在经济生活中起到至关重要的作用。按照亚当·斯密和大卫·李嘉图的观点，各国通过对外贸易可以用自己所生产的绝对成本和相对成本较少的产品交换彼此所需求的绝对成本和相对成本较高的产品，因为这样可以节省劳动力以增加财富。英国在发展棉纺织业以对抗与印度的贸易逆差时显然违背了上述古典经济学的原则。所以本书从李斯特经济思想中的生产力理论、贸易保护、国家主导的工业化等观点寻求理论支撑。

李斯特认为，财富增长问题虽然也是古典经济学谈论的主要问题之一，但其分析方法缺少对财富增长的动态研究，古典经济学更专注财富的交换价值，注重既定技术水平下财富和资源的配置。但是对于经济相对落后的国家来说，不能仅仅考虑财富的交换问题，而是要首先考虑财富的增

■■■东西方贸易关系的演变与工业革命的缘起

长问题。因为财富增长的能力是交换财富的前提，即提高生产力才能缩短与其他国家经济发展的差距。他举例：美国和俄国的工业品在一段时间内由于输入激增，于是发生了连续多年的贸易逆差，最终导致大规模的国内经济混乱现象。① 之后，随着俄美等国综合国力的不断增长，本国所需产品逐步实现自主生产，贸易差额也随之朝着有利于经济发展的方向改善。因此李斯特认为导致国家财富变化的主要原因不是如古典经济学家所说的交换而是生产力水平。"在主权国家或经济实体中，长期的大规模的贵金属外流是危险的，国内金融体系和价格体系必然会有急剧的变化。"② 要保持国家对外贸易的出超，提高产品制造力才是根本之法。他形象地指出生产力和财富之间的关系就如同"果实与树木，只有繁盛的树木才能结出累累硕果"③。可见生产力在促进一国国民财富中的重要性。

李斯特在对重商主义理论进行批判的同时，也批评亚当·斯密的理论是"交换价值理论"，而自己创立了"生产力经济学理论"，认为历史发展是由农业经济到工业经济，最后才是农工商并重的经济。而且，他从国家利益的角度出发，认为"商业只是农业与工业之间以及它们各部门之间的交流中介"④。

通过以上观点可以看出，重商主义者强调通过外贸使金银流入以增加财富，肯定贸易顺差给国家带来的巨额财富，却不知道贸易顺差的实质是什么，认为白银这种硬通货可以解决贸易逆差问题。然而欧洲自身黄金和白银的储藏量十分有限，其贵金属主要是来自美洲的白银和非洲的黄金。而且遗憾的是欧洲并不是这些贵金属的最终归属地，贵金属主要通过东方贸易辗转到达亚洲。但是随着美洲白银减少，欧洲依旧没有同东方国家进行交换的商品，故而西班牙、葡萄牙和荷兰这些老牌重商主义国家相继陨落。客观事实迫使欧洲改变策略，重视生产力的发展。英国为此走在了前

---

① ［德］弗里德里希·李斯特：《政治经济学的国民体系》，陈万熙译，商务印书馆1961年版，第95页。
② ［德］弗里德里希·李斯特：《政治经济学的国民体系》，陈万熙译，商务印书馆1961年版，第272页。
③ ［德］弗里德里希·李斯特：《政治经济学的国民体系》，陈万熙译，商务印书馆1961年版，第52页。
④ ［德］弗里德里希·李斯特：《政治经济学的国民体系》，陈万熙译，商务印书馆1961年版，第141页。

列，当然这与英国本身所具备的地理环境、自然资源、政治体制、科学技术、经济水平等因素密不可分，但是长期与东方的贸易逆差引起白银外流，确实在一定程度上是英国工业革命催产剂。但是英国在发展自身制造业过程中，采取的并非是自由主义经济思想而是政府干预经济的贸易保护政策，这与李斯特的政府保护弱小工业的思想一致。所以近代早期英国在与东方的贸易交往中上述几种经济思想都体现得十分明显。

本书仅以东西方的贸易转换作为视角，提出以下几点见解。

（1）工业革命的产生与近代以来东西方贸易有很大关系，除英国内部已经具备的政治、经济、文化等因素以外，从外部因素来说，是与东方长期的贸易逆差有着紧密关系的，按照马克思主义史观，内因与外因要同时作用才有意义，迫使西方国家转变其经济结构和提高生产力的外部诱因就是与东方国家长期的贸易逆差。再者，受美洲白银减产的冲击，贵金属压力剧增，要达到贸易平衡必须从一味进口到自行生产。

（2）以往研究中，尤其是在中国史的研究中，强调了因鸦片导致白银外流对中国社会经济造成的负面影响。因为由鸦片导致的外流白银，又以英国购买中国茶叶、生丝、瓷器等商品的资金流回中国。因此鸦片贸易在一定程度上是白银争夺战，是英国为解决对华贸易逆差的资金问题采取的一种转口贸易的方式，而英国最终的目的是要向中国倾销其商品而非倾销鸦片，随着工业革命的进一步推进以及苏伊士运河的建成，英国运到中国的商品数量逐步增加且价格逐步下降，导致英国输华鸦片数量逐年减少，中英贸易格局逐步扭转。

（3）以往研究中认为英国长期以来的对华贸易逆差是由于小农经济导致人均收入水平很低，无力购买外来商品，但是英国却通过鸦片这种可以导致成瘾性消费的特殊商品缓解甚至扭转了对华贸易逆差。中国吸食鸦片的人群从上层的官僚、显贵到社会底层的苦力等，分布十分广泛，虽然鸦片不同于普通商品而是一种可以导致成瘾性消费的特殊商品，但还是需要白银购买的，所以不能单纯地将英国近代以来形成的贸易逆差归结为中国购买力水平低下，而应考虑英国在工业革命前产品制造力水平有限的因素。

4. 相关概念界定

（1）贸易平衡：这是一个历久弥新的问题。远至近代早期的重商主义,近至当下的中美贸易战,都离不开不同派别对"贸易平衡"的界定与理解。

学界一些学者提出,至少在英国而言,16—17世纪的重商主义处于较为成熟的阶段。这一阶段的重商主义在思想上,仍重视贵金属的意义,秉持货币差额论,认为金银才是一个国家真正的财富。[①] 所以在对外贸易上坚持少买多卖,以求得贵金属的流入。至18世纪,古典经济学开始兴起。古典经济学家们对他们眼中的重商主义进行了批判和发展。作为古典经济学早期代表人物,大卫·休谟(1711—1776)在货币论上超出了之前的差额论。在他看来,货币(主要是指贵金属铸币)是劳动和商品的代表,在没有进入流通领域之前是没有价值的。货币的价值在于流通,在于对商品定价。他主张货币数量论,即"价格取决于商品与货币之间的比例……商品增加,价钱就便宜;货币增加,商品就涨价"。[②] 基于这一货币观,休谟强调货币与商品之间的数量关系,认为单一某国肯定无法长期保持贸易顺差,国际贸易在一定较长的时间里,肯定是平衡的。所以,他反对重商主义刻意追求贸易顺差而进行的政策管制,主张发展自由贸易。而发展自由贸易以实现贸易平衡的关键在于本国生产商品的能力:通过不加限制的自由贸易往来,可以激发各国发展生产的竞争,而"各国之间你追我赶的竞争,反倒会使各自的工业蓬勃发展"。[③]

总地来说,在前工业革命时代,重商主义与早期古典经济学对贸易平衡有着不尽相同的认识。重商主义更注重贵金属的流向,他们的主张不是贸易平衡,而是加强贸易管制以实现金银流入;以休谟为代表的早期古典经济学家对货币的认识更为深刻,看到了贸易发展对本国工业的促进作用,主张大力发展自由贸易以实现工业发展。贸易平衡不需要刻意追求,它是自然而然达成的,但也是以能够提供自产商品为前提的。所以在休谟看来,实现贸易平衡的关键,在于本国生产能力(生产工艺)的发展。因此本书借用上述观点试从贸易平衡的视角对东西方贸易格局的变化作历史性分析。

---

① 对重商主义的阶段划分,参见张乃和《16世纪英国早期重商主义特征的历史考察》,《史学集刊》1999年第1期;李新宽《重商主义概念辨析》,《东北师大学报》(哲学社会科学版)2009年第4期。
② [英]大卫·休谟:《休谟经济论文选》,陈玮译,商务印书馆1984年版,第31—43页。
③ [英]大卫·休谟:《休谟经济论文选》,陈玮译,商务印书馆1984年版,第76页。

(2) 东西方地理范围界定：东西方所包含的地理范围十分广泛，笔者论述的主要是地理大发现到工业革命兴起后东西方贸易结构的转变。大航海的主要目的地是东方的印度和印度洋以及中国及中国南海地区，因此本书的东方主要指中、印及其贸易圈。西人来东方首先是葡萄牙、西班牙，后来主要是荷兰及英国、法国等。在近代早期的贸易竞争中，只有英国通过各种竞争率先突破生产力的限制，机械动力及矿物能源的使用，使得本国制造业有了质的飞跃，才改变了对东方贸易的不利局面，所以英国的工业革命是"原发型"的，因此也更具代表性，故笔者以英国为主，兼论西班牙、葡萄牙及荷兰。

二　国内外研究综述

（一）国外研究综述

1. 从东方贸易优势的视角谈近代东西方贸易状况的相关学术研究

国外学界对这一问题论述的比较早。最为典型的是布罗代尔的《15—18世纪的物质文明、经济和资本主义》，该书从整体史观的视野对15—18世纪世界经济的发展进行宏观论述，同时，从全新视角对大航海后全球贸易及白银问题进行了回顾。认为美洲白银流入印度和中国给欧洲造成的贸易逆差一直持续到19世纪20年代甚至30年代，而这种现象是一种经久不息的结构性流失，同时也指出这种贵金属的长期大量流失，再加上欧洲国家对贵金属的储蓄和消耗，造成了贵金属在国内流通不畅的问题。[1] 杰弗里·巴勒克拉夫主编的《泰晤士世界历史地图集》中描述："西欧于1500年仍站在世界文明的边缘，比起东方许多古老帝国，西欧黯然失色。""土耳其和中国的文明程度直到伏尔泰生活的时代，即18世纪末都一直处于世界领先地位，其文明程度远非欧洲人可比。"[2] 阿布—卢格霍德指出："1250—1350年，欧亚经济体的中心不是在欧洲而是在亚洲。"[3] 杰克·古

---

[1] [法]费尔南·布罗代尔:《十五至十八世纪的物质文明、经济和资本主义》（第一卷），顾良、施康强译，商务印书馆2017年版，第548页。

[2] [英]杰弗里·巴勒克拉夫主编：《世界史便览：公元前9000年—公元1975年的世界》，《泰晤士世界历史地图集》中文版翻译组译，生活·读书·新知三联书店1983年版，第295、294页。

[3] Janet L. Abu-Lughod, *Before European Hegemony: The World System A. D. 1250-1350*, Oxford: Oxford University Press, 1989.

迪在《西方中的东方》一书中，从印度棉织业的发展历程来看其对英国纺织业的促进作用，认为英国占领之前的"印度是一个制造业高度发达的国家，其纺织品远销欧洲及其他地区，这引起英国布料商的强烈不满。英国通过对双方一系列经济结构的调整，最终实现了贸易格局的逆转"①。菲利普·D. 柯丁《世界历史上的跨文化贸易》一书远离欧洲中心的历史观，描述从古代世界到商业革命时期跨地区、跨文化贸易，对大航海以来的东西方贸易分别从亚洲内部贸易和欧人涉足亚洲海上贸易来讲述近代以来东西方贸易的交流与影响。②约翰·霍布森的《西方文明的东方起源》一书，核心观点是："长久以来是欧洲中心论导致了东方经济在全球经济体系中的边缘化，然而在事实上却是东方经济自6世纪时期就已经处于全球经济的领先地位并长期保持其经济优势直到19世纪。在一千多年的经济发展中东方经济始终领先于欧洲。而最不应该被忽视的是东方的技术、制度、思想等资源对晚近以来西方的崛起起到了巨大的作用。比如西方纺织技术的发展直接来源于印度。"因此需要跳出"欧洲中心主义观"的束缚，要正视在西方崛起的过程中东方所起到的积极作用。③但霍布森同时也指出西方在吸收东方先进技术和文明的过程中主动地对其进行改造并创新。

随着西方政治与学术领域中"亚洲崛起"或"中国崛起"等论调的兴起，不断有学术研究开始跳出"欧洲中心论"的观点。尤其是随着新航路的开辟全球经济联系日益紧密，更多的研究开始将视角转移到东方国家。安德烈·贡德·弗兰克的《白银资本——重视经济全球化的东方》一书就是把亚洲置于全球经济的中心，把中国置于亚洲经济的中心。书中认为欧洲人因生活所需以及对财富的渴求，希望得到东南亚的香料、印度的棉纺织品、中国的茶叶、瓷器等特色商品，却无法提供相应的交换品。而印度和中国在其经济发展中除了对白银表现出无限渴求外，对别的产品漠不关心。但奇怪的是这种对白银的无限渴求并没有引起经济学中的通货膨胀，这就意味着中国吸收白银靠的是不断扩大的生产和就业，即自身不断发展

---

① ［英］杰克·古迪：《西方中的东方》，沈毅译，浙江大学出版社2012年版，第121—142页。
② ［美］菲利普·D. 柯丁：《世界历史上的跨文化贸易》，鲍晨译，山东画报出版社2009年版，第130—169页。
③ ［英］约翰·霍布森：《西方文明的东方起源》，孙建党译，山东画报出版社2009年版，第2—5页。

的经济实力。① 法国学者弗朗索瓦·吉普鲁认为："大航海与其说是欧洲人的扩张，不如说是亚洲像磁石一样对欧洲具有强大的吸引力。这样说是必须抛弃两个旧有概念，一是欧洲中心论，二是亚洲各国并非处于从属或被动地位。"②

滨下武志的《近代中国的国际契机——朝贡贸易体系与近代亚洲经济圈》一书探讨了东亚区域经济与全球经济的关系，分析了以中国为核心的东亚朝贡贸易体系的特点及东亚贸体系与欧美殖民贸易体系的差异。尤其对近代早期的中日贸易关系有很新颖的论述。③ 另外一本著作《中国、东亚与全球经济——区域和历史的视角》是从中国长期占据贸易主导地位的历史时期开始论述，认为全球白银从不同方向长期大量流入中国用以交换中国的特色商品。白银是这一时期美洲、欧洲和亚洲贸易联系的纽带，白银跨越五个世纪，联系着这一时期的世界经济。因此全书以白银为中心，研究亚洲的朝贡贸易体系和近代早期全球贸易发展状况。④ 杰克·戈德斯通的《为什么是欧洲？世界史视角下的西方崛起（1500—1850）》，全书以1500年前后世界财富集中于东方写起，直到工业革命后西方崛起。该书用比较史学的方法详细分析这一时期东西方社会经济的各种变化及原因，并将原因归结为英国社会创新机制以及能够促成这种机制的政治体制。⑤ 彭慕兰的《大分流：欧洲中国及现代世界经济的发展》也是这方面力作之一，在分析近代以来东西方各自政治、经济状况后，彭氏认为1800年以前东西方在经济各方面的差异并不是很大，而西方崛起是因为广阔的海外殖民地以及廉价丰富的煤炭资源。⑥美国著名学者唐纳德·F. 拉赫和埃

---

① ［德］贡德·弗兰克：《白银资本——重视经济全球化中的东方》，刘北成译，中央编译出版社2001年版。
② ［法］弗朗索瓦·吉普鲁：《亚洲的地中海：13—21世纪中国、日本、东南亚商埠与贸易圈》，龚华燕、龙雪飞译，新世纪出版社2014年版，第118页。
③ ［日］滨下武志：《近代中国的国际契机——朝贡贸易体系与近代亚洲经济圈》，朱荫贵、欧阳菲译，中国社会科学出版社1999年版。
④ ［日］滨下武志：《中国、东亚与全球经济——区域和历史的视角》，王玉茹、赵劲松、张玮译，社会科学文献出版社2009年版，第4页。
⑤ ［美］杰克·戈德斯通：《为什么是欧洲？世界史视角下的西方崛起（1500—1850）》，关永强译，浙江大学出版社2010年版。
⑥ ［美］彭慕兰：《大分流：欧洲、中国及现代世界经济的发展》，史建云译，江苏人民出版社2010年版。

■ ■ ■ 东西方贸易关系的演变与工业革命的缘起

德温·J. 范·克雷所著《欧洲形成中的亚洲》，全书共三卷十一册，分别为《发现的世纪》《奇迹的世纪》和《发展的世纪》，该书考察了16—18世纪欧洲与亚洲的宗教、贸易、文化方面的交流和影响，详细描述东亚、南亚、东南亚的物产、风土人情及宗教文化，关注的不是地理大发现对亚洲的影响，而是西人直通亚洲后对欧洲现代文化的影响。对大航海以来西人在印度及印度洋、中国和日本的贸易也有详细描写。其中《发展的世纪》讲到大航海时代印度洋与中国南海贸易的重要作用，以及西人在与东方贸易时的贸易逆差；对贵金属需求的不断增加，迫使欧洲从对东方产品大量进口到狂热模仿。① 罗斯托在《这一切是怎么开始的——现代经济的起源》一书中谈到商业革命对工业革命的影响时指出："欧洲和世界经济的这种横向发展与工业革命的确有一些重要联系。"尤其是印度棉织品对欧洲各国的刺激，导致一系列生产技术领域的变化。② 弗林和吉拉德从白银流动的角度谈这一时期的东西方贸易，《含着银勺子：1571年世界贸易的起源》认为新航路开辟的全球贸易并没有让美洲和亚洲发生直接关系，但白银却是联系这一贸易的纽带，据官方统计，从1500—1800年间，美洲的白银产量大约为15万吨，而其中80%直接或间接地到达了中国，因此中国及其朝贡贸易制度在全球贸易体系中扮演了重要角色。通过白银流动，考察东亚与南亚和欧洲各国的贸易关系。③ 费正清的《中国的世界秩序——传统中国的对外关系》从朝贡贸易的角度谈中国在明清时期与东南亚各国及西方国家的贸易关系。"朝贡与贸易既不是一体性，也不是完全各自独立的，二者错综复杂地（但不一定是直接地）相互联系着。"④ 全书对朝贡贸易体制下中国与周边国家的贸易关系进行分析，从制度层面剖析朝贡制度对双方政治经济的影响，并对中英贸易进行了深入论述。埃里克·沃尔夫则更直接地指出大航海后东方的经济优势："整个亚洲，尤其

---

① [美]唐纳德·F. 拉赫，埃德温·J. 范·克雷：《欧洲形成中的亚洲》（第三卷第一册），周宁总校译，人民出版社2013年版。
② [美] W. W. 罗斯托：《这一切是怎么开始的——现代经济的起源》，黄其祥、纪坚博译，商务印书馆2014年版，第119页。
③ Dennis O. Flynn, Arturo Giraldez, "Born with a 'Silver Spoon': The Origin of World Trade in 1571", *Journal of World History*, Vol. 6, No. 2, 1995, p. 202.
④ [美]费正清编：《中国的世界秩序——传统中国的对外关系》，杜继东译，中国社会科学院出版社2010年版，第68页。

是印度和中国，它们绝对不是处在当时国际经济发展的外缘，恰恰相反，事实上，它们对国际经济的发展至关重要。"①

2. 从东方产品引发消费热潮的视角谈近代早期东西方贸易的相关研究

西方谈到东方贸易对欧洲的影响，主要是从东方产品在欧洲市场颇受欢迎，从而引发消费热潮即所谓"消费社会"的出现，人们追求的又主要是来自东方的产品，可见大航海后迅速发展的东方贸易对近代西欧消费社会的产生起到积极作用。关于东方贸易尤其是棉纺织业对工业革命的促进作用，桑巴特最早强调资本主义初期人们对奢侈品的需求与生产扩张之间的内在联系。②他认为，正是奢侈工业在资本主义起源时期推动了资本主义的发展。资本主义是"奢侈的产物"，而瓷器则是奢侈需求中一个特别值得注意的方面，因为"王侯们对瓷器的喜好带动了对瓷器的狂热需求，特别是在王侯们大量订货的促进下，为欧洲工业中最大规模的行业之一奠定了基础"③。关于印度棉纺织品与英国工业革命二者之间的关系，布罗代尔认为首先是对印度棉纺织品的模仿继而是对其的超越。④拉尔夫·戴维斯在《海外贸易与英国工业革命》一书中认为，工业革命前后欧洲经济发展的动力是不一样的。工业革命以前，通过拓宽和加深市场而获得的发展被视为国家财富增长的主要道路，也就是斯密型发展动力。工业革命以后，生产领域的重大技术创新成为经济发展的主要动力。由动力驱动的机械装置在18世纪70年代和80年代引进到梳理和纺织棉花的工艺中，这导致了大工业的迅速诞生，能够十分便宜地生产种类繁多的棉纺织品，并立即在英国、欧洲和美洲扩展市场。1856年后，棉纺织品价格不到1815年平均价格的四分之一，英国几乎成为棉纺织品的垄断性供应者。⑤马克

---

① [美]埃里克·沃尔夫：《欧洲与没有历史的人民》，赵丙祥、刘传珠、杨玉静等译，上海人民出版社2006年版，第303页。

② [德]维尔纳·桑巴特：《奢侈与资本主义》，王燕平、侯小河译，人民出版社2000年版，第160页。该观点又见[英]E. E. 里奇、C. H. 威尔逊主编：《剑桥欧洲经济史》（第五卷），高德步、蔡挺、张林等译，经济科学出版社2002年版，第497页。

③ [德]维尔纳·桑巴特：《奢侈与资本主义》，王燕平、侯小河译，上海人民出版社2005年版，第111—112页。

④ [法]费尔南·布罗代尔：《十五至十八世纪的物质文明、经济和资本主义》（第三卷），顾良、施康强译，商务印书馆2017年版，第663页。

⑤ Ralph Davis, *The Industrial Revolution and British Overseas Trade*, Leicester: Leicester University Press, 1979, pp. 9–11.

■■■ 东西方贸易关系的演变与工业革命的缘起

辛·博格在《全球史和英国18世纪的物质消费》中认为："直到17世纪末和18世纪，从印度和中国进口的奢侈品在欧洲市场的受欢迎程度超过了欧洲本土产品。商人和东印度公司发现在欧洲市场经营这些亚洲奢侈品比经营自己的产品获利更多，于是模仿和制造亚洲产品应运而生。"[①]

近年来，学者们对英国出现消费社会的历史原因产生浓厚的研究兴趣。传统观点认为大航海以后，东方商品充斥欧洲，才引起人们对东方商品的迷恋（比如前期的香料，后期的棉织品、茶叶、瓷器等）从而引发消费社会的产生。但是新近研究认为英国在中世纪晚期由于商品经济的发展，市场发育不断完善，就已经呈现出消费社会的初步或基本特征。[②] 而克里斯托弗·戴尔认为英国消费社会出现的时间应为16—17世纪，他主要探讨的是消费在促进社会变革和经济增长等方面的作用，更强调消费对生产的促进作用。[③] 而麦肯德里克则强调消费在促进工业革命的产生所起到的重要作用。正是因为在18世纪下半叶人们消费水平的普遍提升，才显得国内工业生产不足，从而加深产需矛盾，于是这种所谓的"消费革命"最终在18世纪下半叶促进"工业革命"的产生。[④] 马克辛·伯格用整体史观的宏观视野将近代以来的东方贸易与英国消费社会的产生紧密联系起来。他认为东方的奢侈品大大激发了人们对物质的渴望，消费激增遂导致消费社会的形成。他的研究摆脱英国经济发展内生型原因的传统观点，从外部因素尤其是东方贸易的视角对英国工业革命的产生给予新的启示。[⑤] 罗斯托在解释工业革命率先发生在英国的原因时指出：一切生产的最终目的都是为了消费，而消费反过来会促进生产规模的扩大。"在工业革命产生前

---

① Maxine Berg, "In Pursuit of Luxury: Global History and British Consumer Goods in the Eighteenth Century", *Past &Present*, No. 182 (Feb., 2004), p. 86.
② Joan Thirsk, *Economic Policy and Projects: The Development of a Consumer Society in Early Modern England*, London: Clarendon Press, 1978.
③ [英]克里斯托弗·戴尔：《转型的时代：中世纪晚期英格兰的经济与社会》，莫玉梅译，社会科学文献出版社2010年版，第38页。
④ Neil Mckendrick, John Brewer and J. H. Plumb, *The British of a Consumer Society: The Commericalization of Eighteenth-Century England*, Bloomington: Indiana University Press, 1982.
⑤ Maxine Berg, *Luxury and Pleasure in Eighteenth Century Britain*, New York: Oxford University Press, 2005, p. 49. Maxine Berg, "In Pursuit of Luxury: Global History and British Consumer Goods in the Eighteenth Century", in *Past and Present*, Vol. 182 (Feb., 2004). pp. 85 – 143.

的很长时期内，英国对印度棉织品的消费需求要比欧洲大陆国家高很多。"① "产品大规模生产需要经历四个阶段：需求形态的变化—需求的增加—新需求的出现—需求的改变。这种不断循环往复地对需求的变化即刺激生产又扩大市场。而不断扩大的生产又反过来对生产水平提出新的更高要求。"② 哈特维尔也表示，大约从18世纪80年代开始，英国国内需求和海外需求同步增长，前所未有的巨大需求对英国国内工业生产带来了巨大压力。而英国成功地将供需压力转变成其工业生产的动力。③ 约翰·E.奥查德的《东方竞争与世界贸易》一文，专门提到东方贸易的竞争和工业革命的关系，由于西方生活水平的提高，来自东方的奢侈品如胡椒、丝绸、茶叶在欧洲市场深受欢迎，17世纪初英国东印度公司以及其他国家的公司将大量东方产品输入欧洲，尤其是印度棉布、平纹细布成为17世纪英印贸易的主角之后，给欧洲各国的毛织业和丝织业带来巨大挑战，法国于1686年宣布禁止进口印度棉织品及其仿制品，英国议会于1700年和1720年分别通过法令提高印度棉织品的进口关税并增加增值税，当法令失败后，最终在18世纪后期由于其他技术的发展和纺织工人工资的提高，最终在英国率先由禁止印度产品的输入到模仿再到自行生产棉织品以满足市场的需求。④

总而言之，该观点认为：消费对扩大社会生产进而促进社会生产力的变革和产业结构的调整起到了积极而又深远的作用。

3. 从亚洲海上贸易的视角对近代以来东西方贸易状况进行论述的相关研究

亚洲的海上贸易向来受到西方学界的重视，这方面的论著大都将南亚、东亚、东南亚视为亚洲海域某个"大整体"的一部分，"大整体"主要有两种，即印度洋贸易圈和中国南海贸易圈。围绕这两个贸易圈论著很多，在这里仅列举代表性著作。

---

① [美] W.W. 罗斯托：《这一切是怎么开始的——现代经济的起源》，黄其祥、纪坚博译，商务印书馆2014年版，第140页。

② E. W. Golboy, "Demand as a Factor in the Industrial Revolution", in *Facts and Factors in Economic History*, 1972, pp. 137-138.

③ R. M. Hartwell: *The Causes of the Industrial Revolution in England*, London: Methuen, 1967, p. 28.

④ John E. Orchord, "Oriental Competition in World Trade", *Foreign Affairs*, Vol. 15, No. 4, 1937, pp. 707-719.

■ ■ ■ 东西方贸易关系的演变与工业革命的缘起

  印度洋地区是欧洲国家东来的重要贸易目的地，描述这一地区贸易变化的著作可谓汗牛充栋。最典型的是乔杜里（K. N. Chaudhuri）的《亚洲与英国东印度公司的贸易世界：1660—1760》，该书将这一时期葡萄牙、西班牙、荷兰以及南亚各国的经济结构进行对比分析，尤其是分析东印度公司垄断该地区贸易对其的影响。同时书中有大量数据，如亚洲总出口值、进口值、进出口商品种类，纺织品的进出口趋势、商品价格，美洲白银流入数量等，是研究近代东西方贸易的重要资料。① 《欧洲之前的亚洲》，该书中乔杜里回顾了西人到来之前印度洋地区经济、文化、贸易整体状况以及穆斯林文化圈对南亚地区经济文化的影响。他对印度洋贸易区的农村经济结构和手工业经济的发展作了深入论述。② 此外，哈比卜等人具有代表性的著作《剑桥印度经济史》，该书从宏观视角描写印度1250—1970年的经济变化。尤其是上册，从1200年到1750年，分两部分，第一部分从1200年到1500年，主要记录了莫卧儿帝国时期的农业、手工业的发展及海洋贸易；第二部分从1500年到1750年，尤其是第八章讲印度的对外贸易，详细描写了这一时期欧洲各国与印度在棉织品等其他手工业的交易情况以及印度商人在印度洋地区的贸易情况。③ 皮尔逊等人的《1500—1800年的印度和印度洋世界》该书在论述印度洋地区贸易发展时，认为欧洲国家及商人虽然参与了该地区的贸易，虽然也取得了成功，但欧洲始终没有扮演这一地区贸易的主要角色。④ 印尼学者苏希尔等人的《商人、公司和贸易：近代早期的欧洲与亚洲》，运用全新视角讲述16—18世纪欧洲与亚洲尤其是与印度的贸易，肯定印度商人在贸易中的优势，认为印度商人与欧洲商人是一种竞争关系而非合作关系。"欧洲商人在前殖民时期即16—18世纪与亚洲商人和公司的竞争中是处于劣势的，这对传统'欧洲中心主

---

 ① K. N. Chaudhuri, *the Trade World of Asia and the English East India Company: 1660 - 1760*, Cambridge: Cambridge University Press, 1978, pp. 34 - 82. &*Trade and Civilization in the Indian Ocean: an Economic History from the Rise of Islam to*1750, Cambridge: Cambridge University Press, 1985.

 ② K. N. Chaudhuri, *Asia before Europe: Economy and Civilization of the Indian Ocean from the Rise of Islam to* 1750, Cambridge: Cambridge University Press, 1990.

 ③ Tapan Raychaudhuri, Irfan Habib, *The Cambridge Economic History of India*, Cambridge: Cambridge UniversityPress, 2008, pp. 382 - 434.

 ④ Ashin Das Gupta, M. N. Pearson, *India and the Indian Ocean: 1500 - 1800*, Oxford: Oxford University Press, 1987.

义'是一种挑战。"① 由著名历史学家皮尔逊主编的《新编剑桥印度史——葡萄牙人在印度》是为数不多的专门介绍葡萄牙在印度及印度洋地区贸易情况的著作，对香料贸易、贵金属流动以及葡萄牙与西方国家在这一地区的贸易争夺有深入分析。② 弗兰克对1400—1750年印度在全球经济中的地位与作用给予了充分肯定，他认为印度及中国对全球经济的影响早于欧洲和美洲，并对欧洲经济的发展产生深远影响。③ 另讲述这一时期南亚及印度洋贸易的相关著作和论文非常多，如《1400—1750年西印度洋的亚洲商人和国家力量》等。④

关于中国南海贸易圈的著作也很多，早期关于中英贸易原始资料的汇编，诸如贸易数据统计的主要有马士的《东印度公司对华贸易编年史》，⑤该书所载众多原始数据对本书有重要参考价值。普立查特的《早期中英关系史上的决定性年代》以及《十八世纪控制对华贸易的斗争》⑥，书中记录了工业革命以前中英贸易的原始数据，对本书有极大的参考性。帕特里克·塔克（Patrick Tuck）收集整理汇编成的十卷本《中英贸易：1635—1842》，详细描述了《南京条约》签订前中英贸易的各项数据及记录，以东印度公司的大班及中国官方数据为依据，将两百多年来的中英贸易详细分类，尤其对贸易逆差、1793年英国使团前后中英双方的态度、鸦片贸易的发展有详细记载，成为本书重要的原始材料。⑦ 它们对这一时期中国关

---

① Sushil Chaudhury, Michel Morineau, *Merchants, Companies and Trade: Europe and Asia in the Early Modern Era*, Cambridge: Cambridge University Press, 1999, pp. 8 – 9.

② M. N. Pearson, *the New Cambridge History of India: The Portuguese in India*, Cambridge: Cambridge University Press, 2008.

③ Andre Gunder Frank, "India in the World Economy: 1400 – 1750", *Economic and Political Weekly*, Vol. 31, No. 30, 1996, pp. 50 – 64.

④ Sanjay Subrahmanyam, "Asian Merchants and State Power in the Western Indian Ocean, 1400 to 1750", *Comparative Studies in Society and History*, Vol. 37, No. 4, 1995, pp. 750 – 780. Stephen F. Dale, "Communal Relations in Pre-Modern India: 16th Century Karala", *Journal of the Economic and Social History of the Orient*, Vol. 16, No. 2/3, 1973.

⑤ ［美］马士：《东印度公司对华贸易编年史》，中国海关史研究中心组译，中山大学出版社1991年版。

⑥ Earl H. Pritchard, *the Crucial Year of Early Anglo-Chinese Relations: 1750 – 1800*, New York: Octagon Books, 1970. "The Struggle for Control of the China Trade During The Eighteenth Century", *The Pacific Historical Review*, 1934.

⑦ Patrick Tuck, *Britain and the China Trade: 1635 – 1842*, London and New York: Routledge, 2000. Vol. Ⅶ, pp. 202 – 203.

于外贸外商管理政策记录的尤为详细。① 此外，德国著名汉学家普塔克《中国和亚洲海域：贸易、旅行和其他景象（1400—1750）》一书对南海贸易有详尽论述，他认为展现17、18世纪东亚和东南亚海上贸易概貌应该兼顾亚洲和欧洲两个方面，不得以欧洲为中心。②

美洲白银最早是通过西班牙商人贸易活动到达东南亚地区的，再由周边贸易网进入中国，马尼拉是一个贸易中转站，源源不断地将东方香料、瓷器、丝绸、茶叶等运往美洲和欧洲。因此研究这一地区贸易发展的著作也很多。如《剑桥东南亚史》《牛津东南亚史》和《东南亚的贸易时代》虽与本书的主旨不同，但是都对该地区贸易状况有十分翔实的论述，不乏一些原始数据，对笔者的写作有很大帮助。③

由西班牙主导的大帆船贸易在16—18世纪处于最为繁盛的时期。大量美洲白银流入东南亚及中国，中国商品大量运往美洲及欧洲本土。大帆船贸易是经济全球化的重要组成部分。20世纪初美国学者罗伯森和布莱利用菲律宾的西班牙文献档案对大帆船贸易做过系统研究。20世纪50年代，著名经济学家舒尔茨的代表作《马尼拉大帆船》，成书至今一直是研究马尼拉大帆船贸易必不可少的参考文献。全书对从事大帆船贸易的主体及商品种类进行了细致研究，还对早期欧洲国家尤其是荷兰与英国同西班牙的贸易冲突有所阐述。④ 此外，范勒尔的《印度尼西亚贸易与社会》对近代早期印尼海域的贸易进行宏观分析，认为荷兰东印度公司在这一地区的贸易额并不大，因此对当地经济的影响也是十分有限的。他把东南亚地区视为一个整体，"东南亚是一个自愿结合的长久以来就形成的经济、文化整体，因此外来文化和经济在这里只能按照当地的思想和需要被改变"⑤。皮

---

① Patrick Tuck, *Britain and the China Trade: 1635 – 1842*, London and New York: Routledge, 2000, Vol. Ⅶ, pp. 202 – 203.

② Roderich Ptak, *China and the Asian Sea: Trade, Travel, and Visions of other: 1400 – 1750*, Burlington: Ashgate Publishing Company, 1998.

③ Nicholas Tarling, *History of Southeast Asia*, Cambridge: Cambridge University Press, 2008. &Craig A. Lockard, *Southeast Asia in World History*, Oxford: Oxford University Press, 2009. ［澳］安东尼·瑞德：《东南亚的贸易时代（1450—1680）》，孙来臣、李塔娜、吴小安译，商务印书馆2010年版。

④ William Lytle Schurz, *the Manila Galleon*, New York: E. P. Dutton & Co., 1939.

⑤ J. C. vanLeur, *Indonesian Trade and Society*, Essays in *Asian Social and Economic History*, The Hague: W. van Hoeve Ltd., 1955.

列士对香料贸易的发展情况有十分详细的记载，对摩罗丹群岛的丁香产量以及运入欧洲的数量，价格变化，在欧洲市场的销售情况描写十分具体。① 博克塞的《来自澳门的大帆船》《葡萄牙绅士在远东》是对东西方早期直接海上贸易的详细描述，以香料贸易为主。② 类似的著作还有苏扎撰写的《帝国的幸存》，对东南亚与中国南海的贸易有详细论述。弗林和吉尔拉德则以白银流动为线索，发表一系列有关近代早期中西方贸易的论文，其中以套汇为视角对美洲白银、日本白银与马尼拉大帆船贸易引起大量白银流入中国的经济现象进行深入研究；《套汇、中国和世界近代早期的贸易》一文认为明代中国因一条鞭法的施行再加上人口的增加，因国内自产白银不足而导致国内对白银的需求激增，所以金银比值很高，而日本白银和美洲白银大量增加，金银比值很低，这就形成了套汇空间。③ 其类似观点的学术研究还有许多。④ 而阿特维尔则认为1635—1644年由于美洲输入中国的白银减少，导致了明王朝的灭亡，可见中国经济对全球经济的依赖性是很高的，或者说中国融入经济全球化浪潮的时间是很早的。⑤

  进入20世纪90年代，西方学者对大帆船贸易的研究不断深入创新，如卡塔里·卜耶克（Katharine Bjork）《连接西班牙和菲律宾的纽带：墨西哥商人利益和马尼拉的贸易1571—1815》，文章研究了两百年来美洲与亚洲唯一的直接贸易即马尼拉大帆船贸易，尤其是大帆船贸易对欧洲贸易的影响，文章从欧洲中心的视角认为美洲—西班牙—菲律宾之间的三角贸易是由欧洲商人主导的，包括中国的朝贡贸易体系也只是以欧洲为主导的太

---

  ① M. A. P. Meilink Roelofzs, *Asian Trade and European Influence: in the Indonesian Archipelago between 1500 and about 1630*, The Hague: MartinusNijhoff, 1962.

  ② C. R. Boxer, *The Great Ship from Amacon: Annals of Macao and the Old Japan Trade: 1550 - 1640*, Lisbon: Centro de EstudosHistoricos Ultramarines, 1959.

  ③ Dennis O. Flynn and Arturo Giráldez, "Arbitrage, China, and World Trade in the Early Modern Period", *Journal of the Economic and Social History of the Orient*, Vol. 38, No. 4, 1995, pp. 429 - 430.

  ④ Dennis O. Flynn, Arturo Giráldez, Richard von Glahn, ed., *Global Connections and Monetary History: 1470 - 1800*, Aldershot: Ashgate, 2003. & Dennis O. Flynn, Arturo Giráldez, "Cycles of Silver: Global Economic limit through the Mid-Eighteenth Century", *Journal of World History*, Vol. 13 (2), 2002.

  ⑤ William S. Atwell, "Another Look at Silver Imports into China 1635 - 1644", *Journal of World History*, Vol. 16, No. 4, 2005, p. 467.

平洋贸易体系的一部分。① 文章虽然和笔者视角不同,但是翔实的史料依然对本书撰写有很大帮助。伊斯雷尔的《荷兰在世界贸易中的优势:1585—1740》,② 继西、葡之后,来到东南亚的西方国家是荷兰,而荷兰的大帆船贸易是世界贸易史上的奇迹,进入新时期,学者对大帆船贸易的研究热情依旧不减。

4. 对国外研究综述的总结

第一,在传统研究中,西方经济史学界主要从西欧内部寻找近代以来其经济飞速发展的原因,而这种"西欧中心论"又总是以英国为原型。但是这种传统研究割裂大航海以后已经逐步形成的经济全球一体化的史实,逐步受到学界批评。尤其是晚近兴起的"全球史"对其进行了批判。正如巴勒克拉夫所言:"西方史学研究必须'重新定向',应以更加广阔的视角,用全球史的观点跳出欧洲,将研究内容扩展到我们生活的所有地区。"③ 近年来许多以全球史为视角,以非欧洲中心为观点的一些著作又过分强调近代早期东方的优势,如《白银资本》《欧洲形成中的亚洲》《西方文明的东方起源》等等,论述公元 500 年一直到产业革命,东方在经济、技术的优势以及传播,太过于肯定西方崛起过程中,东方所做的积极贡献。但是在近代以来东西方贸易格局转换过程中,真实的历史情况是:东方确实对西方的崛起产生了积极的作用,但西方也不完全是东方资源的被动接受者。因为欧洲人在塑造其自身历史发展的过程中起着积极作用,在与东方贸易的过程中,西方国家不断对其经济结构作出调整,从政治上给予各种法律保护及出台各种政策。这反过来也在一定程度上影响了欧洲政治经济结构。与此同时是欧洲的动力,利用自己的军事、政治改变着自身也改变着东方。总之,应该将二者结合起来考察近代早期东西方贸易格局及其变化。从大航海开辟东西方直接海上贸易以来,西方确实没有占据全球贸易的主导权,但是西方在改变自身的同时也在改变其他地区,包括政治、经济等各个方面。最终在产业革命兴起后,东西方贸易格局改变。

---

① Katharine Bjork, "The Link That Kept the Philippines Spanish: Mexican Merchant Interests and the Manila Trade, 1571 – 1815", *Journal of World History*, Vol. 9. No. 1, 1998, p. 26.

② Israel, *Dutch Primacy in World Trade: 1585 – 1740*, Oxford: Clarendon Press, 1989.

③ [英] 杰弗里·巴勒克拉夫:《当代史学主要趋势》,杨豫译,北京大学出版社 2006 年版,第 158 页。

因此，笔者打算从全球史的视野，从贸易平衡的视角来分析这一时期的东西方贸易地位的转换。

第二，虽然消费学派强调人的需求因素是导致工业革命的主要原因，产自于印度的棉织品在欧洲十分流行且需求量很大，经营印度棉织品获利颇丰，那不断进口就可以，而欧洲各国为什么还要自行生产？可以这样解释，如果单纯地说是为了获取更丰厚的利润，英国当时模仿印度棉织品时由于技术条件的制约，其自行生产的棉织品不仅质量不及印度产品而且成本还高于印度产品，也就是其产品的市场竞争力是不足的，这也可以更好地理解英国及欧洲许多国家对印度棉织品实行高关税政策的原因。况且英国并不产棉花，原棉主要依赖进口，所以工业革命率先从棉纺织业开始，显然是受东方贸易挤压的结果。

就英国而言，因贵金属不足，又不能提供其他可供交换的产品，所以只有自行生产。一来，缓解贵金属的压力；二来，可以占领国际市场，尤其是还要与欧洲国家进行贸易争夺战。加上英国本身所具备的其他有利因素即工业革命产生的必要条件，再加上东方贸易的催生，所以工业革命应运而生。在这里，笔者认为：掠夺是资本积累的重要形式，但要实现对外贸易的盈利，光靠掠夺是不够的，西、葡、荷等国的发展告诉我们，要实现经济的真正增长，只有重视生产力的发展，不断提升产品制造力水平。荷兰在 16—17 世纪进行了农业革命，农业生产力大幅度提升，但它忽视了工业技术的改进，错失发展良机。另外，关于工业革命为什么会从棉纺织业先开始，以往研究认为，棉纺织业作为新兴产业，受到传统行会约束较小，作为新兴工业，容易采用新技术，再加上投资小，以及农业革命带来的人口增长和消费拉动等因素。总之，在解释这一问题时，采用的是一种"顺势而为"的观点。但是，英国不产原棉，棉织品主要从东方进口。如果仅仅是为了满足国内消费，那么继续从印度进口就可满足国内的需求。而英国明令禁止使用印度棉织品，即便印度棉织品物美价廉也禁止使用；但是英国却允许继续进口印度棉织品向欧洲大陆其他国家出售，此举一举两得：其一，通过转口贸易增加国内财富；其二，阻碍大陆国家的棉纺织业。但同时英国又不断发展自己的棉纺织业，英国对东方的贸易又主要是以白银交换。通过发展本土棉纺织业和减少进口两种手段来缩减贸易逆差。也就是说如果能够减少对东方产品的进口，就可以缩减贸易逆差。由此，笔者认为，工业革命以棉纺织业为先导，不是顺势而为，实乃刻意而为。是英国在同东方国家进行贸易时，主动地对本国经济结构所做的调整。正是长期以来，英中、印中贸易的西方逆差，英国只能采用输出成瘾性产品鸦片进行贸易平衡，因为除了鸦片，英国不能生产受中国欢迎的产品。如果按照弗林、吉尔拉德、彭慕兰的观点，将白银视为商品，"白银是一种以矿物为基础的精炼产品，而且是西方在原料供给和技术上都占优势的少数工业品"。[①] 为什么不继续生产或者像其他普通商品那样扩大白银生产的规模，而到后期由于美洲白银减产，不得已用鸦片来平衡其对东方的贸易？因此，鸦片贸易的产生与美洲白银减产息息相关，但同时，也暴露出西方国家自身生产力不足的问题。

（二）国内研究综述

国内学界对大航海以来的东西方贸易从目前收集到的材料来看，按其研究主题可将国内研究大致分为以下几类。第一，大帆船贸易及与东南亚国家丝银贸易研究；第二，对中国出口的大宗商品数量、种类研究；第三，围绕白银这一主题，进行白银内流、外流及对中国社会、经济、政治影响方面的研究。因此笔者的研究综述就按照上述主题进行简要回顾。

1. 关于大帆船贸易及与东南亚国家丝银贸易研究的相关学术史回顾

在搜集到的资料中比较早的是明代官员徐学聚的《初报红毛番疏》，对这一时期丝银贸易作了比较全面的回顾，他认为："丝缕布帛，我所用也，何取有用而易彼无用也！漳人但知彼有银，银可欲，且其初易诳，可多致之。我贩吕宋，直以有佛郎银钱之故。"[②] 记述了这一时期丝银贸易的概况。近年来，在这一方面最具有代表性的是学者全汉昇，他在《中国经济史论丛》中撰写了《明季中国与菲律宾间的贸易》《自明季至清中叶西属美洲的中国丝货贸易》《明代中叶后澳门的海外贸易》等多篇文章，作者以博克塞等人的研究成果为基础，结合中文史料，对明代澳门海外贸易的几个重要领域（澳门—果阿贸易、澳门—日本贸易和澳门—马尼拉贸

---

① ［美］彭慕兰：《大分流：欧洲、中国及现代世界经济的发展》，史建云译，江苏人民出版社2010年版，第196页。

② 徐学聚：《初报红毛番疏》，载（明）陈子龙等撰辑《明经世文编》卷433，中华书局1962年影印本，第4726页。

易）的商品结构、利润率等贸易具体情况做了详细分析，对白银内流总量做了估算，对澳门史、南洋贸易研究作出了重要贡献。①田汝康先生以其长期在沙捞越地区生活和工作之便，对中国与东南亚贸易研究颇多，其出版的《中国帆船贸易与对外关系史论集》对17—19世纪中叶中国帆船在东南亚的商业活动进行研究并对15—18世纪中国海外贸易发展缓慢的原因做了分析。②彭信威先生在《中国货币史》一书中对我国货币发展作了翔实论述，其中颇多篇幅涉及白银货币，尤其是大量白银内流对中国社会经济的影响及各种货币之间比值的变化进行了细致研究。③赵文红的博士论文《17世纪上半叶欧洲殖民者与东南亚的海上贸易》，文章按照时间顺序对先后到达东南亚地区的欧洲殖民者葡萄牙、西班牙、荷兰在该地区贸易的发展及其内部竞争进行全面论述，尤其是专门讲述欧洲国家在东南亚的贸易情况对当地社会的影响以及贸易格局的变化。④王涛的《明至清中期中国与西属美洲丝银贸易的演变及其影响因素》一文主要论述了14—18世纪马尼拉大帆船贸易的兴衰以及对中国和西属美洲经济的影响。马尼拉成为西班牙殖民地之后，中国生丝和丝织品迅速占领美洲市场，而明末清初的政局动荡导致中国生丝产量下降，导致流入美洲市场的商品减少一度致使大帆船贸易陷入危机。清朝弛禁以后，中国与西属美洲的贸易逐渐恢复，足见中国及东南亚地区很早就已经融入经济全球化的浪潮中。⑤李金明的《17世纪初全球贸易在东亚海域的形成与发展》论述了西方国家在东亚海域的贸易争夺以及对欧洲社会的影响。作者认为："大航海后欧洲出现'价格革命'，于是利用东西方金银比价差进行的套汇行为层出不穷。白银的大量流入成为中国将白银作为基础货币的前提。正是因为中国对白银的无限渴求才在很大程度上缓解了西班牙白银贬值的程度，也给西班牙及其他欧洲国家带来大量财富。所以若没有中国经济对白银的依赖这个前提，西方国家的资本积累过程将缓慢得多。这不仅加速了西欧商品资本积

---

① 全汉昇：《中国经济史论丛》，中华书局2012年版，第136、477、517页。
② 田汝康：《中国帆船贸易和对外关系史论集》，浙江人民出版社1987年版。
③ 彭信威：《中国货币史》，群联出版社1954年版。
④ 赵文红：《17世纪上半叶欧洲殖民者与东南亚的海上贸易》，博士学位论文，厦门大学，2009年。
⑤ 王涛：《明至清中期中国与西属美洲丝银贸易的演变及其影响因素》，《拉丁美洲研究》2011年第2期。

累的速度，也加快了英国工业革命提前到来的脚步。这大概是17世纪全球贸易对欧洲社会转型产生的最大影响。"①

近年来，也有许多学者从宏观视野研究近代以来的东西方贸易。比如晁中辰的《明代海外贸易研究》一书按照时间顺序详细论述了明代海外贸易的发展，尤其是从制度层面对海禁政策的原因及影响、朝贡贸易的发展及衰落有深入分析。②陈奉林的《东方外交与古代西太平洋贸易网的兴衰》一文认为从外交的角度对西太平地区的贸易网络及其历史作用给予充分肯定："虽然明清时期中国社会（包括整个东方社会）的发展速度与欧洲相比已经大大减慢，但并非发展停滞。"③并对西太平洋地区贸易从优势到衰落的原因进行分析，认为此中不仅有西方冲击的外部影响也有东方制度本身内部因素的作用。黄启臣的《中国在贸易全球化中的主导地位——16世纪中叶至19世纪初叶》一文对中国强大的商品制造能力给予充分肯定，文章引用大量数据论证分析并得出结论，直到1820年左右，中国在世界经济史上依然占据首要地位、依旧是世界经济的中心。因此中国在当时贸易全球化过程中扮演了十分重要的角色。④张乃和对中英两国海外贸易市场发育体系进行比较，认为大量白银流入中国缓解了国内白银的短缺，白银遂成为一般交换手段，而英国却利用票据和信用制度缓解了贵金属外流带来的压力，从而带动了汇票、私人银行、公共银行等信用机构的出现，这种"金融革命"对工业革命的出现产生了积极影响。⑤

2. 关于中国大宗出口商品研究的相关学术史回顾

近代以来中国大宗出口商品主要是茶叶、瓷器和丝绸等，因此围绕这个主题的学术研究很多。如姚贤镐的《中国近代对外贸易史资料（1840—1895）》、严中平的《中国近代经济史（1840—1894）》以及《中国近代经济史统计资料选辑》都对早期中国对外贸易的主要出口商品进行种类数量

---

① 李金明：《17世纪初全球贸易在东亚海域的形成与发展》，《史学集刊》2007年第6期。
② 晁中辰：《明代海外贸易研究》，故宫出版社2012年版。
③ 陈奉林：《东方外交与古代西太平洋贸易网的兴衰》，《世界历史》2012年第6期。
④ 黄启臣：《中国在贸易全球化中的主导地位——16世纪中叶至19世纪初叶》，《福建师范大学学报》（哲学社会科学版）2004年第1期。
⑤ 张乃和：《近代早期中英海外贸易市场体系发育之比较》，《北方论丛》2003年第6期。

的统计。① 围绕茶叶这一大宗商品，国内研究著作可谓汗牛充栋，在这里仅列举一二。胡赤军的《近代中国与西方的茶叶贸易》将茶叶在近代早期中西方贸易中的作用及对双方经济的影响进行分析，认为英国扶植印锡茶叶以对抗中国对茶叶市场的垄断地位与国内白银不足有一定关系，因为大量白银因茶叶贸易流入中国，不符合重商主义的经济思想，印锡茶叶对中国茶叶的胜利也说明初级产品的市场竞争力最终不敌工业化生产，19世纪后半叶，中国茶叶终因加工方式简陋导致缺乏市场竞争力。② 庄国土的《茶叶、白银和鸦片：1750—1840年中西贸易结构》一文指出茶叶是18世纪中西贸易结构的核心商品，而白银是主要的支付手段，文章用大量数据论证了茶叶在中西贸易总额中所占的比重，鸦片贸易的产生是为了取代白银成为茶叶贸易的支付方式。③ 但是文章对鸦片取代白银成为茶叶贸易的支付方式的原因没有做出深入分析。万钧的《东印度公司与明清瓷器外销》论述了大航海以来，中国瓷器经荷兰、英国两国东印度公司的外销情况，由饮茶风尚引起瓷器的热销，中国瓷器大量销往欧洲，由于大量贸易逆差再加上中国小农经济的抵制，东印度公司不得已对中国瓷器从订单式进口到发展本土瓷器业，使中国瓷器逐渐衰落。④

3. 围绕白银这一主题进行白银内流、外流及对中国政治、经济等影响方面研究的相关学术史回顾

（1）白银内流

白银内流问题一直是经济史研究的重点与难点，重点在于大量白银对中国经济的冲击，难点在于明清以来到底有多少白银流入中国，不同的计算方法，不同的白银纯度，还有根本无法计算的走私贸易。较早涉及此问题的是傅镜冰先生，他在20世纪30年代发表了《明清两代外银流入中国

---

① 姚贤镐编：《中国近代对外贸易史资料（1840—1895）》，中华书局1962年版；严中平主编：《中国近代经济史（1840—1894）》，人民出版社1989年版；严中平等编：《中国近代经济史统计资料选辑》，中国社会科学出版社2012年版。

② 胡赤军：《近代中国与西方的茶叶贸易》，《东北师大学报》（哲学社会科学版）1994年第1期。

③ 庄国土：《茶叶、白银和鸦片：1750—1840年中西贸易结构》，《中国经济史研究》1995年第3期。

④ 万钧：《东印度公司与明清瓷器外销》，《故宫博物院院刊》2009年第4期。

考》，该文主要分析这一历史时期外国银元进入中国的概况，是这一领域开山之作。① 翦伯赞先生则着重论述15—17世纪明代商人在南洋贸易情况及其对当地的多方面影响。② 钱江《1570—1760年西属菲律宾流入中国的美洲白银》一文对这一时期美洲白银流入中国的原因、数量及其对当时中国社会的影响做了深入论述。③ 庄国土《16—18世纪白银流入中国数量估算》对大航海以来，西人以美洲白银为支付手段购买中国产品从而导致长达二百八十年的大规模白银流入过程按照时间进行统计。得出结论认为中西贸易结构失衡与白银减产或枯竭有关，因此鸦片战争也是一场白银争夺战。此语与林满红教授的观点并无二致。④ 王花蕾的论文《近代早期白银流入对中国经济的影响》认为大量白银流入给中国造成的影响主要有：导致18世纪物价的显著提高、促进了中国赋税制度的变革。⑤ 陈昆的《宝钞崩坏、白银需求与海外白银流入——对明代白银货币化的考察》以民间白银货币的应用与大明宝钞的逐渐崩坏的关系为线索，通过大量史实分析白银货币化与宝钞衰落的关系以及白银需求与海外白银流入的关系。⑥ 在《明代白银货币化：中国与世界连接的新视角》一文中，万明提出新的观点，他认为是中国社会对白银的需求才促进了美洲和日本银矿的开采，这与西方需求中国的产品在先才引起了大规模的白银内流的传统观点相比，认为中国是主动在融入近代以来的经济全球化过程中，并对西方经济的发展起到了积极的促进作用。⑦ 韩琦认为白银流入中国的减少直接影响到明朝的灭亡，足见中国经济对美洲白银的依赖性很高。⑧ 复旦大学后智钢的博士论文是目前学界对近代早期白银内流问题探讨比较全面的一篇文章，对外国白银输华渠道、内流到中国的币种和形制做了全面的统计，并对不同币种的纯度和兑换比率做了详细论述。此外还对这一时期

---

① 傅镜冰：《明清两代外银流入中国考》，《中行月刊》1933年（七卷六号）。
② 翦伯赞：《论明代海外贸易的发展》，《中国史论集》（第一辑），文风书局1943年版。
③ 钱江：《1570—1760年西属菲律宾流入中国的美洲白银》，《南洋问题》1985年第3期。
④ 庄国土：《16—18世纪白银流入中国数量估算》，《中国钱币》1995年第3期。林满红：《银线：19世纪的世界与中国》，詹庆华、林满红等译，江苏人民出版社2011年版。
⑤ 王花蕾：《近代早期白银流入对中国经济的影响》，《山西财经大学学报》2005年第5期。
⑥ 陈昆：《宝钞崩坏、白银需求与海外白银流入——对明代白银货币化的考察》，《南京审计学院学报》2011年4月，第26—34页。
⑦ 万明：《明代白银货币化：中国与世界连接的新视角》，《河北学刊》2004年第3期。
⑧ 韩琦：《美洲白银与早期中国经济的发展》，《历史教学问题》2005年第2期。

日本白银流入情况进行统计，文章最后对大量白银内流对中国社会产生的一系列影响也做了论述。[①] 在此基础上，刘军的博士论文《明清时期海上商品贸易研究（1368—1840）》不仅对白银流入的量、路径进行全面统计，而且对白银大量流入的原因进行分析，认为主要是中国自产白银不足且对白银需求很大；其次美洲、日本白银产量增加以及贸易不平衡和套利等原因。[②] 李鹏飞的《浅析明代海外白银的流入》一文按照时间顺序梳理了明代白银流入的渠道，认为明朝初期主要是朝贡贸易，但是明中期后，朝贡贸易不能满足国内对白银的需求，因此私人贸易兴盛，其白银主要来源是美洲，到明后期则主要依赖日本白银。[③]

（2）白银外流

导致中国白银外流的主要原因是鸦片，因此鸦片贸易是中国学者十分关注的问题之一，这方面的著作是车载斗量。时人如清朝官员在给皇帝的奏折中就多次提到"漏银"的数量。道光九年（1829）御史章沅才就提到具体数量。道光十六年（1836）许乃济以及包世臣、冯桂芬等人都讲到白银外流问题。但当时研究只涉及白银外流数量以及与鸦片进口数量的关系及对中国财政、社会的影响。还不能从全球史的角度全面分析鸦片进口的深层次原因以及与全球经济的关系。

近年来，国内学者从全球史角度重新审视鸦片与白银外流问题。这方面研究成果颇丰，在这里仅列举与本书主题较为接近的几部代表作。清华大学仲伟民的《茶叶与鸦片——十九世纪经济全球化的中国》用茶叶这个中国最大的出口产品和鸦片这个中国最大的进口产品进行比较，来考察19世纪的全球贸易，提出许多新的见解。该书还记录了英国为缓解白银压力，减少对中国茶叶的依赖，在印度的阿萨姆地区及锡兰种植茶叶。[④] 林满红《银线：19世纪的世界与中国》从全球性关联的角度探讨鸦片、白银与中国社会经济的复杂关系。她指出鸦片贸易与美洲白银减产

---

① 后智钢：《外国白银内流中国问题探讨（16—19世纪中叶）》，博士学位论文，复旦大学，2009年。

② 刘军：《明清时期海上商品贸易研究（1368—1840）》，博士学位论文，东北财经大学，2009年。

③ 李鹏飞：《浅析明代海外白银的流入》，《史志学刊》2009年第6期。

④ 仲伟民：《茶叶与鸦片——19世纪经济全球化的中国》，生活·读书·新知三联书店2010年版。

有关，因此鸦片战争实际上是一场白银争夺战。① 龚缨晏的《鸦片的传播与对华鸦片贸易》，从中国与西方关系史的角度出发，首先对鸦片传播的历史进行回顾，重点论述中英鸦片贸易的详细情况。② 吴义雄的《鸦片战争前的鸦片贸易再研究》一文利用《广州纪事报》《广州周报》这两种未被认真利用的原始资料对鸦片贸易的数字进行了一些修订，认为马士的研究有些年份数字偏高，并给出了自己的理由。③ 陈国栋先生的《东亚海域一千年——历史上的海洋中国与对外贸易》围绕中国海外贸易，对鸦片战争以前清政府对进出口商品的管理办法、广州商行经营管理的弊端进行深入分析，有助于理解朝贡贸易管理体制与殖民贸易的异同，尤其是对中国茶叶贸易衰落的原因进行分析。

4. 对国内研究综述的总结

综上所述，国内从整体史的角度对近代早期东西方贸易的研究还是不够的，国人研究视野主要集中在茶叶、白银、鸦片三种主要商品以及围绕这三种主要商品所带来的影响方面。

同西方坚持西方中心论和强调东方作用这两点不同，国内研究更多地注重于细节，一是大帆船贸易；二是中国的出口状况；三是以白银为切入点，说明白银在东西方贸易中的作用以及对中国社会的诸多影响。从全球整体史观考虑，东方自中世纪以来在贸易上的优势还是依靠传统的自然经济，即在中央集权统治下的规模性经济。这种经济缺乏制度上的创新，不可避免地会被后起的西方工业文明所超越，从而在贸易上失去优势。国内学者以茶叶、丝绸、瓷器、香料、棉织品等传统农耕经济时代的商品作为研究对象，从这些大宗商品评述东西方贸易。可以看出，论述多从具体某一国家、地区进行研究，很少从中国、印度和东南亚整体考察东西方之间的贸易结构的转换。中国是被动地从农耕文明向近代化工业文明转化，西方在贸易逆差的压力和自身生产需要的情况下主动求新，从而扭转了东西方发展的整体格局。以白银贸易为例，国内学者以银贵钱贱作为考察对象，中国对白银的巨大需求说明市场的庞大，西方为填补白银亏空采取一

---

① 林满红：《银线：19世纪的世界与中国》，詹庆华、林满红等译，江苏人民出版社 2011 年版。
② 龚缨晏：《鸦片的传播与对华鸦片贸易》，东方出版社 1999 年版。
③ 吴义雄：《鸦片战争前的鸦片贸易再研究》，《近代史研究》2002 年第 2 期。

绪　论

系列措施。而在印度，学者们就很少提及银贵钱贱的情况，印度更多的是作为英国的殖民地，其经济结构与中国又有不同。在这方面，国内就很少有人提及中国和印度在棉织品贸易方面的不同和经济结构的差异。因此，从深层次上说，东方在贸易结构上的不同和西方殖民国家的不同发展路径都是值得考虑的。

三　写作和研究思路

本书从大航海的原因说起，第一章阐述大航海的原因是对东方产品（棉织品、丝绸、茶叶和香料等）的迫切需求，使欧洲人开辟了直接通往富饶的亚洲国家（印度和中国）的海上商路，从而开辟了全球贸易的新局面。大航海的缘起是寻找与东方的直接海上贸易，尤其是这一时期，东方贸易在全球贸易中的比重很大，欧洲国家将其在美洲获得的白银又运到东方。当时的全球贸易或全球市场实际上只有两个部分，一个是西方市场，即欧洲、非洲和美洲之间的三角贸易，它给欧洲带来了大量金银；另一个是东方市场，即印度、印尼群岛和远东的贸易。欧洲基本上将从西方贸易中赚得的金银运到了东方，足见东方贸易的重要性。第二章论述东西方贸易中西方的贸易逆差。大航海以来开启的东西方直接海上贸易续写着中世纪以来的东西方贸易传统，那就是西方对东方产品的依赖，而东方几乎不需要西方的产品或者对于西方产品的需求量很低，随着双方经济规模的扩大，这种长期严峻的贸易逆差困扰着西方各国。本章用数据和史实来论述欧洲在近代早期不利的贸易局面。并分析这种贸易逆差对西方国家造成的影响。第三章分析贸易逆差产生的原因，结合白银外流数据及近代以来东西方贸易的实际情况，分析产生贸易逆差的原因。回顾传统观点，贸易平衡说、金银套利说和制度差异说，分析以上各观点的合理之处与不完善的地方，并对贸易逆差原因从生产力不足的角度进行分析，认为导致贸易逆差的主要原因是西方国家在工业革命前产品制造力不足。因此本书想从生产力不足的角度进行论述，以便对这一问题在前人研究的基础上进行一点补充。其实西方很早就考虑贸易逆差问题，况且一味地贵金属流出不符合这一时期重商主义经济思想。事实上东方的生产力确实先进，也不需要舶来品。因此要摆脱这种困境，就必须降低生产成本，提高生产力，从技术上占优势，增强产品竞争力。因此工业革命产生的外部因素在一定程度上与东方贸易息息相关。第四章主要分析英国寻求解决贸易逆差的措施。在与东方长期的贸易逆差中，西方人不断寻求解决问题的办法，首先是金融政策，主要有信用货币制度和银行的建立，这种以信用为基础的虚拟货币和纸币，可以缓解国内因东方贸易导致的贵金属不足或流通不畅的压力。其次是贸易保护政策，对进口产品征收高关税以降低其市场竞争力，对国内产品实行鼓励出口的低关税政策，以增强本土产品的市场竞争力。再次就是进行转口贸易盈利以淡化白银外流对经济造成的影响，在这方面最典型的做法就是鸦片贸易，是中—英—印三角贸易的重要环节，成功地使白银回到欧洲以便继续进行贸易。鸦片贸易回流欧洲的白银主要是用于购买茶叶，因此要减少贸易逆差，就必须减少对茶叶的依赖，于是英国试图种植茶树，因气候原因，在本土种植失败，但是后来扶植印锡茶叶，这才成功地抵制了对中国茶叶的依赖。最后是扶植国内制造业的发展，这才是解决贸易逆差的根本方法。如棉织品从进口到模仿再到自主生产；从仿制中国瓷器到自行生产瓷器等。进而为扭转与东方的贸易逆差，率先通过棉纺织业的发展，引发全行业的生产力及生产关系的巨大变革，产业革命的出现最终才彻底扭转了东西方贸易的格局。第五章阐述在与东方长期的贸易竞争过程中，东西方都对自身的经济结构进行了调整，也都出现了巨大的变化，印度在英国的军事控制下，成为英国殖民经济的附庸，成为英国在东方经济战略的重要一环，并对英国的对华贸易起到了积极的作用。而中国小农经济在几百年的东西方贸易中表现出传统经济在政治体制、消费心理与文化等方面的稳定性，也显现出因大量鸦片以及外来工业品的输入，自然经济的动摇与小农经济的无力。尽管东方的这种改变是被动的。而西方尤其是英国则从重商主义到重工主义再到工业革命的出现，继而扭转了东西方贸易的局面，改变了近代以来长期困扰英国的贸易逆差问题。

四　写作方法

1. 采用全球史的研究方法，从整体史观的角度、以贸易平衡为视角论述这一时期东西方贸易的发展变化过程，分析东方贸易对欧洲主要国家经济的影响以及西方为不断扩大全球贸易市场，利用其政治、军事优势对东方主要国家政治、经济等方面的改变。特别指出西方的兴起与东方贸易息息相关，长期的贸易逆差加上18世纪末19世纪初拉美独立运动的影响导致美洲白银减产,要改变欧洲这种市场欠供给状态,于是在与东方的贸易竞争中,提高生产力,进行产业革命。

2. 用比较史的方法,对英国、印度及中国各自经济政治结构进行分析,从大航海到产业革命出现,中国及中国南海贸易圈一直占据世界贸易的中心地位,欧洲国家虽在大西洋贸易中获利颇丰,但大量白银却流向印度以及中国,这不仅违背这一时期西方盛行的"重商主义"经济思潮,也不符合本国经济利益,在为扭转贸易逆差的努力过程中,双方的经济结构不断发生变化,本书对其变化过程进行了比较研究。

五 研究难点

1. 现有各种贸易数据缺乏完整系统的原始记录,有些指标没有原始记载,有些记录不全面。官方记录显然不包括走私贸易的数据,而中英贸易数量很大,贸易逆差的数据就很难完整体现。再加上各种统计的口径不同,单位不同,有些年份资料缺失,给贸易数据的统计带来很多困难。西方的经济学著作大都描述其经济不断发展进步的过程,很少提及与东方尤其是中国的经济差距或对双方生产力进行对比研究。双方经济结构迥异,也很难比较,这些都给笔者资料搜集与整理造成很大困难。

2. 大帆船贸易主要涉及西、葡两国的相关原始文献,不仅难搜集,阅读也很困难,论文选题涉及的面广,西方国家的情况也不尽相同,要从中梳理出近代早期东西方贸易发展的路径,也有很大难度。

六 研究创新之处

1. 关于工业革命为什么会从棉纺织业先开始,以往研究认为,棉纺织业作为新兴产业,受到传统行会的约束较小,作为新兴工业,也容易采用新技术,再加上投资小以及农业革命带来的人口增长和消费拉动等因素。总之,在解释这一问题时,采用的是一种"顺势而为"的观点。但是,英国不产原棉,棉织品主要从印度进口。如果仅仅是为了满足国内消费,那么继续从印度进口就可以。而英国明令禁止使用印度棉织品,即便印度棉织品物美价廉也禁止使用,同时却允许继续进口印度棉织品向欧洲大陆其他国家出售,此举一举两得:其一,通过转口贸易增加国内财富;其二,阻碍大陆国家棉纺织业的发展。但同时英国又不断发展自己的棉纺织业，英国对东方的贸易又主要是以白银交换。通过发展本土纺织业和减少进口两种手段来缩减贸易逆差。也就是说如果能够减少对东方产品的进口，就可以缩减贸易逆差。由此，笔者认为，工业革命以棉纺织业为先导，不是顺势而为，实乃刻意而为，是英国在同东方国家进行贸易时，主动地对本国经济结构进行调整。

2. 以往研究中，尤其是中国史的研究，过度强调了因鸦片导致白银外流的数量以及对中国社会经济造成的负面影响。因为虽然鸦片导致外流白银，但外流的白银又作为英国购买中国茶叶、生丝、瓷器的资金流回中国。因此鸦片贸易在一定程度上是白银争夺战，是英国为解决对华贸易逆差的资金问题采取的一种转口贸易的方式，而英国最终的目的是要向中国倾销其商品而非倾销鸦片，随着工业革命的进一步推进以及苏伊士运河的建成，英国运到中国的商品数量逐步增加且价格逐步下降，导致英国输华鸦片数量逐年减少，英国输华商品逐步增加，中英贸易格局逐步扭转。

3. 长期以来学界认为英国对华贸易逆差是由于小农经济导致人均收入水平很低，无力购买外来商品，但是英国却通过鸦片这种可以导致成瘾性消费的特殊商品缓解甚至扭转了对华贸易逆差。中国吸食鸦片的人群从上层的官僚、显贵到社会底层的苦力等，分布十分广泛，购买鸦片的白银数目巨大。虽然鸦片不同于普通商品而是一种可以导致成瘾性消费的特殊商品，但还是需要白银购买的，所以不能单纯地将英国近代以来形成的贸易逆差归结为购买力水平低下，而是英国在工业革命前产品制造力水平有限。同时，正是长期以来，英中、印中贸易的西方逆差，英国只能采用输出成瘾性产品鸦片进行贸易平衡，因为除了鸦片，英国不能生产受中国欢迎的产品。如果按照弗林、吉尔拉德、彭慕兰的观点，将白银视为商品，"白银是一种以矿物为基础的精炼产品，而且是西方在原料供给和技术上都占优势的少数工业品"[①]。为什么不继续生产或者像其他普通商品那样扩大白银生产的规模，而到后期由于美洲白银减产而改用鸦片来平衡其对东方的贸易？可见，鸦片贸易的产生与美洲白银减产息息相关，但同时也暴露出西方国家在产业革命前自身生产力不足的问题。

---

① ［美］彭慕兰：《大分流：欧洲、中国及现代世界经济的发展》，史建云译，江苏人民出版社2010年版，第196页。

第一章

大航海与近代东西方贸易的起源

　　大航海开启了真正意义上的全球海上贸易，世界从分散开始走向一体，全球经济联系日益紧密。关于近代以来的世界贸易，学术界长期以来的基本看法是：由葡萄牙人和西班牙人开启的大航海，成功地打通了西方到达东方的新航路，以欧洲为中心的世界市场开始形成，真正意义上的全球史开始出现。然而，大航海虽然使世界市场开始形成，但是以"欧洲为中心"未免言过其实或言之过早。"从葡萄牙开启的欧洲扩张开始一直到18世纪，至少到那个时候，我们很难看到欧洲在经济上的主导地位，只是从工业革命开始，随着科学和技术的进步，这种优势才转移到欧洲。"[1] 实际上，从大航海到工业革命，欧洲并没有完全掌握世界贸易的主导权，这种主导权还控制在印度和中国手里，中国和印度不仅是新航路开辟的目标也是欧洲人贸易的主要对象。随着新航路的开辟以及世界贸易中心向东转移。美洲白银经欧洲最终流向亚洲，尤其是印度和中国，在近代早期长达三百多年的时间里，中国一直占据着世界贸易的制高点。"1400—1800年这四个世纪以来的世界经济，欧洲并不是这一时期的核心，相比印度、中国的繁盛，西欧的经济状况显得更加落后和不足""亚洲对1400年以来世界经济的扩张或全球经济一体化作出的贡献远高于欧洲、非洲和美洲"[2]。正是亚洲远高于欧洲的物质文明才吸引欧洲人不断探索通往东方的财富之路。13世纪中叶以后，随着穆斯林在中东地区的衰落，太平洋贸易区形成

---

[1] Gordon Johnson, M. N. Pearson, *the New Cambridge History of India*: *Portuguese in India*, Cambridge: Cambridge University Press, 2008, p. 14.

[2] Andre Gunder Frank, "India in the World Economy: 1400 – 1750", *Economic and Political Weekly*, Vol. 3, No. 30, 1996, p. 50.

三个新兴的商业中心,分别是欧洲(尤其是西欧)、中国和印度。这三个中心成为三个世纪以来,世界范围内最富活力和繁荣的地区,其中中国和西欧又是最重要的(因为印度成为英国殖民地后,已经与英国的经济发展融为一体,而只有中国的小农经济对西欧国家形成了长期的贸易逆差和对工业品的有效抵制)。但长久以来,西欧与中国却没有直接的贸易联系。因此,西欧人一直想打进世界上最富庶的交易市场。这种愿望在罗马时代就已经产生,中世纪时期,由于香料成为欧洲人生活必需品,东方的棉织品、丝织品成为财富的象征,东方产品在欧洲市场炙手可热。但是,由于奥斯曼土耳其帝国对地中海贸易路线的遏制,导致欧洲市场上东方商品数量锐减而价格猛涨,严重影响了欧洲人的正常生活,因此到东方去追求财富成为这一时期经济发展的大势所趋。

第一节 大航海的目的地

一 大航海的商业背景

欧洲探险家和商人向美洲和非洲的航行起因于他们想寻找通往亚洲的海上通道,在他们的心中,亚洲是一块财富宝地。东方的印度和中国自古以来就是欧洲最为主要的贸易对象。在大航海开启东西方直接海上贸易通道之前,欧洲与东方自中世纪以来就有三条主要的间接贸易路线。第一条是由地中海南岸经过埃及再到红海,最终到达印度洋;第二条是沿地中海北岸先向东到达拜占庭帝国的君士坦丁堡(今土耳其伊斯坦布尔),再从这里出发沿黑海和里海经阿富汗、中亚等国家和地区,最终到达中国;第三条是沿地中海东岸,先到波斯湾,再由这里经阿拉伯海到达印度及印度洋地区。但东西方经波斯湾、红海至东地中海沿岸的主要贸易路线,先是控制在阿拉伯和威尼斯商人手中,后来又控制在土耳其人手中,东方商品辗转到达西欧时价格已经变得十分高昂,这不仅严重影响西欧人的日常生活,也导致大量金银流到了意大利和伊斯兰世界。大部分西欧国家本就贵金属资源十分短缺,不利的贸易形势无疑加重了对贵金属的渴求。于是欧洲人希望找到一条不经穆斯林和意大利商人,直接可与东方贸易的路径。如阿布—卢格霍德所说:"谁控制了通向亚洲的海上航线,谁就能够确立正处于衰退中的欧洲贸易的规则。"①

欧洲商人和冒险家为获得亚洲财富，执欧洲贸易之牛耳，不断探索通往印度和中国的海上贸易路线。1291年，马可·波罗返回威尼斯后向意大利人讲述他的传奇之旅，他对中国富饶的赞美又极大地激发了欧洲人探寻通往中国的直接海上贸易路线。同年，威瓦尔第兄弟从热那亚出发，想向西出发探寻通往印度的航线，但遗憾的是两人的航行很不顺利。尽管如此，人们想从海上向西航行到达中国和印度的尝试却从来没有停止过。

14世纪，欧洲富有阶层或上层社会把印度的胡椒看作是富有生活的必需品（印度马拉巴尔海岸生产一种优质胡椒），产于马鲁古群岛的丁香和肉豆蔻更是备受欢迎。欧洲人需求胡椒的原因主要有两方面，一是由于在漫长而又寒冷的冬季，畜群无法越冬，必须在秋季屠宰，而香料是肉类保鲜不可缺少的防腐剂；除此之外，受东方饮食文化的影响，尤其是受阿拉伯饮食文化的影响，欧洲人开始十分迷恋这种原本陌生却又使人欲罢不能的香料。

西欧的商人和君主们也认识到，开发通往亚洲的直接商路，避开伊斯兰世界，将会大大增加欧洲市场上香料和其他亚洲货物的供应，也将带来巨额财富。15世纪末，西、葡两国明确地把航行的目标定在东方，尤其是把印度或中国作为远航的目标。这种选择一定程度上是由中世纪以来东西方的经济关系决定的。中世纪的东西方经济关系，简而言之，就是西方对东方的依赖。这种情况一直持续到18世纪产业革命。"直到18世纪末，中国仍然是世界上最强大的国家，欧洲这一时期仍处在人类文明的边缘，印度和土耳其的文明程度和财富让西欧望尘莫及。"② 斯塔夫里阿诺斯也持同样见解：近代早期的印度和中国从不像西欧国家那样主动探索其他贸易对象，是因为中国和印度不需要外国人的东西，"这种经济现象其实不是印度与中国的封闭而是它们在经济优势上的反映，而东方经济上的优势反映

---

① Janet L. Abu-Lughod, *Before European Hegemony: The World System AD. 1250 – 1350*, Oxford: Oxford University Press, 1989, p. 149.

② ［英］杰弗里·巴勒克拉夫主编：《世界历史便览：公元前9000年—公元1975年的世界》，《泰晤士世界历史地图集》中文版翻译组译，生活·读书·新知三联书店1983年版，第153—154页。

■■■东西方贸易关系的演变与工业革命的缘起

在世界经济的联系中就是西方依赖东方的商品的同时却无法提供可以出口到东方的商品"①。中世纪，西方人最需要的产品是东方的香料，正是这样的消费需求把西欧与遥远的东方联系起来。布罗代尔描述了这种情况："12世纪人们无疑对香料趋之若鹜。西方为之消耗了不少贵金属，并且为得到香料，不惜航行地球半圈与东方从事艰辛的贸易。这种狂热无法克制……笃信天主教的费迪南二世以'大蒜尽可调味'为由反对进口肉桂和葡萄牙胡椒（引起的白银外流），但没有起到任何作用。"②加上《马可·波罗游记》在欧洲的传播，更激发了欧洲上层分子到东方寻金的热情。东方成为西方人渴望获得财富的圣地。正是出于对东方财富的无限渴求，才激起欧洲人探寻绕开奥斯曼土耳其帝国的触角而直接到达东方航线的探险活动，大航海正是在这样的商业背景下产生的。

二 印度与印度洋地区

15世纪后期，随着科学知识的发展，"地圆说"的观念已经被广为接受。1492年，当哥伦布横跨大西洋、抵达巴哈马群岛时，他坚信所到的地方就是印度，所以美洲人至今仍称为"印第安人"。哥伦布到达美洲后不仅相信了地圆说，而且还通过运算得出结论，从西向东的陆地跨度约290°，其中海洋占据70°，按照1°约等于5海里计算，从加那利群岛到日本的直航距离是2400海里（而实际距离为10600海里）。在错误的判断下，哥伦布提出西行中国的计划。所以美洲的发现完全是个意外。哥伦布到达美洲后，宣布对西印度诸岛实行占领，这一事件对葡萄牙政府来说是一个挑战，若不尽快发现通往印度的航路，实行对印度的有效控制，无疑是把"黄金乐土"拱手交给西班牙。为进行海外殖民掠夺，扩大国家财富，探索由葡萄牙绕过非洲前往印度的海上航行势在必行。1498年5月17日，葡萄牙人达·伽马绕好望角到达印度古里港，开始涉足东方。1498年5月28日下午，葡萄牙人的船队到达印度西海岸的卡利卡特城对面的一个港口。这是印度港口第一次停泊欧洲国家的船队。达·伽马一上岸，就表

---

① [美]斯塔夫里阿诺斯：《全球通史：1500年以后的世界》，吴象婴、梁赤民译，上海社会科学院出版社1999年版，第76页。

② [法]费尔南·布罗代尔：《十五至十八世纪的物质文明、经济和资本主义》（第一卷），顾良、施康强译，商务印书馆2017年版，第257页。

示葡萄牙王室拥有这片土地的所有权。葡萄牙人入侵和争霸东方的主要目的在于插足、进而垄断东西方贸易。具体目标是印度的布匹及胡椒以及东南亚的香料贸易（包括胡椒、丁香、肉豆蔻等）。达·伽马运回的香料、丝绸和宝石等在欧洲市场出售后，获得了相当于航行成本 60 倍的巨额利润。

1509 年葡萄牙在第乌港附近打败阿拉伯的联合舰队，1510 年正式建立贸易港口——果阿，1511 年占领马六甲，1513 年攻打亚丁未果，但 1515 年占领霍尔木兹海峡，这样就基本上控制了印度洋。东南亚方面，1512 年葡萄牙一个使团来到马鲁古群岛，与这里特尔纳特岛的统治者结盟，并于 1522 年在这里修建碉堡。1535 年他们废黜了这里的国王并把他送到果阿。不久，这位国王把安汶岛赠给自己的教父弗莱塔斯。1575 年葡萄牙人被特尔纳特人逐出该岛，但安汶岛仍在葡萄牙的控制范围内，并把这里建设成其在东方进行香料贸易的中心。① 从西非海岸经好望角、霍尔木兹海峡、果阿等地到马六甲、澳门、安汶，葡萄牙人在这漫长的海岸线上建立了一系列堡垒和商站，以武力为后盾。整个 16 世纪，通过这些据点葡萄牙人把一批批香料和其他东方商品运往西方。这条航线上的各个据点，大体西起莫桑比克的索法拉（贝拉）和霍尔木兹，东至特尔纳特和澳门，16 世纪时的葡萄牙文献称之为"印度国家"（Estado da India 或 state of India）② 换言之，当时的葡萄牙人把这些据点看成是自己的海外领土。为经营、控制这条直达东方的航线，葡萄牙人很快发展起一种航行凭证制度，主要在印度洋上使用。1502 年达·伽马率领 15 艘军舰组成的装备良好的舰队来到马拉巴尔海岸，目的是阻止这一带居民与穆斯林商人做买卖。由于坎纳诺尔、科钦、奎隆三地的统治者对葡萄牙人比较友好，故达·伽马决定上述三地的船只可在印度洋上自由来往，并就这一年开始专门向这些船只发放航行凭证。

继西、葡之后，英人贪婪的目光也盯上了这块富饶的次大陆。早在 1527 年，英国商人罗伯特·汤恩就曾向亨利八世建议，出航西北，开辟一

---

① ［澳］梅·加·李克莱弗斯：《印度尼西亚历史》，周南京译，商务印书馆 1993 年版，第 34 页。
② Malyn Newitt ed., the First Portuguese Colonial Empire, Exeter: University of Exeter Press, 1986, p. 37.

条更快捷的直达印度的新航线，但未能成行。1583年，伊丽莎白女王一世派商人约翰·纽伯里来东方，分别携书致莫卧儿帝国和中国皇帝，纽伯里到达印度后被葡萄牙人截获，英王国书未能送达；1596年，伊丽莎白又派班假明·伍德作为使臣来东方，由于海上风暴和葡萄牙人的袭击，两次试航都以失败告终。1599年，伦敦大贸易商集会，筹备对东印度贸易的公司。他们集中了2万多英镑的资金，向国王申请贸易特许状。1600年12月31日，英国伊丽莎白女王将易的总裁和伦敦商业公司，这标志着英国东印度公司的成立。1595年荷兰组织了6个公司东航，1602年六公司合并，正式成立"联合的东印度公司"。足见印度对西方殖民者的商业吸引力以及西人的重视程度。

三　中国与中国南海地区

哥伦布相信他曾经乘船前往马可·波罗所说的日本国，威尼斯人吉奥瓦尼·卡波托或称约翰·卡波托（Giovanni Caboto，英文名John Cabot）则相信从高纬度的地方向西航行，可以从北面到达日本国，因为地球在高纬度的地方可能更狭窄，1638年皮货商让·尼古拉在密歇根湖西岸遇到温内贝戈印第安人时，甚至穿上了随身携带的马褂，以为可以见到中国的大汗。从马可·波罗时代起，欧洲人就已经知道通往中国的陆路商道，14世纪初，图什肯·佩果罗蒂在其《经商之道》一书中详细描述了从亚速海到中国的路线。1459年，威尼斯人弗拉·毛诺绘制了一张地图，指出有可能从海上向东航行到达亚洲的路线。[①]"英国人德尔米尼说：所发生的一切仿佛都是为了这样一桩事情，即他们已经知道把这个半岛（南亚次大陆）变成奴仆，其目的无非是要将它指向中国。"[②]

13世纪后期问世于欧洲的《马可·波罗游记》曾经使"契丹"[③]这个国名在欧洲人尽皆知，"契丹"就是"中国"。但是，到15世纪末欧洲大航海启动时，欧洲人似乎并没有抓住"契丹"这个目标，而是把目标放在

[①] [美] 埃里克·沃尔夫：《欧洲与没有历史的人民》，赵丙祥、刘传珠、杨玉静译，上海人民出版社2006年版，第275页。

[②] [美] 埃里克·沃尔夫：《欧洲与没有历史的人民》，赵丙祥、刘传珠、杨玉静译，上海人民出版社2006年版，第300页。

[③] "契丹"一词，拉丁文为Chataja，译成英文Cathay，近代的中国人将其音译为"国泰"。见杨植峰：《帝国的残影——西洋涉华珍籍收藏》，团结出版社2009年版，第3页。

第一章　大航海与近代东西方贸易的起源

了印度。因为欧洲航海日志记载了两个很难改变的事实：第一，达·伽马（Vasco da Gama）越过印度洋，开辟的第一条"新东方航线"，到达的地点不是"契丹"，而是位于印度次大陆西海岸的一个小港口——"果阿"（Goa），在那里建立了第一个"东方贸易站"。第二，克里斯托弗·哥伦布（Cristobal Colombo）越过大西洋，发现新大陆，即后来所谓的"美洲"以后，并没有把当地的居民称作"契丹人"，而是称作"印度的人"，即"印第安人"。大航海似乎忘却了对"契丹"国的记忆，① 让当时人和后人很自然地把大航海的视线转移到了印度。那么，实际情况到底是怎么样的呢？我们不妨重新做一个回顾性考察。

欧洲的大航海是由刚刚从阿拉伯人手中进行"收复失地"不久的葡萄牙人和西班牙人发起的。他们从直布罗陀海峡出发，分别由印度洋方向和大西洋方向发现了到达东方的两条航线，即"东方航线"和"西方航线"，但殊途同归，两条线的最终目的地都是印度和中国。推动葡萄牙人向东扩张的动力，一是寻求"生产调味香料的东印度群岛"，独家垄断东西方香料贸易；二是与东方大国印度、中国开展直接贸易。15世纪中叶，葡萄牙"航海家"亨利王子（Henry the Navigator）网罗一批欧洲最有经验的水手和冒险家，企图沿非洲大陆西海岸南下航行，寻找到达东方的新航线。1487年，迪亚士（Bartholomew Diaz）的船队到达非洲最南端的好望角（Cape of Good Hope）。1498年，达·伽马率领船队越过好望角，首次进入非洲东海岸，在东非的桑给巴尔雇用一名阿拉伯籍领航员，然后横跨印度洋，抵达印度西海岸的马拉巴尔（Malabar），在其登陆处卡利卡特（Calicut）立石柱纪念。无疑，达·伽马的这次航行是人类航海史上开天辟地的一件大事，它成功地开辟了由欧洲直通亚洲的第一条海上航线，可谓功盖

---

① 在大航海之前，欧洲人对东方、对中国和印度并不是一无所知。在元朝时期，很多欧洲传教士已经亲身到达过中国。据记载，欧洲为了寻求与蒙古人合围伊斯兰教穆斯林，曾不止一次派遣传教士不远万里来到中国。史料记载的访蒙传教士有：普兰·卡尔平尼、鲁布鲁克、孟特戈维诺、热拉德、安德鲁、帕烈格里诺、鄂多力克等，这些人都曾游历中国，留下了《蒙古史》《东方行记》《中国和通往中国之路》等著作。马可·波罗家族抵达中国实际上也受忽必烈和罗马教皇指派，并不完全是商人性质的冒险。史料记载的元朝出现最后一次中欧使团交结发生在1338年。这一年，教皇本笃十二世派遣佛罗伦萨人马尼诺里为特使，率领一支50人的使团，在意大利的那坡立港与元顺帝派到欧洲的使节脱孩汇合，然后一同前往元朝。使团在元朝大都逗留了3年至4年，然后由海道回国。关于访问东方国度的印象，他们亦留下了《马尼诺里奉使东方录》一书。见常宁文编著《马可·波罗》，辽海出版社1998年版，第196—197页。

· 39 ·

千秋。但是印度并非葡萄牙的最终目标,他们真正的愿意不是在印度,而是继续向东延伸,指向中国。为了更多地了解中国,为早日到达中国,1508年,葡萄牙国王曼努埃尔一世派迪奥戈(Diego Lopes de Seqneira)打探有关中国的消息。在给迪奥戈的信里写道:"请弄清楚秦人的位置以及他们与马六甲海峡的距离、他们在马六甲进行贸易的时间、地点、商品种类、交易规模等……总之与他们有关的一切我都十分感兴趣。"①

对中国的努力探寻终于在1511年有了重大进展,葡萄牙船队即穿越马来半岛与苏门答腊岛之间的马六甲海峡,进入中国"南海",1514年,顺利抵达中国广东沿海。② 葡萄牙人曾经在中国东南沿海做起了"海盗",先是在宁波的"双屿岛"与日本的"倭寇"做起生意,结果受到明朝海军的追捕,后逃至福建的漳州,在持续追捕之下,又流落到广州的黄浦江口,如此在中国东南沿海"逃难"了三十年之久,始终不肯离开中国。③1547年,终于买通分管广东沿海军务的一位总兵,以租借的方式占据了澳门,把澳门变成了葡萄牙人的贸易站。此后,很多来自葡萄牙的商船便直接驶往中国澳门,与中国人做生意。据麦迪森统计:1500—1599年,葡萄牙从里斯本发往印度洋的船只共计705艘,到达东方(中国南海)的船只就有620艘之多。④ 由此可见,葡萄牙人的东方探险与其说把目标放在印度,不如说是把实际目标放在中国。当然,1543年,他们的船队也到达了日本。

再看西班牙人西向探险的历程。西班牙是由比利牛斯半岛的阿拉岗与卡斯蒂合并而成,1492年立国。该国因濒临地中海,最初并没有把发展远景放在大西洋。1492年的大西洋探险完全是克里斯托弗·哥伦布个人宣传的杰作。这里就存在一个疑问,哥伦布的东方航行的目标是印度吗?因为他把美洲人称作"印第安人"。仔细研究,我们会发现,其实哥伦布大西洋之

---

① [葡]多默·皮列士:《东方志:从红海到中国》,何高济译,江苏教育出版社2005年版,第88页。[美]张天泽:《中葡早期通商史》,姚楠、钱江译,中华书局1988年版,第36页。

② 葡萄牙人先巩固印度洋的探险成果,他们用武力击败当地的穆斯林船队,占领波斯湾,封锁红海,于1509年抵到马六甲,1511年占领该城,从而基本控制了印度洋。见[法]G.赛代斯:《东南亚的印度化国家》,蔡华、杨保筠译,商务印书馆2008年版,第411页。

③ 方豪:《中西交通史》,上海人民出版社2008年版,第462页。

④ [英]安格斯·麦迪森:《世界经济千年史》,伍晓鹰、许宪春等译,北京大学出版社2003年版,第45页。实际上,早在唐、宋时期,位于西亚的波斯湾贸易就因为与东洋贸易而走向繁荣。"由唐而宋,中国南部与波斯之间,大开通商,波斯湾各港皆依东洋贸易而繁昌。"见[日]桑原骘藏《唐宋贸易港研究》,杨炼译,商务印书馆1935年版,第17页。

行的目标并不是今天的印度,而是"大印度"之下的"契丹"和"日本"。

　　早年的哥伦布是来自意大利佛罗伦萨的航海家,曾经是葡萄牙亨利团队的一员,在非洲西海岸航行过八年,到达过大西洋群岛和几内亚湾。哥伦布的过人之处并不是拥有丰富的航海经验,而是拥有独到的航海眼光。他曾熟读《马可·波罗游记》,对"契丹"(Cathay)和"日本岛"(Cypango)有深刻记忆。与此同时,他还精通地理学,了解地球是一个球体,认为一直向西航行同样可以到达东方。1484年,哥伦布向葡萄牙国王约翰二世递交了一份请愿书,希望派遣他从"另一个方向"出使日本岛①,理由是"从东面走,路越长;从西面走,路必将越短"。② 但是,这份提案在经过葡萄牙航海委员会审议时,遭到了否决。委员们认为日本岛可能是"马可·波罗的杜撰",其实根本就不存在,就算日本岛存在,哥伦布也大大"低估了到达亚洲的距离"。③ 正是葡萄牙人这些科学的地理知识使得哥伦布怀抱的希望落空,但也使葡萄牙错失了美洲的财富。1492年,他向意大利友人杜斯卡内里(Pao del Pozzo Toscaneli)求助,希望杜氏指明航行东方的具体地点和实际距离。杜氏是当时欧洲名噪一时的大学者,定居在佛罗伦萨,千里驰书问疑者很多。他当即致信里斯本主教大堂的神甫斐南·马尔丁(Fernan Martin),同时将副本寄给了哥伦布。杜氏在信中写道:向西方航行到达东方的目标是契丹的"行在"(Quinsay),即今天中国的杭州城。他说:"由里斯本向西直行,可抵达行在……行在城在蛮子,距契丹不远,王居于契丹。"至于里斯本距离"行在"的路程,杜氏解释:"两城距离共二十六方格,每方格长二百五十迈耳;……自里斯本至行在,路程约占全球三分之一。"④ 据此,学者方豪先生认为:"从杜斯加内里二函观之,可知哥伦布所向往者,实为中国;函中固亦述及日本,且言其盛产黄金,然不及中国之重要。"⑤ 哥伦布接到杜氏的信件后,转而向西班牙

---

① Morison, S. E., *The European Discovery of America: The Southern Voyages, A. D. 1492－1616*, Oxford: Oxford University Press, 1974, p. 31."

② 谢丰斋:《古代"丝路贸易"的延续——16—18世纪中国南海"世界贸易中心"的生成》,《世界历史评论》2020年第1期。

③ [英]安格斯·麦迪森:《世界经济千年史》,伍晓鹰、许宪春等译,北京大学出版社2003年版,第51页。

④ 方豪:《中西交通史》,上海人民出版社2008年版,第463页。

⑤ 方豪:《中西交通史》,上海人民出版社2008年版,第463页。

■ ■ ■ 东西方贸易关系的演变与工业革命的缘起

王室提出申请,女王伊萨贝拉(Isabella)由于对地理知识的无知,竟然满足了哥伦布的请求。1492 年 8 月,哥伦布率领 3 艘帆船,88 名船员正式出发,开始了向大西洋方向未知海域的航行。他随身还携带了一份西班牙王致契丹大帝的书信;① 并捎带了一名阿拉伯语翻译,以便"随时准备与中国人和日本人做生意"。②

根据上述情况判断,哥伦布寻找的目标的确是今天的中国和日本,而不是印度。但是,在发现美洲之际,他为什么没有将当地的居民称作"契丹人"或"日本人",而是称作"印度人"(即印第安人)?这个问题涉及 15 世纪欧洲人的"地理观"和"认识观",需要做出解释。

实际上,在哥伦布踏上美洲大陆之际,他的确将当地居民当成了"大汗的居民"或"日本的居民"。在船队经过 40 昼夜的不停航行之后,于濒临绝望之际看到第一块陆地——圣萨尔瓦多时,哥伦布曾经认为他终于到达了寻找中的地点——"契丹"和"日本"。据美国探险史专家纳撒尼尔·哈里斯(Nathaniel Harris)提供的资料记载,当哥伦布踏上古巴这块岛屿时,听到当地土著说出"Cubanscan"这个词,他当然还不知道这个词的意思,但是主观认为该词指的就是"伟大的可汗"。那是马可·波罗游记中所指的"契丹统治者"③ 此后,哥伦布继续向东南方向航行,发现另一个岛屿,有"少量黄金和一些友好的土著人",这些土著居民"给他讲了一个盛产黄金之地的故事,此地名为'Cybao',听起来像是'Cpangu',也就是当时西班牙人所说的日本"④。显然,哥伦布把最初发现之地当成了"契丹"和"日本",与今天的印度没有一点关系。那么,哥伦布为什么把新发现的居民称作"印第安人"呢?原来 15 世纪时,欧洲人的地理概念还比较模糊,当时的"印度"是对阿拉伯以东整个东方地区的称谓,并不是今天的"印度","印第安人"自然也不仅仅是今天的"印度人",而是包括"契丹人"和"日本人"在内的整个"东方人"。方豪先生曾明确地

---

① 方豪:《中西交通史》,上海人民出版社 2008 年版,第 462 页。
② [美]雅克·巴尔赞:《从黎明到衰落——西方文化生活五百年》,林华译,世界知识出版社 2002 年版,第 100 页。
③ [美]纳撒尼尔·哈里斯等:《图说世界探险史》,张帆、贾磊等译,山东画报出版社 2006 年版,第 52 页。
④ [美]纳撒尼尔·哈里斯等:《图说世界探险史》,张帆、贾磊等译,山东画报出版社 2006 年版,第 52 页。

说："中古时代欧洲历史学家多以印度称中国。"① 哥伦布没有用"契丹人"或"日本人"去指称新发现的居民，而是用"印第安人"统一称呼之，从当时的情况看无疑更合理。②

摆脱因美洲意外发现所带来的称谓，③ 从西班牙人探险的实际情况来看，当他们发现美洲并不是他们要找的契丹或日本之后，因为西班牙人在这里并没有找到香料、棉布等印度商品。他们最终还是向契丹和日本所在的方向出发。1519 年，麦哲伦率领的西属船队，越过美洲的麦哲伦海峡，来到"风平浪静"的"太平洋"，向东航行了三个月的时间，终于到达了与中国和日本同样濒临中国南海的菲律宾，并与葡萄牙的船队遭遇。至此，欧洲航海探险的终点被最终定格，地球被证明是一个球体。1529 年，罗马教皇给西、葡两国划定"教皇子午线"，规定双方以"摩加群岛以东 17 度线"为限，"17 度线"以西为葡萄牙人活动的势力范围，以东则为西班牙人活动的范围。如果要找寻大航海寻找的目标，实际上，"17 度线"就是一个指示牌。我们看到，印尼所属的摩加群岛并不是位于印度洋，而是位于中国南海。④

西班牙、葡萄牙包括英国东方航海探险的实践证明，欧洲大航海的目

---

① 方豪：《中西交通史》，上海人民出版社 2008 年版，第 463 页。
② 在美洲被知晓并非印度后，真正的"印度"即阿拉伯以东的东方地区改称"东印度"，而新发现的加勒比地区则被称为"新西印度"。
③ 诚如亚当·斯密所说："与东印度的通商计划导致了西印度的首次发现"。见［英］亚当·斯密：《国富论》，莫里编译，中国华侨出版社 2013 年版，第 369 页。
④ 如果说，以上西、葡两国的大航海还不能全部说明欧洲人寻找的目标就是中国，我们还可以用后来欧洲海上霸主英国的探险为例再加证明。欧洲是一个地理分割的封建世界，各国都有属于自己的势力专属区，西、葡两国最先打通了通往东方的东、西两条航道，英国人要想达到东方原则上只能"另辟蹊径"。1596 年 8 月，马丁·弗罗比舍（Martin Frobisher）率领一支英国船队，沿挪威海岸北上，向大西洋的东北方向航行，企望开辟一条到达东方的"东方航线"，这支船队到达了北极，驶抵今格陵兰岛南端的弗罗比舍湾。因冰川阻塞，无路可通，英国的探险失败。弗罗比舍在寒冷的当地停留下来，我们原来也并不知晓他要驶抵东方的哪一个国家。但是，当地发生的一件事提醒了我们，马丁要去的地方就是中国。据哈里斯记载：马丁在弗罗比舍湾发现了一种"闪光的石头"，认为这样的石头含金量一定很高，是一种难得的矿石，便临时起意，组建一家公司，准备开采和提炼。在给公司取名时，马丁提议"中国公司"（China's Company）。试问，还有什么比在古往今来无人踏及的茫茫之地直名"中国"，更能说明中国是他们心目中"最了不起""一心要去"的地方吗？当然，到了 16 世纪下半叶，葡萄牙人在中国的贸易已经展开了半个多世纪，"中国"在欧洲人的心目已不再陌生。不过，"印度"也同样为欧洲人所熟悉，在二者都被知晓的前提下，英国人还是把"探险的砝码"放在了中国，而不是印度。这一点再次证实，中国而非印度才是欧洲人要寻找的真正目标。

标并不是今天的"印度",至少不是限定在今天的"印度",而更多限定在今天的"中国"和"日本","印度次大陆"的发现与"美洲新大陆"发现对欧洲人来说意义是相同的,它们都是大航海过程中的"中间站",而不是"终点站",终点站是中国的"南海"。

第二节 东方贸易在全球贸易中的地位

东方市场,主要指葡萄牙人经好望角在远至香料群岛和日本之间的广阔海域建立起来的市场,也指西班牙人在美洲通过菲律宾与亚洲发生贸易往来而形成的市场。由此引发的欧洲与印度及印度洋地区和欧洲与中国及中国南海的贸易统称为东方贸易,这里还包括荷兰人与日本之间的贸易。大航海之后,新开辟的东西航线把分割的世界联成一个整体,从此,全球贸易出现。新的全球贸易不仅将欧洲与遥远的印度、中国和日本联系起来,而且将新发现的美洲也纳入东方贸易圈。而新出现的世界贸易格局,从表面上看,全球范围内似乎出现了四大具有国际贸易性质的贸易区,即"中国南海贸易区"①"印度洋—孟加拉湾贸易区"②"欧洲地中海和波罗的海贸易区"③ 以及以加勒比海为中心的"大西洋贸易区"。南海、印度洋和地中海的贸易都具有国际贸易的性质,我们承认;但是,加勒比海和大西洋地区的贸易性质属于欧洲贸易区的延伸,其贸易主体仍然是欧洲。因为首先,就美洲来说,它已经完全变成了被欧洲人征服的殖民地。15世纪、16世纪,刚刚迈入文明"门槛"的印第安人在短时期内即被欧洲殖民者的先进武器和天花病毒所击倒,人口消失大半。④ 美洲土著居民作为一个历史主体已经消失。随后出现的欧洲与美洲之间的贸易,并不是欧洲人与美

---

① 又称"西太平洋贸易区""以北京、广州、澳门、马尼松、马六甲和巴达维亚等六大城市为中心"。

② "以古吉拉特、果阿、卡利卡特、默苏里帕德姆和霍格里等港口城市为中心"。

③ 内含"地中海贸易区"和"波罗的海及北海贸易区"。

④ 据统计,到1650年,阿兹特克文明和玛雅文明的人口从大约2500万萎缩到150万;印加文明从900万减少到60万;北美的居民从大约500万缩减到6万。整个新大陆的人口从1亿减少到500万。见 Livi-Becci, Massimo, *A Concise History of World Population*, Cambridge, Mass., and Oxford: Blackwill, 1992, p.51;另见[德]贡德·弗兰克《白银资本:重视经济全球化中的东方》,刘北成译,中央编译出版社2001年版,第99页。

洲原居民之间的贸易，而是欧洲母国与欧洲移民之间的贸易。所谓的"大西洋贸易"从原则上讲已经不是一种享有主权的美洲国家与欧洲国家之间的贸易，而是欧洲国家内部贸易的延伸，是一种远距离的海外贸易，与"欧洲"同"东方"之间的贸易不可同日而语。哈佛大学海洋史教授帕里（J. H. Parry）曾经说："16 世纪，发生在西班牙与通用西班牙语的拉丁美洲（Spanish America）国家之间的横穿大西洋的贸易，比由葡萄牙到印度的贸易，要使用更多的船只和运送更多的东西。矛盾的是，前一种贸易至多满足几百上千西班牙殖民者的需要，满足那些梅斯蒂索（mestizos）混血儿和讲西班牙语的印第安人的需要，而后一种贸易则直接连接西欧与东方的广大人口。"① 显然，这两种贸易在性质上是不同的。同样，欧洲与非洲大陆西部沿岸地区的贸易也不能称之为国际贸易。因为非洲原居民几乎遭受了与美洲印第安人相同的命运。而且近代早期有多达七千万黑人被卖作奴隶，非洲人根本没有自主决定命运的权利，不可能与欧洲展开对等的贸易。少数黑人酋长与欧洲人进行的"以奴隶换奢侈品"的交易，只是一种贸易"游戏"。所以，在欧洲、美洲和非洲之间所出现的"三角贸易"，② 也不是世界贸易的一部分，而只是欧洲贸易的"扩大化"。如此说来，新出现的"大西洋贸易网"，只是在还原"地中海贸易区"和"波罗的海贸易区"基础上，新增加了"加勒比海贸易区"。我们不妨称之为"西方贸易圈"。

这就是说，大航海之后所出现的世界贸易主要不是欧洲与美洲之间的贸易，而是欧洲与亚洲之间的贸易，即"东西方贸易"。如果要在"新航路"开辟之后寻找"世界贸易的中心"，这个中心不是"从地中海向大西洋转移"，而是"从欧洲向亚洲转移"。传统所说的"向大西洋转移"只是"欧洲殖民市场"的进一步扩大，而从世界贸易或全球贸易的角度看，

---

① ［英］E. E. 里奇、C. H. 威尔逊主编：《剑桥欧洲经济史——16、17 世纪不断扩张的欧洲经济》（第四卷），张锦冬等译，经济科学出版社 1967 年版，第 179—180 页。
② 1660 年前后"三角"贸易是这样进行的：从西非抓取奴隶（也掠夺当地的黄金），投放到加勒比海地区进行生产，然后将黑人生产的蔗糖、大米、棉花、烟草、毛皮、鱼、朗姆酒和白银等，运往欧洲销售。1562 年至 1717 年是大西洋"三角"贸易的繁荣期。当然，这个时期也是"加勒比海盗"的流行期，因为西班牙政府运送黄金和白银的专业船队引来了很多的目光。见［英］马丁·吉尔伯特《英国历史地图》（第三版），王玉菡译，中国青年出版社 2012 年版，第 58 页。

欧洲贸易"向东方转移"才是事实。美洲的意外发现某种程度上遮掩了这个"转移"的视线。

一 印度及印度洋贸易圈的突出地位

早在2000年前，印度与罗马通过红海和波斯湾就有广泛的贸易往来，后来亚洲产品继续到达地中海和欧洲市场。香料是最重要的商品，欧洲人需要香料来保存肉类，并且用其调味，香料贸易对欧亚双方都是重要的，尤其是对西方国家来说，其很大一部分财政税收来源于香料贸易。继香料贸易之后，棉织品成为南亚地区的主要出口商品，尽管其他地区也有大规模的棉纺织品生产、贸易和消费，但棉织品出口规模远不及南亚次大陆。"1200—1800年，印度的棉纺织品出口成为联结几个经济地区的关键因素。"[1]

大航海以前，印度及印度洋地区就是全球经济最富裕、贸易最活跃的地区。[2] "印度处在全球经济的核心位置，只是这种体系处于印度次大陆松散的调节之下。"[3] "早在16世纪，孟买、古吉拉特就以棉纺织品的出口成为全球重要的贸易中心。"[4] 虽然"传统说法认为欧洲人大航海之后主宰了印度洋的贸易，但事实上经亚洲商人流入印度的白银要比经欧洲人流入印度的多，直到17世纪末，每年经红海和古吉拉特港流入的白银就已经超过所有欧洲人经好望角流入印度的白银。"[5] "在1500年，全球有两条重要的商业路线，其中最长的一条是从亚丁湾经过马拉巴尔或古吉拉特再到马六甲，这条商路上的主要商品是棉织品、蓝靛、香料、药品。在马六甲还可以和中国的丝绸、瓷器等商品进行交易""另外一条重要的从东非到印度的商业路线掌握在古吉拉特人手里，主要经营檀香木、象牙、

---

[1] Giorgio Riello and PrasannanParthasarathi, *The Spinning World: A Global History of Cotton Textiles, 1200–1800*, Oxford: Oxford University Press, 2009, p.41.

[2] D. Thomas, "Sixteenth-Century European Expansion and the Economic Decline of Africa", *The Review of Black Political Economy*, Vol.20, No.4, 1992, pp.5–38.

[3] ［意］乔吉奥·列略：《棉的全球史》，刘媺译，上海人民出版社2018年版，第3页。

[4] Giorgio Riello and Prasannan Parthasarathi, *The Spinning World: A Global History of Cotton Textiles, 1200–1800*, Oxford: Oxford University Press, 2009, p.5.

[5] Dennis O. Flynn, *Global Connections and Monetary History: 1470–1800*, Burlington: Ashgate Publishing Company, 2003, p.XI.

奴隶、黄金。"① 但是传统的研究往往夸大"1498 年以后好望角路线"的重要性。其实在实际中，商人走好望角路线通常要花费好几个月的时间，不仅运输成本很高而且死亡率也很高，"在 1497—1590 年，约有 171000 人从葡萄牙赴印度，其中约有 17000 人死于海难和各种疾病，在归途的 105000 人中，约有 11000 人再也回不了家乡。与此同时，大约有 10% 的船只在大海上迷航失踪，这个数据表明，好望角商路上人员和船只的消耗都很大"②。荷兰著名历史学家范·勒尔也认为："至少在 19 世纪以前，印度地区贸易的状况几乎没有发生任何改变，欧洲人的香料贸易只占印度地区贸易的很少一部分，只是价值比较大。而且也只是以许多小商贩从一个港口到另一个港口的私人贸易形势为主，对印度当地的财政税收及经济主体影响甚微。"③ 正如乔杜里所说，葡萄牙人只是参与到原有的印度洋贸易体系中，并不能改变这里原有的贸易结构，而且还不得不服从这里已有的贸易规则。④ "虽然好望角航线发现之后，增加了美洲白银到达印度的数量，但是美洲白银更多的是从红海这条传统贸易线上流入印度甚至远东地区。"⑤ 而且这条线上的商人主要是印度人和阿拉伯人，也就是说不能过分夸大好望角航线上白银的流量，欧洲人在进入亚洲贸易圈之后，其交易额是十分有限的，对亚洲原本贸易圈的影响也是有限的，并不能改变原本的贸易结构，只能是顺从或者适应亚洲业已存在的经济模式。

1400 年以后，印度洋和中国南海成为最富活力的地区，尤其是印度洋的许多港口城市扮演了重要的角色。如亚丁、穆哈、霍尔木兹、果阿、古

---

① Gordon Johnson, M. N. Pearson, *the New Cambridge History of India: Portuguese in India*, Cambridge: CambridgeUniversity Press, 1990, pp. 25 – 26.

② [澳]迈克尔·皮尔逊:《印度洋史》，朱明译，东方出版中心 2018 年版，第 180 页。CyriacK. Pullapilly, *Asia and the West: Encounters and Exchanges from the Age of Explorations: Essays in Honor of Donald F. Lach*, Cross Roads Books, 1986.

③ J. C. VanLeue, *Indonesian Trade and Society*, in Gordon Johnson, M. N. Pearson, *The New Cambridge History of India: Portuguese in India*, Cambridge: Cambridge University Press, 1990, p. 24.

④ K. N. Chaudhuri, *The Trading World of Asia and the English East India Company: 1660 – 1760*, New York: Cambridge University Press, 1978, p. 16.

⑤ K. N. Chaudhuri, *The Trading World of Asia and the English East India Company: 1660 – 1760*, Cambridge: Cambridge University Press, 1978, p. 17.

吉拉特、苏拉特、卡里古特、马德拉斯、马六甲、亚齐等。① 由于较高的经济发展水平以及密集的人口，这些港口城市成为印度洋地区经济的引擎。印度次大陆有三个重要的出口贸易及生产区域，分别是西部的古吉拉特、南部的马德拉斯以及孟加拉、比哈尔一带。虽然葡萄牙人部分地控制了这一地区的贸易，削弱了印度商人的海上运输能力，但葡萄牙从来没有能够控制该地区的生产，反而因为香料与棉布销售量的增加，使得古吉拉特的生产和贸易得到拓展。② "在这些港口城市，其城市居民占总人口的15%，该比例远高于同时期西欧城市居民的比例。"③ 这说明该地区市场发育程度及商品经济水平均高于同时期的西欧。因为城市化与商业化是密不可分的，城市化是商业化带来的结果。在总人口中，"1700 年印度人口有1.8 亿，占世界人口的20%"④。在整个印度洋海域，不管是地理因素还是政治因素，其中心都应该是次大陆。⑤ 次大陆由于其地处印度洋贸易的核心，易于深入内陆，经济组织形式多样、交通便利、功能多样化等原因成为该区域的中心。1600 年左右，印度是当之无愧的世界上最大的棉纺织品生产国，印度的布料出口到西至东非，东到菲律宾群岛的广大区域。⑥ 即欧洲人并没有能力主宰印度及印度洋地区的贸易，除用武力获取港口城市外，其经济实力尚不足以渗透甚至控制该地区的贸易。也正因如此，"葡萄牙人并没有轻易触动这些现存的亚洲贸易网，而是努力地融入现存的贸易结构中"⑦。事实上，"葡萄牙人对印度洋地区贸易的作用是很小的，只是在边缘地区发挥一些作用（边缘地区是指沿海的一些港口城市，而葡萄

---

① Andre Gunder Frank, "India in the World Economy: 1400 – 1750", *Economic and Political Weekly*, Vol. 31, No. 30, 1996, p. 50.

② Gopal, S., *Commerce and Crafts in Gujarat, 16th and 17th Century*, NewDelhi: People's Publishing House, 1975, p. 10.

③ Andre Gunder Frank, "India in the World Economy: 1400 – 1750", *Economic and Political Weekly*, Vol. 3, No. 30, 1996, p. 50.

④ Gordon Johnson, *The New Cambridge History of India: India Society and the Making of the British Empire*, Cambridge: Cambridge University Press, 2008, p. 7.

⑤ Andre Gunder Frank, "India in the World Economy: 1400 – 1750", *Economic and Political Weekly*, Vol. 3, No. 30, 1996, p. 51.

⑥ Sucheta Mazumdar, "The Sugar Industry of China", *The Geographical Journal*, 1997, No. 1, p. 34.

⑦ K. N. Chaudri, *Trade and Civilization in the India Ocean: An Economic History from the Rise of Islam to 1750*, Cambridge: Cambridge University Press, 1985, p. 11.

牙人对印度洋地区的核心即次大陆既有的贸易格局是没有产生任何影响的）。"①

印度洋地区的贸易优势，还在于面对全球贸易时（不管是欧洲、西亚还是南亚）总是能够利用其廉价、优质的棉织品和胡椒使整体贸易处于出超状态。除香料和棉纺织品以外，印度还出口大米、豆类以及蔬菜到波斯湾、红海、埃及以及南亚的任何地区以换取贸易盈余。作为回报，印度获得大量白银甚至黄金，"以至于以咖啡齐名的穆哈成为莫卧儿帝国的金库"②。乔杜里认为："印度地区的整体贸易状况，是出口型贸易而不是进口型贸易，贸易用贵金属来平衡。具体讲，印度出口的棉织品对中东是用贵金属，而对南亚以及中国是用香料、芳香植物，以及中国商品进行平衡的。尤其爪哇、苏门答腊、马来亚是用西班牙马尼拉大帆船贸易将美洲白银以再出口的形式来换取印度棉纺织品。"③ 而欧洲人虽然积极投身于印度洋贸易，"但是在由欧洲人染指的贸易额直至18世纪末仅占该地区贸易总额的12%，而其他大部分贸易由印度人、阿拉伯人甚至波斯人掌握"④。印度东部港口城市科罗曼德尔是一个重要的商品生产和出口地，"尽管其生产的全部商品中仅有10%用于出口，但其向东南亚和中国出口的棉织品就可以换取足够的香料、瓷器和黄金。因此该地是印度全球贸易的重要集散地，正是由于强大的商品制造力及经济活力，荷兰人及后来的西方殖民者从没有能够主导该地区的贸易"⑤。一直处于从属和支配地位。"1572年，苏拉特的贸易地位不断上升，成为印度最大的市场以及全世界最大的市场。"⑥

印度地区在全球经济的突出地位或者优势还表现在其强大的出口能

---

① Steensgaard, Niels Carracks, *Caravans and Companies: The Structural Crisis in the European-Asia Trade in the Early 17th Century*, Copenhagen: Student litteratur, 1973, p. 137.

② Andre Gunder Frank, "India in the World Economy: 1400–1750", *Economic and Political Weekly*, Vol. 31, No. 30, 1996, p. 50.

③ K. N. Chaudhuri, *the Trading World of Asia and the English East India Company: 1660–1760*, New York: Cambridge University Press, 1978, p. 185.

④ Marshall P. J., "Private Britain Trade in the India Ocean before 1800", in *European Commercial Expansionin Early Modrn Asian*, 1997, p. 136.

⑤ Andre Gunder Frank, "India in the World Economy: 1400–1750", *Economic and Political Weekly*, Vol. 31, No. 30, 1996, p. 51.

⑥ ［澳］迈克尔·皮尔逊：《印度洋史》，朱明译，东方出版中心2018年版，第174页。

■ ■ ■ 东西方贸易关系的演变与工业革命的缘起

力,这是一个国家产品制造力的核心体现。这说明印度地区生产的产品不仅满足国内生活,还大量出口换取贵金属。"亚洲出口到欧洲的商品额仅占亚洲国家商品出口总额的10%,绝大多数贸易额都是亚洲国家内部贸易,而这仅仅10%的贸易额就已经高出欧洲向美洲输出的商品额。"① 因为仅"古吉拉特的棉织品就占到 E.I.C 进口总额的70%以上,在1700年以前,印度洋的贸易是主宰了欧洲的东方贸易的"②。足见印度洋地区产品的出口能力是十分强大的。而且印度洋贸易圈的辐射范围和对全球经济的影响,也远高于之前欧洲的地中海贸易圈。其范围包括整个印度洋地区、中国南海地区、整个东南亚、日本南部、东地中海非洲东海岸等。除了对大西洋贸易圈没有直接的贸易联系以外,其他贸易都涉及了。如图1-1所示。

图1-1 1618—1750年印度洋地区的跨大陆贸易③

---

① Steensgaard, *Before the World Grew Small: The Quest for Patterns in Early Modern World History*, in Mats Laudhal and Thommy Svensson eds. Agrarian Society in History, London: Routledge, 1990, p.150.
② Giorgio Riello and Tirthankar Roy, *How India Clothed the World: The World of South Asian Textile, 1500-1850*, Leiden &Boston: Brill, 2009, p.6.
③ K.N. Chaudri, *Trade and Civilization in the India Ocean: An Economic History from the Rise of Islam to 1750*, Cambridge: Cambridge University Press, 1985, p.10.

从图 1-1 可见，印度洋贸易覆盖了整个非洲西海岸，阿拉伯半岛、红海、地中海、欧亚大陆及东南亚地区，其影响远超过地中海贸易圈的辐射范围。即从阿拉伯文明兴起以后，直到印度次大陆成为英国的殖民地，印度洋地区用其胡椒、棉织品等产品对世纪经济的影响力是不容小觑的。"在16世纪下半叶及17世纪初，威尼斯商人的重要商业中心都在东方。以阿勒颇、卡利卡特、果阿为代表。葡萄牙人第一次从威尼斯商人那里得知宝石、香料等商品的产地后，就迫不及待地打听上述地方的路线，以便扩大其在那里的商业利益。"① "毫不夸张地说，从葡萄牙人开辟绕过好望角到达印度的路线，开始太平洋贸易那一刻开始，地中海贸易圈就开始萎缩甚至消失了。接下来，他们（地中海贸易圈）在东方贸易中扮演的角色与之前热那亚、佛罗伦萨所扮演的角色不可同日而语了。"② 说明自新航路开辟之日起，传统的地中海贸易圈在全球经济中的影响开始下降，而印度洋贸易圈已经逐步取代传统中世纪的贸易成为经济全球化的核心地区之一。

二　南海贸易圈占据当时世界贸易的主导地位

贸易对东南亚地区一向都是生死攸关。风下之地地理条件优越，地处中国（有史以来最大的国际市场）、印度、中东和欧洲之间的海上贸易枢纽，每逢国际贸易的浪潮汹涌澎湃之际，该地区就成为乘风破浪的弄潮儿。③ 自汉代以来东南亚就与中国和印度有着频繁的贸易往来。"东南亚远在欧洲人到来之前就已经在近代早期的经济中发挥重大作用"④，香料贸易更是经济全球化的加速器。布罗代尔认为："产自于东南亚的胡椒、丁香和肉豆蔻等商品直接加速了商业资本积累的进程。"⑤ "东南亚地区拥有丰富的资源及财富，该地区的发展对于1600年以前的世界经济具有重要意

---

① Nicholas Mirkovich, "Ragusa and the Portuguese Spice Trade", *The Slavonic and East European Review*, American Series, Vol. 2, No. 1, 1943, p. 186.

② Nicholas Mirkovich, "Ragusa and the Portuguese Spice Trade", The Slavonic and East European Review, American Series, Vol. 2, No. 1, 1943, p. 187.

③ ［澳］安东尼·瑞德：《东南亚的贸易时代：1450—1680年》，孙来臣、李塔娜、吴小安译，商务印书馆2013年版，第1页。

④ Anthony Reid, *Southeast Asia in the Age of Commerce: 1450 – 1680. Vol. 2, Expansion and Crisis*, New Haven: Yale University Press, 1993, p. 10.

⑤ ［法］费尔南·布罗代尔：《十五至十八世纪的物质文明、经济和资本主义》（第二卷），顾良、施康强译，商务印书馆2017年版，第479—480页。

义，直到19世纪工业时代，全球贸易仍然受到香料的影响。"①"东南亚早在欧洲人扩张之前，为满足东亚尤其是中国的香料需求，就已经在贸易中扮演着平等与积极的角色，只是欧洲人的到来，使这种角色发展到顶峰或得到加强。"② 此外，南海贸易区在近代早期经济的作用也远超印度及印度洋地区。

南海贸易区的"硬实力"超过印度洋贸易区，这不仅因为印度洋沿岸缺少强有力的本土政权，很少看到强大的地方政权的存在，结果使新到来的西方商人势力很容易渗透到当地，可以轻易地攫取贸易权甚至殖民权力；更重要的是，印度洋沿岸输往欧洲的商品除了香料、棉布这些初级原料产品和加工产品之外，很少"有特别价值的特色产品"出口到欧洲，输出的商品不仅品种单一，而且在价格上很难与中国商品竞争。

近代早期，位于印度洋海域的非洲沿岸、阿拉伯沿岸和印度次大陆沿海一带，均缺少强有力的保护性政权。印度次大陆虽然在1526年建立了莫卧儿帝国，但帝国的权力即便在鼎盛时期也没有到达次大陆的南端，16世纪正在向北非和中东推进的奥斯曼土耳其帝国也没有把注意力放在印度洋沿岸，致使印度洋沿岸的海防松懈，欧洲人可以在当地轻松地建立起贸易站点。如葡萄牙人能够在"马拉巴尔海岸"的"果阿"建立贸易站，是因为"果阿是一个缺乏保护的港口"。③ 英国人只是让莫卧儿皇帝认识到了"苏拉特"（Surat）的用途，"便轻松地获取苏拉特的贸易特权"；1643年，他们与科尔康达（Golconda）国王达成协议，便"得到了一块属于英国人的土地——马德拉斯（Madras），并加以设防"；孟买（Bombay）又"作为'嫁妆'送给了英国人"；1690年，英国人又在"恒河三角洲（the Ganges delta）的泥浆里建立起加尔各答（Calcutta）。④ 总之，欧洲人在印度洋沿岸无论是建立贸易站、加工厂，还是开辟殖民地，花费都不多，绝

---

① Nicolas Tarling, *The Cambridge History of Southeast Asia*, Vol. I, *From Early Times to 1800*, Cambridge: Cambridge University Press, 1992, p. 183.

② Anthony Reid, *Southeast Asia in the Age of Commerce 1450–1680*. Vol. 2, *Expansion and Crisis*, New Haven: Yale University Press, 1993, pp. 11–17.

③ [英] E.E. 里奇、C.H. 威尔逊主编：《剑桥欧洲经济史》（第四卷），张锦冬等译，经济科学出版社1967年版，第174页。

④ [英] E.E. 里奇、C.H. 威尔逊主编：《剑桥欧洲经济史》（第四卷），张锦冬等译，经济科学出版社1967年版，第179页。

不会像在中国沿海那样费力。至1660年前后,欧洲人在印度洋沿岸建造的贸易站可见表1-1。[①]

表1-1　　　　欧洲人在印度洋沿岸建造的贸易站统计（1600年）

拥有国	地名
英国	圣奥古斯丁湾、阿萨达（二者位于马达加斯加）、苏拉特、孟买、卡里卡特、马德拉斯、维萨加帕塔、马拉索尔、胡格利（均位于印度）、和班特姆（位于爪哇）
荷兰	开普敦、毛里求斯、穆哈（位于亚丁湾出口）、冈布龙（波斯湾）、苏拉特、亭可马里、马德拉斯、马六甲
葡萄牙	德拉瓜湾、莫桑比克、桑给巴尔、蒙巴萨（均位于东非）、马斯喀特（波斯湾）
欧洲所有国家	位于西亚的亚丁、巴士拉、伊斯法罕和岗布仑

需要说明的是：表1-1中统计的地点都是比较著名的贸易站，但其数量已远非中国南海周围的欧洲贸易站可比。而南海贸易区比较有名的贸易站仅马尼拉、巴达维亚、马六甲、广州和澳门等为数不多的几个据点。这充分说明印度洋沿岸海防能力差，才能被西方国家建立起众多商站，进而对次大陆进行蚕食。在军事采邑基础上建立的莫卧儿帝国，还有很多信奉印度教的土邦，中南部马拉塔人各邦还存在反对莫卧儿帝国的统治，他们构成一个松散的联盟，各邦实际上处于独立自主的状态，即使在莫卧儿帝国全盛时期，印度也不像同时代的中国，不曾有过一个既是一切权力的法定根源，又以行省制统辖全国各地的中央集权政府。印度的专制制度，其治权分散不一，所以无力抵御外来侵略。从18世纪中叶起，印度开始走上被英国人"殖民化"的道路。在英法"七年战争"期间，于1757年6月爆发"普拉西战役"，孟加拉由此变成了英国的殖民地。这一时期，英属东印度公司在孟加拉建立的贸易站多达150多个，另外，还有15个海外代理点。[②]印度主权国家地位开始丧失，英印之间的国际贸易就孟加拉来说已经成为英属贸易区的一部分，开始向"英属大贸易区"方向转化。而中

[①] ［英］马丁·吉尔伯特：《英国历史地图》（第三版），王玉菡译，中国青年出版社2012年版，第72页。

[②] 谢丰斋：《古代"丝路贸易"的延续——16—18世纪中国南海"世界贸易中心"的生成》，《世界历史评论》2020年第1期。

国及中国南海地区的国家主权比莫卧儿帝国强大得多,对海防的控制力也强大得多,要在这一地区建立众多商站,是十分困难的。

其次,在出口欧洲商品的种类和质量方面,印度洋贸易区无法与南海贸易区比拟。据统计,1660年前后,印度洋贸易区出口到欧洲的主要商品是香料、棉织品、肉桂、咖啡、蔗糖、鸦片、乌木、奴隶、黄金和珍珠等。[1] 其中,香料和棉纺织品是最大宗贸易。

表1-2　　　　　　　16—18世纪欧洲进口亚洲商品种类[2]　　　　　单位:%

葡萄牙（占总重量的百分比）		
	1513—1519年	1608—1610年
胡椒	80.0	69.0
马鲁卡香料	9.0	0.03
其他香料	9.4	10.9
纺织品	0.2	7.8
靛青	0.0	7.7
其他	1.4	4.6

荷兰东印度公司（占总价值的百分比）		
	1619—1621年	1778—1801年
胡椒	56.4	11.0
其他香料	17.6	24.4
纺织品和生丝	16.1	32.7
咖啡和茶叶	0.0	22.9
其他	9.9	9.9

英国东印度公司（占总价值的百分比）		
	1668—1670年	1758—1760年
胡椒	25.3	4.4
纺织品	56.6	53.5
生丝	0.6	12.3
茶叶	0.03	25.3
其他	17.5	4.5

---

[1] [英]马丁·吉尔伯特:《英国历史地图》(第三版),王玉菡译,中国青年出版社2012年版,第60页。

[2] Om Prakash, *European Commercial Enterprise in Pro-colonial India*, Cambridge:Cambridge University Press, 1988, pp. 36, 115, 120.

表1-2统计显示：1513—1780年，总体来看，欧洲从亚洲进口的最大宗商品是胡椒、纺织品和生丝、茶叶几类。但不同时期，种类有所变化。1513—1621年间是葡萄牙主宰东方贸易的时期，这个时期欧洲进口的最大宗商品是胡椒，其价值超过进口商品总值的一半。1621年前后，荷兰挫败葡萄牙和西班牙，成为"海上马车夫"，荷属东印度公司开始主导亚洲贸易，其进口的最大宗商品除香料之外，增加了纺织品和生丝。"17世纪末，纺织品贸易占据了荷兰亚洲贸易份额的40%，英国的纺织品贸易甚至达到了70%。而与此同时，传统胡椒贸易的比例却急剧下降，从1670年的25%跌至1700年的7%。"[1] 1668年以后，英国海军打败荷兰，开始与荷兰争夺海上霸权，渐渐取得对亚洲贸易的垄断权，E.I.C逐渐取代了V.O.C。这个时期，英国进口的最大宗商品是纺织品，1668—1670年，其纺织品的进口值占全部进口值的56.6%，至1758—1760年，仍占全部进口值的53.5%，与此同时，英国对生丝和茶叶的进口值也开始上升。1668—1670年，茶、丝等商品的进口仅占全部进口值的0.6%和0.3%，至1758—1760年，分别上升到12.3%和25.3%。差不多同一时期，荷属东印度公司对纺织品、生丝、咖啡和茶叶的进口也大幅上升，至1778—1801年，纺织品和生丝的进口值增加到32.7%，咖啡和茶叶也升至22.9%。近代早期的东西方贸易显示：从16世纪早起开始，随着时间的推移，欧洲人对胡椒的进口量逐年下降，对纺织品、生丝、咖啡和茶叶的进口量不断上升。"1678年，胡椒的利润在15%—30%，而棉织品和丝织品的利润至少在49%，平均是在60%—70%。"[2] 因为经营胡椒的利润空间逐步缩小，而纺织品更有利可图。英国成为欧洲最大贸易国之后，纺织品、生丝和茶叶的进口快速上升，说明其进口商品的种类向远东，尤其是向中国转移。"从1717年开始，茶叶开始变得越来越重要，从1747年开始，茶叶成为E.I.C进口商品中最重要的商品，1760年以后，茶叶在进口商品总值中从未低于40%。"[3] 但生丝和茶叶的生产价值高，已经不是印度

---

[1] Dietmav Rothermund, *Asian Trade and European Expansion in the Age of Mercantilism*, New Delhi: Manohar Publishers and Dist, 1981, p.45.

[2] K. N. Chaudhuri, *The Trading World of Asia and the English East India Company: 1660–1760*, Cambridge: Cambridge University Press, 1978, p.97.

[3] K. N. Chaudhuri, *The Trading World of Asia and the English East India Company: 1660–1760*, Cambridge: Cambridge University Press, 1978, p.97.

洋地区以胡椒为主的少数商品价值可以比拟的。除了生丝、茶叶之外，南海地区还有输往欧洲的一大重要商品是中国的"瓷器"。在贸易过程中，南海地区主权国家的贸易优越性全面体现出来。

生丝、茶叶和瓷器都是高级加工产品，甚至属于奢侈品，需要经过精心培育和精细加工才能够完成，其商品价值非常高。丝绸的价值更加惊人。美国学者亨德里克·威廉·房龙（1882—1944）在谈到丝绸时曾经说："丝绸出现在市场上，使人不可避免地追求华丽。因为人不仅是懒惰的动物，而且爱慕虚荣"；但是，他又说："在古代，蚕丝与黄金等价。"① 欧洲人对中国瓷器的青睐始于马可·波罗。据研究，13世纪时，欧洲的"瓷器与黄金等值"。② 总之，生丝、茶叶和瓷器是中华农耕文明培育出来的特色产品，对刚刚从中世纪落后状态下走出来的欧洲人来说，这些商品无疑都是高档的奢侈品，其价值不是印度洋贸易区的胡椒和棉织品可以比拟的。法国学者谢和耐曾指出："一直到19世纪，中国仍是一个出口豪华奢侈品的大国，其交易激起了世界范围内的阵阵贸易潮流。"③

据研究，葡萄牙人首次抵达中国广东沿海，就对中国的丝织品发生了浓厚的兴趣。16世纪的葡萄牙人哥依·普利斯（Geo Philips）在称赞中国丝织品的质优价廉时曾写道："中国丝织品的质量是任何一个欧洲国家不能与之相媲美的，而中国丝货的价格又是所有欧洲国家望尘莫及的。"西班牙人定居马尼拉以后，也大量购买中国的丝织品。他们把从美洲运来的白银输送到中国，然后买走中国的丝绸。据波特洛（Botero）记载："中国丝织品出口的数量大到惊人的程度，以至于英国商人很难估算每年运到菲律宾的丝货到底有多少。④ 因此这里旋即成为葡萄牙商人的主要市场，大量白银因此涌入东南亚及中国。"⑤ 在16世纪的最后十年和17世纪最初十年，"卸在阿卡普尔科（Acapulco）的丝绸被驮运到墨西哥，然后再从维拉

---

① [美] 亨德里克·威廉·房龙：《文明的开端》，刁一恒译，北京出版社1999年版，第118页。
② 南宋的瓷器在欧洲与黄金等值。见吴慧《中国古代商业》，商务印书馆1998年版，第113页。
③ [法] 谢和耐：《中国社会史》，耿昇译，江苏人民出版社1995年版，第29页。
④ Adshead, S. A. M., *China in Word history*, London: Macmillan, 1998, p. 217.
⑤ [英] E. E. 里奇、C. H. 威尔逊主编：《剑桥欧洲经济史》（第四卷），张锦冬等译，经济科学出版社1967年版，第189页。

克鲁斯出口到西班牙;欧洲对丝绸的需求是如此的旺盛,而来自各个产地的供应又是如此的不足"①。1640年之后,从墨西哥转运西班牙的丝绸贸易中断,中国丝绸改由荷兰船只运往欧洲。瓷器出口欧洲也是开始于葡萄牙人。据记载,葡萄牙人垄断亚洲贸易时,中国外销瓷器从数量上看只有大约16%被远销到欧洲。但是,这些瓷器全部都是上乘之作,其出口价值占到了中国陶瓷出口总值的一半。②进入明、清交接之际,中国因政局混乱,瓷器出口一度减少三分之二以上,并被占据福建和台湾的郑氏集团所控制。1682年台湾收复以后,瓷器外销又恢复到明朝的水平。据统计,在整个18世纪的100年间,输入欧洲的中国瓷器多达6000万件以上。③当然,除中国之外,日本、越南等国也有瓷器输往欧洲。

欧洲对中国茶叶的进口始于17世纪初。18世纪时,欧洲人纷纷学会喝茶,茶叶成为中西方之间最主要的贸易商品。18世纪60年代,英国成为中国茶叶最大的买家。1789年,即法国大革命爆发这一年,停泊在广东黄埔村港的外国商船共计86艘,其中61艘是购买茶叶的英国商船。④据中国学者庄国土统计,在1765—1774年,英国每年进口的茶叶占全部进口值的71%,1785—1794年上升到85%,19世纪时达到90%以上。⑤茶叶贸易使英国的白银等贵金属大量输往中国,为平衡贸易逆差,英国开始在成为殖民地的孟加拉种植鸦片,然后偷运到中国。欧洲其他国家对中国进口的茶叶也数量惊人。荷兰是欧洲仅次于英国的对华贸易国,从18世纪20年代至90年代,茶叶进口占到荷中进口总值的70%—80%,有些年份超过85%。⑥法国、瑞典、丹麦等国的茶叶进口,也占到进口比值的65%

---

① [英] E. E. 里奇、C. H. 威尔逊主编:《剑桥欧洲经济史》(第四卷),张锦冬等译,经济科学出版社1967年版,第190页。

② [德] 贡德·弗兰克:《白银资本:重视经济全球化中的东方》,刘北成译,中央编译出版社2008年版,第163页。

③ Ho Chuimei, *The Ceramic Trade in Asia*:*1602－1682*, in A. J. H., Latham and Heita Kawatsu edited, *Japanese Industrialization and the Asian Economy*, London and New York:Routledge, 1994, pp. 36－37.

④ 黄森章、郭德焱:《哥德堡号重圆中国梦》,广东教育出版社2006年版,第83页。

⑤ 庄国土:《茶叶、白银和鸦片:1750—1840年中西贸易结构》,《中国经济史研究》1995年第3期。

⑥ 张应龙:《鸦片战争前中荷茶叶贸易初探》,《暨南学报》(哲学社会科学)1998年第3期。

至75%不等。① 刚刚独立不久的美利坚合众国于1784年派遣"中国皇后"（Empress of China）号商船首航广州，也带回茶叶300多担。至19世纪最后30年，美国的茶叶进口占到其全部对华进口值的30%—40%；至1837年超过了60%，1840年达到81%。② 在鸦片战争爆发前的最后几年，广州每年出口茶叶35万担，价值9445万银元，占中国全部出口总值的70%左右。③

当然，中国出口欧美国家的商品除了生丝、瓷器和茶叶之外，"还有铜镜、漆器、小五金、家具、书籍和绘画等"。④ 16—18世纪，中国出口商品的数量实际上多达236种，其中手工制品有137种。⑤ 如欧洲造币用的原材料——水银、锌、铜镍合金等，曾经从中国进口；部分造船用的木料和船只，需要从南海周围的东南亚进口。纺织品曾经是18世纪英国从东方进口的最大宗商品，⑥ 但是，这些用于出口的东方纺织品并不是全部由印度提供，很大一部分也是由中国输出的。中国原本就是一个"男耕女织"的农业大国，家庭纺织规模非常大。东西方贸易开启之后，中国不仅生产自己使用的棉布，还从印度进口棉花，然后将纺织品转手出口到欧洲。⑦ 可见，以中国为主体的南海地区的贸易能力十分强大。

南海贸易区的"软实力"即所谓影响力也大大强于印度洋贸易区。中国除了向欧洲输出更多的高档商品之外，中国文明对转型时期欧洲社会的影响力也远远大于印度文明和阿拉伯文明。这是南海贸易区的地位高于印度洋贸易区的另外一个原因。

---

① 张北晨：《十八世纪北欧和中国的茶叶贸易及影响》，《福建茶叶》2019年第5期。
② 庄国土：《茶叶、白银和鸦片：1750—1840年中西贸易结构》，《中国经济史研究》1995年第3期。
③ 姚贤镐编：《中国近代对外贸易史资料：1870—1875》（卷一），中华书局1962年版，第258页。
④ [法]谢和耐：《中国社会史》，耿昇译，江苏人民出版社1995年版，第29页。
⑤ 黄启臣：《中国在贸易全球化中的主导地位——16世纪中叶至19世纪初叶》，《福建师范大学学报》（哲学社会科学版）2004年第1期。
⑥ 亚当·斯密曾经说："在15世纪末，欧洲各地虽然非常喜爱东印度的平纹细布和其他棉织品，但是欧洲各地仍然还没有开发自己的棉制造业。"见[英]亚当·斯密《国富论》，莫里编译，中国华侨出版社2013年版，第367页。
⑦ [德]贡德·弗兰克：《白银资本：重视经济全球化中的东方》，刘北成译，中央编译出版社2001年版，第165、166页。

到达东方的新航路开辟之后,随着东西方交往不断加深,欧洲境内渐渐兴起了一股中国热,但并没有同时兴起印度热或阿拉伯热,这是一个不争的历史事实。18世纪时,欧洲民众以启蒙学者为代表,曾经对中华文明推崇备至,把中国社会视为"理性生活"的典范。他们认为:"中国存在一种由人自己管理自己,再由理性来管理人的模式;那里没有宗教、没有教会、是自由思想的绿色天堂。"① 路易十四的家庭教师拉莫特·勒韦耶,每天清晨给皇家子弟上课时,总是面向孔子画像,虔诚祷告:"圣人孔子,请为我们祈祷。"② 把中国的孔子当成了上帝。在差不多一个世纪的启蒙运动时期,欧洲人把中国当成了"提倡理性、反对宗教愚昧"的榜样国家,法国还因此出现了某种程度上源于中国小农情结的"重农学派"。

对于来自中国的器物文明,欧洲人更是青睐有加。他们除了大量进口中国的商品之外,还开始大力仿造来自中国的商品。如丝绸、瓷器、壁纸、漆器、白铜等,在近代早期的欧洲都出现了高仿品。16世纪时,意大利和法国已经存在一批有名的丝绸生产基地。1688年,中英、中法混合式壁纸在欧洲出现。1730年,法国人罗伯特·马丁仿造中国漆器获得成功。18世纪中叶,法国人烧制出中国的硬质瓷器。1770—1780年,德国王室瓷窑"迈森国家瓷厂"烧制成功。18世纪末,英国人在中国陶器的基础上研制出"骨瓷"。对瓷器的大量仿造,说明中国器物到中国文明对欧洲的影响力是十分深远的。

总之,从以上"硬实力"和"软实力"等层面来看,以中国为核心的南海贸易区在近代早期的东西方贸易中,其影响力远大于同时期的印度洋贸易区。

三 中国成为南海贸易的核心

保罗·肯尼迪说:"在近代以前中国的文明是最先进最发达的。"[③] 弗

---

① [法]佩雷菲特:《停滞的帝国:两个世界的撞击》,王国卿、毛凤支等译,生活·读书·新知三联书店1995年版,第31页。
② [法]佩雷菲特:《停滞的帝国:两个世界的撞击》,王国卿、毛凤支等译,生活·读书·新知三联书店1995年版,第30页。
③ [美]保罗·肯尼迪:《大国的兴衰——1500—2000年的经济变迁与军事冲突》,王保存等译,求实出版社1988年版,第7页。

兰克也表示："1800年以前中国位于全球经济的核心。"① 米尔斯认为："中国自明朝以后，尤其是郑和航海以后，就拥有了东方世界最为强大的海上力量，这足以使中国具备对印度洋地区的政治控制力，虽然阿拉伯人在印度洋西岸具有商业优势，但在15世纪早期，中国理所应当地显示了自己的强大。"② 中国在近代早期的对外贸易中长时期的大规模的贸易顺差按经济理论会引起通货膨胀，但实际上却没有，这就意味着中国经济的再生产能力和内部转化能力都很强。中国依靠强大的政治、军事、经济实力在15—16世纪成为拥有强大海上力量的第一强国，也是远东地区最为重要的贸易国家。③ "15世纪中叶至1820年，中国是世界经济最发达的国家，1750年中国工业总产量占世界工业总产量的32%，而同期全欧洲的工业总产量才占到23%。"④ 中国在历史上就处于南亚朝贡贸易的核心，这种优势不仅是政治上的更是经济上的。贡德·弗兰克明确指出："过去确实有一个包容全球的世界范围的贸易体系和劳动分工，而中国的经济在该体系中占据绝对的支配力量。"⑤

从近代以来东西方贸易中的白银流动方向来看，欧洲首先是通过大航海得到美洲白银，但是"欧洲将美洲三分之一以上的白银带回去而又将其中四分之三运到南亚和东亚，再加上其他路线上到达中国的白银，在1700—1750年，中国大约吸收了全球三分之一的白银。"⑥ "欧洲国家从边缘地区出口商品中受益颇深，用其初级产品或原料以及贵金属换取其他地区的制成品。为维持其贸易平衡，欧洲国家不得不向印度和中国输出大量

---

① ［德］贡德·弗兰克：《白银资本：重视经济全球化中的东方》，刘北成译，中央编译出版社2001年版，第5页。

② J. V. G Mills, *The Overall Survey of the Ocean's Shores*, Cambridge: Hakluyt Society, 1970, p. 4.

③ J. V. G Mills, *The Overall Survey of the Ocean's Shores*, Cambridge: Hakluyt Society, 1970, p. 33.

④ 黄启臣：《中国在贸易全球化中的主导地位——16世纪中叶至19世纪初叶》，《福建师范大学学报》（哲学社会科学版）2004年第1期。

⑤ ［德］贡德·弗兰克：《白银资本：重视经济全球化中的东方》，刘北成译，中央编译出版社2001年版，第118页。该书指出，这种以中国为中心的全球多边贸易因美洲金银的输入得以扩张，大航海只是使欧洲人参与到这个经济体系中，直到18世纪，这个全球经济体系的生产和竞争一直被亚洲尤其是中国控制着。

⑥ Dennis O. Flynn, *Global Connections and Monetary History: 1470 - 1800*, England: Ashgate Publishing mited, 2003, p. 82.

金银。"① 撇开印度洋贸易区，再看中国与欧洲之间的贸易对比。在近代早期的世界贸易中，欧洲贸易的特点是贸易保护主义与殖民主义携手并进，军事上以武力开道，曾经征服了中国以外的世界很多其他地区，但经济上欧洲并没有任何优势，其商品缺乏，最终只能以贵金属来填补逆差。当马尼拉的大帆船贸易因美洲白银的匮乏以及西班牙的衰落而结束后，印度成为英国殖民地，而东西方贸易实际上在18世纪中叶后成为中西贸易，足见中国经济的优势以及其在南海贸易圈的核心位置。中国的贸易优势不仅体现在与欧洲，在与亚洲各国的贸易中，中国的贸易优势同样明显。在东亚，日本很早就是以中国为核心的东亚朝贡贸易参与国，东南亚也是如此，如暹罗、越南等都是以中国为核心的朝贡贸易体系的受益者。而印度"虽然其全球贸易是顺差，但面对中国也会出现逆差，印度用南亚的胡椒和白银来换取中国的丝织品、瓷器以及其他奢侈品"②。这充分说明中国经济实力之强。尤其是当印度沦为英国殖民地后，只有中国与西方国家的贸易逆差旷日持久并对英国的工业产品形成了有效的抵制。所以，如同印度次大陆是印度洋贸易区的核心，中国则是南海贸易的核心。

本章小结

东西方贸易是社会经济发展的客观要求，这种国际大范围的商业往来，对于欧洲和亚洲以至当时世界的经济都有重大影响。在东西方长期的贸易交往过程中，各个国家和地区通过商品交换丰富了市场也推动了经济发展。新航路要寻找的目标是印度和中国，目的是寻找东方的财富，是欧洲强烈的商业愿望将本来没有直接贸易往来的地区相连。但由于欧洲自身经济能力以及东方经济形态所限，欧洲始终没有能够在东西方贸易中占据主导地位。世界经济的优势在印度尤其是中国手里。

16世纪以后，葡萄牙人的到来对印度洋地区经济的影响可以用一个词来形容，即"延续性"。大多数经济形态都没有发生变化，在最关键的层

---

① Stanley L. Engerman, *Trade and the Industrial Revolution: 1700 – 1850*, London: Edward Elgar Publishing Ltd, 1996, p. 12.

② K. N. Chaudhuri, *The Trading World of Asia and the English East India Company: 1660 – 1760*, Cambridge: Cambridge University Press, 1978, pp. 395 – 433.

■■■东西方贸易关系的演变与工业革命的缘起

面，贸易仍被季风掌握着，主要的交易市场不是邻近生产地，如古吉拉特、亚丁，就是位于交通咽喉，在马六甲或霍尔木兹海峡，商人的主体仍然是穆斯林及印度本地贵族。经葡萄牙商人以及其他欧洲国家从好望角商路流入印度及印度洋地区的贵金属要远低于穆斯林经红海流入印度洋地区的数量。① 也就是说，好望角商路并没有主宰或者改变这一地区的贸易。这正说明印度洋地区经济的强大，而欧洲在近代早期也还不具备控制甚至渗透该地区经济的实力，欧洲只是将东方产品贩运到其他地方，一方面满足自身所需，另一方面通过在欧洲及美洲市场兜售亚洲商品以获取暴利。欧洲自身的生产力，或者说商业资本在转化成工业资本方面还很欠缺。史学界大都提到香料贸易对欧洲的重要性，但对亚洲没有那么重要，亚洲香料总量中，只有十分之一销售到了欧洲，大多数还是在亚洲内部消费的，例如中国就是生姜和胡椒的最大主顾，莫卧儿帝国也是，如果只将香料贸易的关注点放在欧洲，反而忽视了香料贸易的主体。②

即使在大航海以前，大量产自欧洲的白银最终流入印度及印度洋地区，长时间以来，人们将欧洲人在印度洋地区的作用扩大了，因为在1500—1800年近三百年时间里，从欧洲流向东方的大部分贵金属并不是由欧洲人的船只经好望角带来的，而是亚洲人和部分欧洲人经红海和利凡特带来的。其他的金银是由西班牙人带到马尼拉的，并从这里由中国人带回国。正如弗林所言："近代早期世界货币流动的三个主要方向都与亚洲有关，大量美洲金银通过太平洋或欧洲进入亚洲，而且通常是由亚洲船只运载的，而另外两个地方，东非的黄金和日本的白银也辗转来到印度和中国。"③ "一个重要的事实是当欧洲人主宰海洋的同时却没有处于贸易的核心位置，在漫长的16世纪，印度洋比葡萄牙人在该体系中发挥了更大的影响。"④ 从大航海到工业革命，欧洲经济处在重商主义阶段。这个时期，欧洲大力强调对外商品输出，部分国家如英国虽然出现了以"圈地运动"和

---

① [澳] 迈克尔·皮尔逊：《印度洋史》，朱明译，东方出版中心2018年版，第167页。
② [澳] 迈克尔·皮尔逊：《印度洋史》，朱明译，东方出版中心2018年版，第180页。
③ M. N. Pearson, "Asia and World Precious Metal Flows in the Early Modern Period" in John McGuire eds., *Evolution of the World Economy*, *Precious Metals and India*, New Delhi: Oxford University Press, 2001, pp. 21–57.
④ M. N. Pearson, *Before Colonialism: Theories on Asian-European Relations 1500–1750*, Delhi: Oxford University Press, 1987, p. 31.

技术分工为核心的资本主义性质的农场和工厂，但生产效益主要体现在组织方式的改进上，很少体现在生产技术的革新上，生产潜力还没有充分发挥出来。因此，这个时期欧洲商品的贸易量增长是十分有限的。因此，在工业革命前的近代早期，欧洲的国际贸易没有取得革命性的进展。这个时期，印度的棉织品大量输入欧洲国家，中国以丝、茶、瓷为核心的高档商品也大量输往欧洲或西方，西方国家却很少有被需要的商品进入印度和中国市场。只能以白银为媒介进行贸易平衡。在大航海前后的很长一段时期，印度和中国在全球经济的优势地位是十分明显的。

第二章

近代东西方贸易中的西方逆差

欧洲通过不懈努力同东方进行直接海上贸易后,将大量东方产品带回欧洲及其殖民地,既丰富了西方人的物质生活,也为欧洲赚取了巨额财富。但是东西方贸易却导致欧洲长时间大规模的白银东流。然而这种贸易逆差并非近代以来才产生,在罗马时期,地中海地区就曾大量进口产自印度南部的香料、棉布等商品,印度也因此获得大量罗马金币。然而5世纪末期,西罗马帝国衰亡后,依然没有改变这种贸易格局。及至中世纪,随着西欧商品经济的发展,金银外流的现象比之前有增无减。贵金属先经地中海地区进入阿拉伯地区,然后再经红海进入印度洋及中国南海地区。因此布罗代尔认为:在近代早期及更早的时代,地中海就像是一个贵金属的中转站,这里从不积累金银,而只将暂时留在这里的金银源源不断地输往近东及远东地区。所以说大航海开启的直接海上贸易只是将之前间接经地中海流入东方的金银变为直接从美洲和欧洲大陆流入东方,只是改变了金银流经的路线但从未改变过金银流动的方向。[①] 如格林堡所坦言的:"商业是近代东西方交往的媒介,只是双方对商业的需求是不同的。"[②] 所以说大航海开启的近代早期东西方直接海上贸易只是罗马时代及中世纪以来贸易传统的延续。欧洲人虽然通过大航海从美洲获得大量白银,但最终不得不将白银输入亚洲,尤其是印度和中国。

近代以来的东西方贸易一个很难否认的事实是西方在积极寻找东方货物的同时,无法提供任何可以与东方进行交换的产品。然而这种一味地依

[①] [法]费尔南·布罗代尔:《十五至十八世纪的物质文明、经济和资本主义》(第一卷),顾良、施康强译,商务印书馆2017年版,第464页。

[②] [英]格林堡:《鸦片战争前中英通商史》,康成译,商务印书馆1961年版,第1页。

靠贵金属输出维持的东西方贸易也隐藏着危机,因为贸易是双边的或多边的,贵金属流入亚洲后,受印度、中国经济形态及消费心理的影响,尤其是印度与中国市场经济发育不健全,贵金属流入这里后几乎很少甚至不再流出。贵金属尤其是白银在亚洲被看成财富积累起来,因此欧洲主要从美洲获取白银。但白银作为矿藏本身储藏量是有限的,尤其是18世纪末19世纪初,受美洲独立运动和拿破仑战争的影响,美洲白银不断减产,贵金属的匮乏迫使许多欧洲国家纷纷退出对华贸易。因此这种近代早期东西方贸易中西方的贸易逆差可谓"旷日持久"。观察中世纪直至近代早期的东西方经济关系,一言蔽之,就是西方对东方的依赖。巴勒克拉夫说:"西方需要东方的产品,东方不需要西方的产品,埃及、利凡特除自身消费一些西欧人的产品外,作为转运商运入西欧的大宗东方产品需要西方人的黄金白银去向东方商人购买。这种情况一直持续到18世纪产业革命。""西欧在16世纪初比起东方国家的文明与富饶,简直不堪一提。"① 因此欧洲的贸易逆差是生产力水平低下造成的。在西欧对东方的总出口商品中,黄金和白银从未少于三分之二。② 反过来,中国、印度所需要的正是金银,正是由于与西方人的贸易,美洲矿山生产的一半金银在17世纪、18世纪流入中国等地。③ 而这种贸易失衡现象,一直持续到19世纪甚至以后。

第一节 从白银流量看贸易逆差的表现

葡萄牙、西班牙、荷兰、英国和法国相继投入海外贸易及殖民征服事业中,但当这些欧洲人试图将这项事业扩展到东方时,却发现他们无法像控制美洲那样控制亚洲,尤其是控制印度和中国。欧洲国家初到亚洲进行贸易时,虽使尽浑身解数也只能在印度洋沿岸建立少许商站及贸易据点,而无力征服整个印度次大陆,更奢谈征服中国本土。因为与同时期的欧洲

---

① [英]杰弗里·巴勒克拉夫主编:《世界史便览:公元前9000年—公元1975年的世界》,《泰晤士世界历史地图集》中文版翻译组译,生活·读书·新知三联书店1983年版,第376—378页。
② [德]贡德·弗兰克:《白银资本:重视经济全球化中的东方》,刘北成译,中央编译出版社2001年版,第72页。
③ 张芝联、成崇德主编:《中英通商二百周年学术讨论会论文集》,中国社会科学出版社1996年版,第34页。

■■■东西方贸易关系的演变与工业革命的缘起

国家相比,中国、印度的经济总量在全球经济中所占有的优势十分明显,大量著作都有记载。① 因此,弗兰克称东方是白银的"秘窖"。② 但长期大规模的白银流向亚洲,也反映出一个问题,即除白银以外,西方国家几乎找不到可以与东方大规模交换或交易的物品。

"同时期最为人们认可的经济观点是某一个地区生产的商品和其他地方出产的产品能够实现双边的贸易关系,既能显示充足的购买力又能实现资金的平衡。"③ "这一时期我们忽视的事实是出口商品比出口贵金属获利更多,因为没有商人会在能找到自己商品销售市场的时候选择出售现金。"④ 所以欧洲国家用贵金属平衡其对东方的贸易实际是出于经济上的无

---

① 见[德]贡德·弗兰克:《白银资本:重视经济全球化中的东方》,刘北成译,中央编译出版社2001年版,第6页。"据权威经济史估算,从1493年到1800年世界白银产量的85%和黄金产量的70%来自拉丁美洲。美洲白银生产在16世纪约为17000吨,到17世纪约为42000吨,其中有31000吨运抵欧洲。欧洲又将40%约12000吨运往亚洲,其中有4000吨至5000吨是直接由荷兰东印度公司和英国东印度公司运送。另外有6000吨运往波罗的海地区和利凡特地区,其中一部分留在当地,其余部分继续向东到达亚洲。美洲白银18世纪的产量约为74000吨,其中有52000吨运抵欧洲,其中40%约20000吨运往亚洲。另外留在美洲本土的白银约有3000吨横渡太平洋经马尼拉运抵中国。再加上日本和其他地方生产的白银,全球白银产量的一半最终抵达亚洲,尤其是中国和印度。"安格斯·麦迪森:《世界经济千年史》,伍晓鹰等译,北京大学出版社2003年版。该书对中国的GDP总值在1700年占世界总值的22%,1820年占世界总值的33%。[美]杰克·戈德斯通:《为什么是欧洲? 世界史视角下的西方崛起(1500—1850)》,关永强译,浙江大学出版社2010年版。该书认为1500年以前,世界财富集中在东方,尤其是中国和印度。[美]唐纳德·F. 拉赫和埃德温·J. 范·克雷在《欧洲形成中的亚洲》中也认为大航海后,东方的印度、东南亚、中国、日本在当时经济发展中比西欧有较强的优势。[英]杰弗里·巴勒克拉夫主编《泰晤士世界历史地图集》第295页中描述:"西欧于1500年仍站在世界文明的边缘,比起这个时期最强盛、最先进的中国明帝国和勃然兴起的中东奥斯曼帝国和萨菲帝国,西欧黯然失色。"[英]约翰·霍布森:《西方文明的东方起源》,孙建党译,山东画报出版社2009年版。全书也都对工业革命前东方的经济优势给予肯定。乔杜里(K. N. Chaudhuri)在其代表作 The Trade World of Asia and the English East India Company: 1660 – 1760, Cambridge: Cambridge University Press, 1978. pp. 34 – 82. Trade and Civilization in the Indian Ocean: an Economic History from the Rise of Islam to 1750, Cambridge: Cambridge University Press, 1985. Asia before Europe: Economy and Civilization of the Indian Ocean from the Rise of Islam to 1750, Cambridge: Cambridge University Press, 1990. 肯定印度洋贸易圈在经济和政治方面的优势以及西欧国家因无法改变这一事实不得不融入该经济圈以谋取经济利益。

② [德]贡德·弗兰克:《白银资本:重视经济全球化中的东方》,刘北成译,中央编译出版社2001年版,第108页。

③ K. N. Chaudhuri, *The Trading World of Asia and the English East India Company*: 1600 – 1760, Cambridge: Cambridge University Press, 1978, p. 215.

④ K. N. Chaudhuri, *The Trading World of Asia and the English East India Company*: 1600 – 1760, Cambridge: Cambridge University Press, 1978, p. 216.

奈。葡萄牙人、西班牙人和荷兰人虽然较早参与东方贸易，但是除了出口贵金属以外不能向东方出口任何商品。"17世纪西班牙还只是利用出口白银（因为白银来自美洲）来换取生活所需。"①"从墨西哥阿卡普尔科流入马尼拉的白银数量基本上等于通过大西洋运往欧洲的数量，即美洲白银一半是直接流入中国的，而流入欧洲这另一半美洲白银最终辗转又有一半流入中国。"② 17世纪初，荷兰人及至后来的英国人开始逐渐控制通往欧洲的贸易路线时，都面临因银币短缺而无法采购香料的问题，乔杜里描述白银在这一时期东西方贸易中的作用时认为："要是美洲的银矿没有被发现，欧洲人在与亚洲之间的贸易将长期面临这一困境。"③

从1600年开始，涌入欧洲的东方特色产品数量激增，但令欧洲人尴尬的是他们始终不能找到东方"刚需"产品与之交换，导致大量白银外流。直到19世纪欧洲仍然无法扭转这种贸易劣势，只能依靠大量输出金银来维持与东方的贸易。荷兰的情况也是如此，只不过为节省运输费用，它们从巴达维亚将中国商品运往欧洲，除了一部分用东南亚的香料同中国交换商品以外，其余贸易依旧使用白银。"1615年，货物只占到V.O.C出口商品总值的6%，其余全部为贵金属。整个17世纪乃至18世纪的最初20年，贵金属总值平均占V.O.C对亚洲出口商品总值的87%。"④ 随着英国资产阶级革命的完成，航海条例的颁发及英荷战争的进行，荷兰在亚洲的经济优势受到英国的排挤，而英国逐步成为对印、对华贸易的主角。在英国方面，1600年英国成立东印度公司后，与印度和中国的贸易变得越发频繁和活跃起来，但英国同样长期承受贸易逆差的困扰。"1660—1720年，来自亚洲的产品，主要是棉织品和丝织品，仅这两项就占到E.I.C财政总额的75%和V.O.C财政总额的43%，如果加上茶叶、瓷器等其他亚洲特色产品，这个比值会更高。两家公司每年大约将800000件棉织

---

① Stanley J. Stein and Barbara H. Stein, *Silver, Trade and War: Spain and America in the Making of Early Modern Europe*, Baltimore and London: The Johns Hopkins University Press, 2000, p.4.

② [法] 弗朗索瓦·吉普鲁：《亚洲的地中海：13—21世纪中国、日本、东南亚商埠与贸易圈》，龚华燕、龙雪飞译，新世纪出版社2014年版，第24页。

③ K. N. Chaudhuri, *The Trading World of Asia and the English East India Company: 1600-1760*, Cambridge: Cambridge University Press, 1978, p.195.

④ [德] 贡德·弗兰克：《白银资本：重视经济全球化中的东方》，刘北成译，中央编译出版社2001年版，第7页。

品运回欧洲。"①被视为英国"全部贸易基础"和"海外贸易根源"的毛纺织品、哔叽以及铅、锡等产品,无法在东方打开销路。直到18世纪末,英国人还只能感叹:"即便尝试出售我们所有的商品,但是没有一样东西是畅销的。"② 为减少贵金属外流,也为扩大东方贸易的规模,英国政府规定东印度公司在向亚洲出口商品时,贵金属的总值不能超过商品总值的90%,即所出口商品总值中,自产商品至少占到10%。然而这一在欧洲也许并不过分的要求在面对东方贸易时却变得难以完成。

总之,从大航海到19世纪初的三百多年时间里,西方国家与印度、中国的贸易整体呈现出用贵金属平衡贸易劣势的不利局面。

表2-1　　　　　西属美洲白银经欧洲流到东方的白银③

年份	西属美洲白银产量（百万银元）	运抵欧洲数量（百万银元）	经欧洲运到东方的数量（百万银元）	运入亚洲白银占欧洲白银比（%）
1550	3	3	2—3	67—100
1600	11—14	10	4.4	44
1650	10—13	8—9	6	67—75
1700	12	10—12	8.5	70—85
1750	18—20	18—25	12.2	49—67

从表2-1可见,欧洲从美洲得来的白银有70%以上都最终流向东方,如果再加上从美洲直接到达东方的白银,西欧贵金属外流的情况更严重。鉴于此,威尔逊教授形象地指出:"从长时段来看,从美洲进入欧洲的白银和从欧洲流到东方的白银基本上是一致的。"④ 也就是说欧洲只是美洲白

---

① Dennis O. Flynn, *Global Connections and Monetary History*: 1470-1800, England: Ashgate, 2003, p. 65.

② [法]佩雷菲拉:《停滞的帝国——两个世界的撞击》,王国卿等译,生活·读书·新知三联书店1993年版,第6页。

③ Artur Attman, *America Bullion in the European World Trade*: 1600-1800, Göteborg: Kungl. Vetenskaps-ochVitterhets-Samhd, 1986, p. 33.

④ Charles Wilson, "Trade, Society and the State" in E. E. Rich and C. H. Wilson, Eds., *the Economy of Expanding Europe in the Sixteenth and Seventeenth Centuries*, Cambridge: Cambridge University Press, 1967, p. 511.

银的中转站绝非终点站。

一　与印度的贸易逆差

乔杜里认为"印度地区的整体贸易状况，是出口型而不是进口型，其贸易是用贵金属来平衡的。具体来讲，印度出口的棉织品对中东是用贵金属平衡的，而对南亚以及中国是用香料、芳香类植物，以及中国商品进行平衡的。尤其爪哇、苏门答腊、马来亚是用西班牙马尼拉大帆船贸易将美洲白银以再出口的形式来换取印度棉纺织品。"①整体而言，不管印度与任何地方进行贸易，白银是流入而非流出的。

美洲白银到达印度大致有三种情况，第一是先进入欧洲再经好望角到达印度；第二是从欧洲经过利凡特、西亚最后到达印度；第三是从美洲直接到达印度。②而这三种白银流通渠道中，从美洲直接到达印度的白银量最少，因为西班牙的大帆船贸易主要是将白银运往中国及东南亚国家，而非印度，所以这一条商路上流入印度的白银量是十分有限的。所以从好望角和从西亚辗转来到印度的白银构成了美洲白银流向印度的主体部分。好望角路线被欧洲商人掌控，16—17世纪早期活跃在这条贸易路线上的是葡萄牙商人，至17—18世纪，则为荷兰、英国和法国等国商人。好望角商路上白银流量有多少，葡萄牙学者马加良斯·戈迪尼奥估算，在1580年左右，美洲白银经葡萄牙人输送到印度的年均量大约为180000—210000克鲁扎多（cruzado）③。也有人认为他的推算偏低，尼尔斯·斯滕斯高则认为，16世纪末，葡萄牙向亚洲输出的白银数量年平均为250000克鲁扎多。④从17世纪到18世纪上半叶，葡萄牙人一直是好望角商路上的主角，⑤因此说葡萄牙商人通过好望角一线，向印度运出了大量的白银。

---

① K. N. Chaudhuri, *The Trading World of Asia and the English East India Company*: *1660-1760*, Cambridge: Cambridge University Press, 1978, p. 185.

② John J. Te Paske, "New World Silver, Castile, and the Philipines: 1590-1800", in *Precious Metals in the Late Medieval and Early Modern World*, Durham: Carolina Academic Press, 1983, p. 433.

③ Godinho, V. Magalhaes-Godinho, OsDescobrimentos, *Economic Mundial*, Lisbon: 1963, p. 71.

④ Niels Steensgaard, *the Asian Trade Revolution of the Seventeenth Century*: *The East India Companies and Decline of Caravan Trade*, Chicago: University of Chicago, 1975, p. 87.

⑤ James C. Boyajian, *Portuguese Trade in Asia under the Habsburgs*: *1580-1640*, Baltimore: Johns Hopkins University Press, 2007, p. 3.

而在利凡特—西亚商路上，不论是在欧洲人涉足印度洋地区的贸易之前还是之后，印度商人始终是主角，当然还有很多阿拉伯商人。虽然这条商路上运输的白银有一部分在途经地会被西亚吸收，但是由于印度地区强大的经济实力，如第一章论述的印度洋地区的经济优势是大于欧洲的，因此可以肯定的是这条线路上运送的白银数量远远大于好望角路线。根据葡萄牙编年史家迪奥戈·多·科托（Diogo do Couto）记载，1582年从红海返航的一艘商船上，所载的贵金属价值竟高达120万卢比。①

进入18世纪，葡萄牙商人在印度的贸易优势逐步转移到荷兰及英国商人之手。然而荷兰与英国同样受到贸易逆差的困扰。然而在17—18世纪，"荷兰东印度公司输往印度的货物占商品总值在10%—20%。"②

表2-2　1602—1730年V.O.C从不同地区运往亚洲的贵金属数量③

单位：千荷兰盾

年份　贵金属来源	欧洲	代理商	日本	波斯	总计
1602—1610	512	—	—	—	512
1611—1620	1019	—	—	—	1019
1621—1630	1236	—	400	—	1636
1631—1640	850	—	2338	—	3188
1641—1650	920	377	1519	427	3243
1651—1660	840	451	1315	600	3206
1661—1670	1210	249	1048	400—700	2900—3200
1671—1680	1130	430	1154	400—700	3100—3400
1681—1690	1972	802	298	400—700	3500—3800
1691—1700	2861	756	0	400—700	4000—4300
1701—1710	3928	640	0	600	5100—5200

---

① M. N. Pearson, *Merchants and Rulers in Gujarat*: *The Respinse to the Portuguese in the Sixteenth Century*, Berkeley: University of California Berkeley, 1976, p. 101.

② Dennis O. Flynn, Arturo Giraldez, Richard Von Glahn, *Global Connections and Monetary History*: *1470-1800*, England: Ashgate Publishing Limited, 2003, p. 151.

③ Dennis O. Flynn, Arturo Giraldez, Richard Von Glahn, *Global Connections and Monetary History*: *1470-1800*, England: Ashgate Publishing Limited, 2003, p. 76. 荷兰盾是15世纪通行于荷兰的货币的单位，2002年荷兰使用欧元后被废止。

续表

年份\贵金属来源	欧洲	代理商	日本	波斯	总计
1711—1720	3882	1120	0	>300	5300—5400
1721—1730	6600	800	0	>300	7700—7800

从表2-2可以看出荷兰东印度公司输入印度的白银主要来自欧洲，从欧洲大陆输入印度的白银占输入印度白银总量的70%—80%。普通货物只占商品总值的30%—20%。[①] 继荷兰之后，英国成为这一地区贸易的主角，但所遇到的情况和荷兰并无二致。"其实棉织品对于17世纪的英国人来说并非新产品，但是作为从印度进口的印花棉布，却以其艳丽的色彩赢得人们的狂热喜爱。当然，印花棉布取得成功的原因不仅仅是好看的花色，更是低廉的价格和精湛的染色效果。"[②] 因为17世纪中期英国人服装的色彩还被黑色、褐色以及深绿色和蓝色所主宰，服装材质也以厚实的羊毛和皮衣为主，这些布料色彩暗淡，结实厚重，一件衣服往往供几代人穿着，既不美观也十分陈旧。[③] 就在印花棉布引入英国不久，1697年约翰·普勒斯芬在谈论人们的着装时不无调侃地说道："从那些了不起的大人物到微不足道的厨娘，几乎人人都认为再没有比印度棉布适合自己的服装了。"[④] 由于英国对棉织品的强烈需求，进口印度商品价值不断增加。1660—1720年，在E.I.C向亚洲输送商品总值中，货物通常只占商品总值的20.6%。[⑤]

[①] J. R. Bruijn, F. S. Gaastra, and I. Schffer, *Dutch-Asiatic Shipping in the 17th and 18th Centuries*, The Hague: 1988, Ⅰ: p. 183.

[②] John Styles, "Product Innovation in Early Modem London", in *Past and Present*, No. 168, 2000, p. 136.

[③] Beverly Lemire, "Second-hand Beaux and 'Red-armed Belles', Conflict and the Creation of Fashions in) England, c. 1660-1800", In *Continuity and Change*, 2000. 15, p. 395.

[④] John Pollexfen, *a Discourse on Trade, Coyne and Paper Credit*, London, 1697. in Jan De Vries, *The Industrious Revolution Consumer Behavior and the Household Economy 1650 to the Present*. Cambridge: Cambridge University Pressp. 2008, p. 134.

[⑤] K. N. Chaudhuri, *The Trading World of Asia and the English East India Company: 1660—1760*, Cambridge: Cambridge University Press, 1978, pp. 507-512; Dennis O. Flynn, Arturo Giraldez, Richard Von Glahn, *Global Connections and Monetary History: 1470-1800*, England: Ashgate Publishing Limited, 2003, p. 151. 弗林的统计："从1660年到1720年，货物只占英国向印度输出的商品价值总额的20.6%。"

■ ■ ■ 东西方贸易关系的演变与工业革命的缘起

"1708—1757年的50年间,仅棉织品一项,就等于导致英国流失2200万磅的贵金属。"① 据汉密尔顿在英印贸易资料中的数据统计:18世纪初,英国从印度平均每年进口原棉1170881磅,1771—1780年,平均每年进口5735301磅,1782年以后,进口原棉量大幅度提高,1800年达到56010723磅,1818年达到177282158磅。②

表2-3　　英国从印度进口的棉织品数量(1701—1818)③

年份	数量(匹)	年份	数量(匹)
1701—1705	1170881(平均值)	1787	23250268
1716—1720	2173287	1788	20467436
1771—1775	4764589	1789	32576023
1776—1780	6706013	1790	31447605
1781	5198778	1791	28706675
1782	11828039	1792	34907497
1783	9735663	1793	19040929
1784	11482083	1794	24358567
1785	18400384	1798	31880641
1786	18475020	1799	43379278

表2-3可见因棉织品导致的金银外流呈逐年增加的趋势,即便是工业革命已经展开,但由于自身技术和生产成本的制约,英国人依旧从印度进口大量棉织品。而这会造成大量贵金属外流,不仅加深英国自身贵金属匮乏的危机,也不符合重商主义的经济思想。"1725—1755年,荷兰、英国等国流入印度的贵金属最少在1486000英镑,1755—1764年,则高达4929000英镑,这一时期,流入印度的贵金属占欧洲国家商品输出总值的74%—92%。"④

---

① 文富德:《印度经济全球化研究》,四川出版集团巴蜀书社2008年版,第149页。
② C. J. Hamilton, M. A., *The Trade Relations Between England and India*:*1600 - 1896*, Dell:Mohammad Ahmad, 1919, p. 259.
③ C. J. Hamilton, M. A., *The Trade Relations Between England and India*:*1600 - 1896*, Dell:Mohammad Ahmad, 1919, p. 259.
④ Dennis O. Flynn, Arturo Giraldez, Richard Von Glahn, *Global Connections and Monetary History*:*1470 - 1800*, England:Ashgate Publishing Limited, 2003, p. 151.

自大航海以来，葡萄牙、荷兰、英国因进口印度地区的胡椒、咖啡、棉布等商品将其从美洲或其他地区得来的贵金属尤其是白银源源不断地送往印度。而自身却无法提供可供交换的产品。因此欧洲国家与印度地区的贸易呈现结构性逆差，这也是英国产业革命率先从棉纺织业开始的重要原因，即只有进口替代，自主生产才是解决贸易逆差的最好办法。

二 与中国的贸易逆差

大航海导致全球贸易体系的诞生，马尼拉大帆船贸易是太平洋海域早期全球经济的产物。1565—1815年的二百五十多年间，西班牙大帆船定期往返于菲律宾的马尼拉和墨西哥西岸的阿卡普尔科，从马尼拉装运亚洲的奢侈品到墨西哥去换取美洲白银，美洲白银的大部分流入中国。从阿卡普尔科到马尼拉之间的贸易大部分属于非法经营，因此很难有一个确切的数字，不过可以从一些材料中窥见一斑。1602年，有一封从西属美洲写给母国的报告：每年墨西哥的阿卡普尔科运到马尼拉的白银共计500万比索，1597年则高达1200万比索。其中80%以上的白银最终进入中国。斯卢伊特尔（Engel Sluiter）则估计，1576—1664年西班牙美洲生产的白银约2023吨通过大帆船贸易来到菲律宾，其中大部分最终到了中国。[1] "直到17世纪，西班牙除了再出口来自美洲的白银外，只能出口少量原材料或食品。"[2]

表2-4　　　1581—1660年从墨西哥流入马尼拉的白银[3]　　　单位：千克

年份	官方数量	私人数量	合计
1581—1590	32198	—	32198
1591—1600	11912	14779	26691
1601—1610	30030	89886	119916

---

[1] 转引自李伯重《火枪与账簿：早期经济全球化时代的中国与东亚世界》，生活·读书·新知三联书店2017年版，第94页。

[2] Stanley J. Stein and Barbara H. Stein, *Silver, Trade and War: Spain and America in the Making of Early Modern Europe*, Baltimore and London: The Johns Hopkins University Press, 2000, p. 4.

[3] J. F. Richard ed., *Precious Metals in the Later Medieval and Early Modern Worlds*, Durham: Carolina Academic Press, 1983, pp. 444-445.

续表

年份	官方数量	私人数量	合计
1611—1620	64967	129035	194002
1621—1630	92545	138638	231183
1631—1640	93882	89716	183598
1641—1650	56408	44980	101388
1651—1660	38556	51523	90079

从表2-4中可以看出，中国其实成为美洲白银的最终归属地。1597年，可以说是很特别的年份，从阿卡普尔科运到马尼拉的白银达到1200万比索，超过美洲出口到欧洲的白银总和，16世纪的最后十年美洲白银出口通常为300万—500万比索，而1570—1580年间，估计有4000—5000吨白银出口至远东。① "中国有美洲白银的坟墓一称，从1719年到1833年间，流入中国的白银总量达到3.06亿—3.3亿比塞塔之间，占同期墨西哥白银总产量的五分之一，大约相当于欧洲白银总储量的20%"。②

随着大帆船贸易的繁荣，中国丝织品大量涌入美洲市场，直接造成西班牙本土丝织业走向衰败。尽管西班牙政府费尽周折，四处网罗可以与中国进行交换的产品，但它们能够找到的商品都是中国已经拥有的。"1573年，西班牙在菲律宾殖民地的官员指出，运输到中国销售的商品，不管是来自于西班牙本土，抑或来自于墨西哥，无一不是中国已经拥有的。"③ 因此，马尼拉殖民政府在1584年向西班牙国王抱怨："中国人带走了我们所有的金银，别无他法，请陛下指示我们应采取什么措施来挽回我们的白银。"④马尼拉当地的商人也向西班牙国王抱怨："此处（马尼拉）以大量白银及银货交换中国产品，此处的银及银货，除去小部分留在本地外，其余大部分均由中国人运回他们国家。"⑤ 而导致白银外流的主要原因是中国

---

① ［美］埃里克·沃尔夫：《欧洲与没有历史的人民》，赵丙祥、刘传珠、杨玉静译，上海人民出版社2006年版，第183页。
② ［美］埃里克·沃尔夫：《欧洲与没有历史的人民》，赵丙祥、刘传珠、杨玉静译，上海人民出版社2006年版，第303页。
③ John Foreman, *the Philippine Islands*, New York: Charles Scribner's Sons, 1906, p.212.
④ John Foreman, *the Philippine Islands*, New York: Charles Scribner's Sons, 1906, p.61.
⑤ 傅镜冰：《明清两代外流流入中国考》，《中行月刊》1933年七卷六号。

丝织品、瓷器等特色商品的涌入。因为中国丝织品质美价优，贩运到西属美洲获利近千倍。①但遗憾的是学界目前很难确切地记录二百五十多年间到底有多少白银流入中国。

继西班牙之后荷兰人与东方进行贸易的状况，也是将大量白银输入中国或东南亚，借助东方产品在欧洲市场进行转口贸易以获取利润。正因为荷兰的运输业发达，转口贸易收益颇丰，这也是后来英国为打击荷兰的贸易优势，依靠"航海条例"打压荷兰的重要原因。

表2-5　　　1620—1670年荷兰运到东南亚的白银数量②　　　单位：荷兰盾

年份	数量	时间	数量
1620—1629	12479000	1650—1660	8400000
1630—1639	8900000	1660—1670	11900000
1640—1649	8800000		

从表2-5看出，荷兰在17世纪50年代以前，主要用白银换取胡椒、香料等来换取中国的茶叶，但之后，随着茶叶贸易额不断扩大，输华白银超过货物比例。

表2-6　　　1776—1788年V.O.C运到广州的白银③　　　单位：荷兰盾

年份	白银	年份	白银
1776	1540680	1780	635010
1777	530910	1786	1422700
1778	1363710	1787	1665600
1779	1207560	1788	1103460

按照1两等于3.47荷兰盾计算，共计2729000两

---

① John Foreman, *The Philippine Islands*, New York: Charles Scribner's Sons, 1906, p. 60.
② Jonathan I. Israel, *Dutch Primacy in World Trade: 1585–1740*, New York: Oxford University Press, 1906, p. 102.
③ 庄国土：《十八世纪中荷海上茶叶贸易》，《海交史研究》1992年第1期。

表2-7　1601—1794年英属、荷属东印度公司运往亚洲的贵金属价值[①]

单位：百万弗洛林，四舍五入到小数点后三位；1英镑 = 12法郎 = 8卢比

年份	英属东印度公司	荷属东印度公司
1601—1610	0.143	0.143
1611—1620	0.588	1.019
1621—1630	0.484	1.236
1631—1640	0.452	0.850
1641—1650	缺	0.920
1651—1660	缺	0.840
1661—1670	1.073	1.210
1671—1680	3.053	1.129
1681—1690	4.058	1.972
1691—1700	2.561	2.860
1701—1710	4.276	3.927
1711—1720	4.970	3.883
1721—1730	6.513	6.603
1731—1740	5.914	4.012
1741—1750	7.236	3.827
1751—1760	7.782	5.896
1761—1770	缺	5.354
1771—1780	缺	4.832
1781—1790	缺	4.790
1791—1794	缺	4.243

随着西班牙在欧洲战场上的溃败和大西洋贸易的衰落，尤其是1588年

[①] 资料来源：英属东印度公司1601—1640年的数据见K. N. Chaudhuri, *The English East India Company: The Study of an Early Joint Stock Company*, London, 1965. Table Ⅱ, p.115. 表格中该公司没有列出的年份，其出口额估算为0；1661年到1760年的数据见K. N. Chaudhuri, *The Trading World of Asia and the English East India Company 1660—1760*, Cambridge: 1978. Appendix 5, Tables C1 and C4, pp.502—512. 荷属东印度公司的相关数据见J. R. Bruijn, F. S. Gaastra, and I. Schoffer, *Dutch-Asiatic Shipping*, The Hague, 1987, Ⅰ: 187, Table 39.

第二章　近代东西方贸易中的西方逆差

无敌舰队的失利，尼德兰资产阶级革命、美洲独立运动的爆发、拿破仑战争、美洲银矿自身减产等因素，西班牙从美洲运来的白银不断减少，马尼拉大帆船贸易逐渐萎缩。而英国征服印度后，印度沦为英国经济的附庸，中国成为英国在远东最大的贸易伙伴。尤其是茶叶成为核心商品，随着茶叶贸易规模的不断扩展，从孟加拉来的资金都被集中到了广州，再将茶叶销往伦敦。茶叶销售在18世纪70年代平均每年贸易额达到680万英镑，到18世纪90年代猛然上涨到1970万英镑。茶叶、棉布、丝绸、靛青这些商品的贸易额都大大提高了英国对华贸易额。[1] 但是同时，也大大加深了本就十分严峻的贸易逆差。

亚当·斯密在研究自由贸易时认为："文明富国间的交易价值，肯定要比文明富国与未开化的人和野蛮人交易的价值大得多。但同时也很费解，欧洲从美洲贸易中所得到的利益，却比欧洲从东印度得到的利益要大得多。"[2] 他将这种奇怪现象的原因归结为西欧各国的东印度公司垄断了对东方的贸易。但实际上造成这种情形的主要原因是双方在贸易中对对方产品的需求量不同。英商到中国进行贸易，用何种产品来换取中国的货物，很早就成为他们难以解决的问题。东方商品物美价廉，在西欧颇受欢迎。而其输入东方的商品除呢绒外还有宽幅呢、哔叽、羽纱以及一些铅和铜等。"但是即使英国货全部售出，不是明亏，就是暗亏。"[3] 英国的民族产业是毛织品，但是毛呢制品价格高昂，在中国和东南亚由于气候和生活习惯等差异找不到市场。1800年以前，东印度公司向中国贩卖毛织品一直处于亏本状态，平均每年亏损白银约十多万至二十多万两。[4] 英国除毛呢外的大宗商品是金属制品，其中以铅、锡、铜等初级材料为主，当然也包括一些刀子、钟表等金属制品，但几乎没有市场。其中铅料还有一些市场，主要用来做打包茶叶、樟脑用的铅皮，但是需求十分有限。金属制品在中国平均每年获利不到几千两，有时也会亏本。唯一能保证获利的不是英国本土的货物，而是他们从印度进口的棉花，但是受到中国本土棉花

---

[1] Ralph Davis, *The Industrial Revolution and British Oversea Trade*, Leicester: Leicester University Press, 1979, pp.44-46.
[2] [英]亚当·斯密:《国家论》，莫里编译，中国华侨出版社2013年版，第146—147页。
[3] [英]格林堡:《鸦片战争前中英通商史》，康成译，商务印书馆1961年版，第6页。
[4] 严中平等编:《中国近代经济史统计资料选辑》，中国社会科学出版社2012年版，第16页。

产量与市场需求的限制，因此销量有限。但是，从整体上来看，印度的棉花和少量的金属制品在中国市场的销售仍然抵不过毛织品在中国市场的亏损。所以，东印度公司对广州的整体进口生意基本处于亏损状态。

表 2-8　　　　　　　　东印度公司输华商货的盈亏

（1775—1799 年每年平均数价值）[1]　　　　　单位：两

年份	毛织品 净亏（-）	金属品 盈（+）亏（-）	印度产品 盈（+）亏（-）	共计 净亏（-）
1775—1779	-23788	+7989	+17512	-2831
1780—1784	-22456	+6754	-4849	-23199
1785—1789	-26284	-4443	+24829	-7906
1790—1794	-106187	+24746	+26703	-62141
1795—1799	-191552	+9772	+20687	-168099

1796 年东印度公司共派遣 16 艘船来到中国，6 月 24 日 16 艘船从英国出发三个月后到达广州。船上所载货物及出售情况见表 2-9。

表 2-9　　　　1796 年东印度公司来华船只货物情况[2]

	种类	原始成本（英镑）	实际成本（英镑）	盈（+）亏（-）（%）
英国 商品	呢绒	553405	1634796	-1.5
	锡 15088 担	74159	221366	-0.5
	铅 5024 担	5328	22605	+41.2
	亚麻	589	1178	-33.3
	总计	633481	1179941	-1.1

因此英国正常的商品交换不足以维持与中国的贸易，于是英国大量输入白银这种中国刚需产品以维持贸易平衡。

---

[1] 严中平：《中国近代经济史统计资料选辑》，科学出版社 1955 年版，第 20 页。
[2] Patrick Tuck, *Britain and the China Trade 1635 - 1842*, Vol. II, London and New York: Rouiledge, 2000, p. 265.

表2-10　1635—1762年英国东印度公司（E.I.C）输入中国的白银①

年份	白银（两）	年份	白银（两）	年份	白银（两）	年份	白银（两）
1635	1050	1711	271434	1728	409359	1746	399192
1637	10650	1712	92082	1729	587253	1748	285036
1644	2625	1713	52848	1730	581430	1749	617394
1664	2194.5	1714	142791	1731	477303	1750	458394
1677	14334	1715	253926	1733	26722	1751	567885
1681	37500	1716	187731	1734	299748	1752	799617
1682	84000	1717	166902	1735	329613	1753	828999
1687	16500	1718	174873	1736	399867	1754	656253
1698	60000	1719	430764	1737	420195	1755	425703
1699—1670	79833	1720	289317	1738	211323	1756	784604
1702	450000	1721	383010	1739	282723	1757	707454
1703	150000	1722	346515	1740	264378	1758	419037
1704	184665	1723	130365	1741	153609	1759	368796
1707	192000	1724	207690	1742	117072	1760	159243
1708	97011	1725	116412	1743	122460	1761	75378
1709	124911	1726	115977	1744	96369	1762	84378
1710	215310	1727	340452	1745	310944		

总计：6101135.5两，折合22879256千克。平均每年输入：47295.6两，折合1773.56千克。

表2-11　1760—1823年英国东印度公司（E.I.C）对华白银出口②

年份	白银（两）	年份	白银（两）
1760	765414	1787	1912320
1761	216000	1788	2094878
1762	322410	1789	1321920
1763	528609	1790	2106041

---

① [美]马士：《东印度公司对华贸易编年史》（第一卷、第二卷），中国海关史研究中心组译，中山大学出版社1991年版，第308、309页。

② 资料来源：1760—1790年的数字见 Pritchard, p.399。1800—1823年的数字见 W.E. Cheong, "Mandarins and Merchants, Jardine Mastheson Co. A China Agency of the Early Nineteenth Century", Bangkok, 1979, p.19.

续表

年份	白银（两）	年份	白银（两）
1764	338781	1791	172800
1765	1690479	1792	518400
1766	1930593	1796	120960
1767	620040	1797	626965
1768	521427	1798	1326830
1769	489186	1799	1623171
1770	822040	1800	421442
1771	879630	1801	77920
1772	574872	1803	1376886
1773	81452	1804	795062
1776	394016	1815	1048272
1777	230400	1816	2452511
1778	90720	1820	1898863
1783	8460	1823	659998
1786	2062082	总计：	33121854

表2-12　1681—1751年英国东印度公司（E.I.C）对华输出货值比例[①]

年份	货物（两）	白银（两）	白银所占比例（%）
1681	31350	37500	54
1682	43797	84000	66
1698	75000	60000	44
1699	16425	79833	82
1704	14898	139452	90
1707	8343	63000	88
1709	7905	93000	92
1717	9636	99000	91
1719	8064	96000	92

---

① ［美］马士：《东印度公司对华贸易编年史》（第一卷、第二卷），中国海关史研究中心组译，中山大学出版社1991年版，第314—316页。

续表

年份	货物（两）	白银（两）	白银所占比例（%）
1721	5439	132000	96
1723	8664	102000	92
1729	12951	480000	97
1731	12747	657000	98
1735	2568	144000	98
1738	3360	120000	97
1747	7407	105000	93
1749	1845	90000	97
1751	70476	412800	85

表2-13　1660—1760年东印度公司出口白银数量统计[①]

年份	白银（千克）
1660—1665	40145
1666—1670	22910
1676—1680	179252
1681—1685	240952
1691—1695	7687
1696—1700	131511
1701—1705	166885
1706—1710	173833
1711—1715	167503
1716—1720	250851
1721—1725	289349
1726—1730	261401
1731—1735	260102
1736—1740	260378
1741—1745	257882

① K. N. Chaudhuri, *The Trading World of Asia and The English East India Company: 1660–1760*, Cambridge: Cambridge University Press, 1978, p. 177.

续表

年份	白银（千克）
1746—1750	366289
1751—1755	398041
1756—1760	193458

　　从上述大量数据可以看出，除了出口大量白银外，英、荷等西方国家没有更好的产品可以同中国进行交换。英国白银占输出货值的比例在1735年竟高达98%，在大部分时间里基本是保持在90%左右，18世纪中叶以后，由于茶叶贸易额迅速增长，白银输华的绝对数量仍在增加。"18世纪20年代，英国因东方贸易输出的巨额白银达到900万英镑，这相当于1701年英国国内银币总量的三分之二。"① 这种现象绝非仅存于英国、荷兰两国，在其他西方国家中白银流向中国更是普遍现象。而且以上数据仅仅是东印度公司的官方统计数据，这并不包括散商和走私贸易的数据。因此，实际的东西方贸易逆差要比上述数据严重得多。美国虽然参与东方贸易的时间要比上述国家晚许多，但其贸易情况依然延续西欧的遭遇，但美国与西欧国家稍微不同的是，美洲独立运动后，凭借独立战争期间续存的"友谊"，当欧洲国家无法得到美洲白银而被迫退出东方贸易时，美国依旧可以用美洲白银换取东方产品。

表 2-14　　　　　美国输入中国的货值与白银数量② 　　　　单位：银元

年份	总货值	白银数量	白银所占比例（%）
1805	3842000	2902000	76
1806	5127000	4176000	81
1807	4294000	2895000	67
1808	3476000	3032000	87
1809	808000	70000	8

---

① ［英］E. E. 里奇、C. H. 威尔逊主编：《剑桥欧洲经济史》（第四卷），张锦冬等译，经济科学出版社1967年版，第468页。
② 庄国土：《茶叶、白银和鸦片：1750—1840年中西贸易结构》，《中国经济史研究》1995年第3期。

续表

年份	总货值	白银数量	白银所占比例（%）
1810	5715000	4723000	83
1811	2973000	2330000	78
1812	2771000	1875000	68
1813	1453000	616000	42
1815	572000	—	—
1816	4220000	1922000	46
1817	5703000	4545000	80
1818	6777000	5601000	83
1819	9057000	7414000	82
1820	8173000	6297000	77
1821	4291000	3391000	79
1822	5935000	5075000	86
1823	4636000	3584000	77
1824	5301000	4464000	84
1825	5570000	4523000	81

从表2-14中的数据可以看出，大航海虽开辟东西方直接海路贸易，东方产品涌入欧洲给欧洲带去大量财富的同时，也造成了大量的贵金属外流。而中国和印度成了贵金属的最终归属地。1500—1700年的两百年间，欧洲得自美洲的白银"不少于8亿英镑，其中运到东印度大约有1.5亿英镑"。①

以上数据是从英国与东方国家贸易的差额情况分析荷兰、英国等西方国家贸易逆差的表现。其实英国自身整体贸易状况也是不容乐观的。米歇尔在《英国历史统计》一书中记录了英国从1679—1804年的一百零七年间的全国贸易总额，除个别年份（其中15个年份）整体贸易额勉强达到微弱的顺差外绝大多数时间里英国的贸易是处于入超状态，而且随着贸易额的不断扩大，逆差也不断增加。当然英国解决贸易平衡的主要方法是转

---

① ［英］查尔斯·达维南特：《论英国的公共收入与贸易》，朱泱、胡企林译，商务印书馆1995年版，第294页。

口贸易，主要是用进口的东方产品进行再出口贸易，以维持资金平衡。这一部分以后的章节里会专门分析。也就是说正常的贸易中，英国是进口大于出口的。

表2-15　　　　　　　　英国进出口贸易额①　　　　　　　单位：千英镑

年份	进口	出口	贸易差额
1679	3344	2295	-1049
1700	5840	3731	-2109
1768	11879	9695	-2184
1769	11909	8984	-2925
1772	14515	10974	-3541
1775	14817	10072	-4745
1793	19257	13892	-5365
1794	22289	16725	-5564
1795	22737	16527	-6210
1798	27858	19673	-8185
1800	30571	24304	-6267
1801	32796	25700	-7096
1803	27992	22112	-5880
1804	29201	23936	-5265

从表2-15可见，从西、葡开始，欧洲国家与亚洲的贸易始终是逆差，后继的荷兰、英国、美国依旧。荷兰来华贸易初，白银是主要的支付手段，只是不同时期，白银所占比例不同而已。英国在18世纪50年代以前主要是白银支付。据统计，1708—1712年的五年间，英国对华贸易输出商品年均15000两白银，而其却需要150000两白银购买中国的产品。基本上白银占到英国出口商品总额的90%。

除此之外，从墨西哥输往菲律宾的白银也大都流到了中国。据估计，1571—1630年，经菲律宾流入中国的白银约6000万比索。正因为美洲的白银经菲律宾流入中国，才导致美洲白银流入西班牙的数量不断减少。

---

① B. R. Mitchell, *British Historical Statistics*, Cambridge: Cambridge University Press, 1962, p.279. 贸易差额一列是作证依据原书数据整理而来。

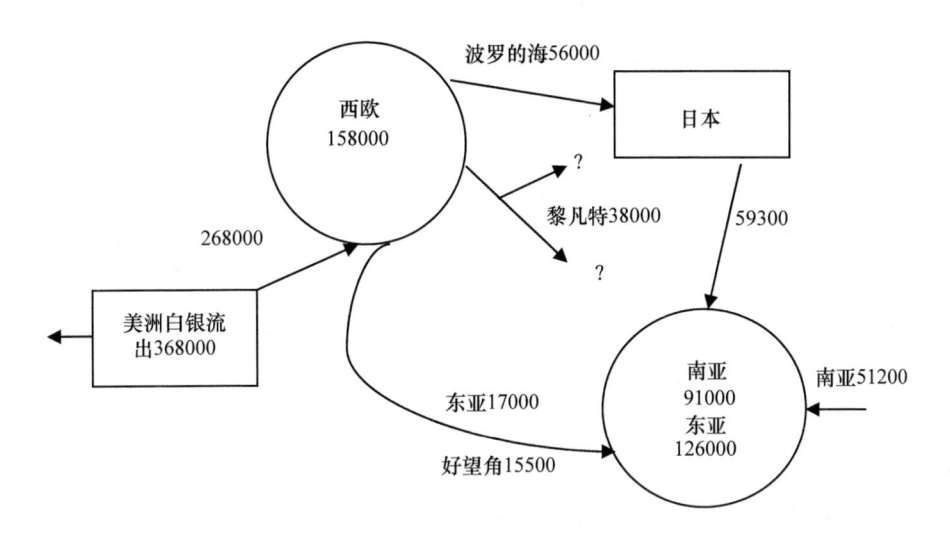

第二章　近代东西方贸易中的西方逆差

图 2-1　1600—1650 年均白银流量示意图（单位：吨）①

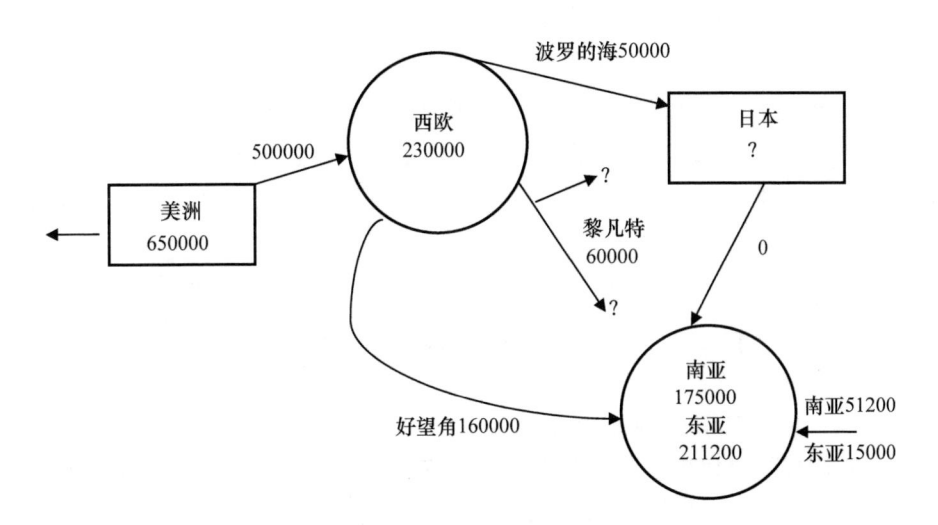

图 2-2　1725—1750 年均白银流量示意图（单位：吨）②

---

① Dennis O. Flynn, *Global Connections and Monetary History*: *1470－1800*, England: Ashgate Publishing Limited, 2003, p. 80.
② Dennis O. Flynn, *Global Connections and Monetary History*: *1470－1800*, England: Ashgate Publishing Limited, 2003, p. 81.

三百年来通过间接或直接贸易流入中国和印度的贵金属量，目前学界很难有准确的数字，因为还有马尼拉大帆船的直接贸易以及无法计数的散商贸易。明清两代流入中国的白银量到底有多少，学界的估算莫衷一是。弗林用示意图描述了美洲白银的流向及流量，不管是1600—1650年的波多西周期还是1725—1750年的墨西哥周期，美洲白银直接或间接进入南亚与东亚的数量是基本一致的，而南亚和东亚的经济主体分别是印度和中国。除去印度，这段时间流入中国的白银达到3亿—4亿两。

尽管学界对白银流量进行了不同的推算，但是大量白银流入亚洲，欧洲国家长期与东方的贸易逆差是不争的事实。而这不符合重商主义经济思想，早期重商主义的特点是特别强调金银的价值，将之看作经济活动的根本目的和唯一财富。重商主义者们认为：财富（即金银）的真正增长，除了得自于矿藏的开采，就只能通过对外贸易来实现。因为内部贸易不过是财富内部再分配，而对外贸易才能使国内的金银总量增加。欧洲通过东方贸易在欧洲国家内部赚取了大量财富也丰富了物质生活，但从欧洲整体贸易包括欧洲与美洲之间的贸易圈来看，金银是流向东方的。因此与东方贸易的长期逆差给西欧工业带来了巨大压力，但是要改善这种逆差只能依靠生产出同东方国家交换的产品。所以，同东方贸易长期的大规模的逆差刺激了西欧工业不断改善生产方式，提高生产技术，降低生产成本，增强商品竞争力。

第二节　从商品结构看贸易逆差的表现

一　西方国家的商品构成

在中世纪晚期及以后的很长时期，英国国内市场的产品结构比较单一，制造品主要是呢绒，农产品主要是小麦、大麦和燕麦等谷物以及羊毛，其他产品的交易比例非常低。英国在工业革命前主要向发达地区出口原材料，并从当地进口制成品。英国进口货物主要包括烟草、糖、靛蓝、棉布，而出口的只有鱼、木材、食物或劳动力（主要来自非洲的奴隶）。呢绒是英国出口的唯一工业产品，而呢绒产品也只是需要出口到欧洲大陆进行染色的半成品。除了呢绒之外，英国其他出口产品都是农业、矿业和渔业的直接产品，比如英国长期向低地国家出口羊毛。1500年前后，甚至到17世纪，英国进口商品虽然没有系统的文献资料，但可以肯定的是这一时期英国进口的商品都是国内工业无法制造的成品。虽然随着国内呢绒业的发展，英国不再进口呢绒品，但仍需从法国、德国进口亚麻产品和粗帆布，从荷兰进口铁条、钢板等金属制品。之后，随着东方贸易的展开，英国从东方进口的商品主要是棉织品、香料、丝织品、茶叶、瓷器等。

而英国长期进口制成品的原因是国内制造业不够发达，反映在外贸出口上就是外贸出口增长率一直处于比较低的水平，甚至会出现负增长的情况。

表2-16　英格兰和威尔士1697—1783年出口年均增长率①

年份	增长率（%）
1697—1714	2.8
1714—1744	0.9
1744—1760	3.0
1760—1783	-1.4

表2-16所示，在1560—1660年的一百年间，英国商品的海外贸易增长速度就比较缓慢，年均贸易增长比率大约仅为1%。② 之后随着生产力的发展，从1697—1802年英国的出口增长率大约为1.5%。③ 这只是一个平均数，不包括战争时期。表2-16中虽然个别年份英国出口率达到2.8%—3.0%，众所周知，1500—1800年的近三百年来，欧洲为争夺商业霸权或政治优势所进行的商战频仍，英国屡次卷入各种争霸战争。英国在战争年代出口增长率基本停滞甚至还会出现负增长的现象，比如在英法七年战争和北美独立战争期间英国海外贸易基本处于停滞状态。④ 所以从长

---

① Francois Crouzet, "Toward an Export Economic: British Export during the Industrial Revolution", *Exploration in Economic History*, Vol. 17, 1980, pp. 48-93.

② Francois Crouzet, "Toward an Export Economic: British Export during the Industrial Revolution", Exploration in Economic History, Vol. 17, 1980, pp. 48-93.

③ Francois Crouzet, "Toward an Export Economic: British Export during the Industrial Revolution", *Exploration in Economic History*, Vol. 17, 1980, pp. 48-93.

④ Dean and Cole, and W. E. Minchinton (ed.), *The Growth of England Oversea Trade in the Seventeenth and Eighteenth Centuries*, London: Methuen, 1969, pp. 99-120.

时段来看，英国在工业革命前的很长时期内，其外贸出口增长率是很低的。因此可以说，在前工业革命时期，英国国内制造业是处于一种"欠发达"的状态。

与荷兰、英国等国家无法提供大量物美价廉的东方刚需产品相对应的是，受东方国家经济形态和消费心理的影响，对商品的需求量不大，对市场的依赖性不高。中国、印度只需要白银。荷兰是以转口贸易为优势的，但远洋航行危险极高，成本极大，随着东西方经济往来的日趋频繁，东方国家金银比值不断下降，使得远洋航行的转口贸易利润空间不断压缩。英国在工业革命前全部民族产业主要是毛呢产品，但印度人和中国人的传统习惯是穿着棉、麻面料，对毛呢制品不感兴趣。而其他的制成品如丝绸和金属制品的出口额在出口总额中所占比例十分有限，因此白银就占据了英国等西方国家来华商品的主要部分。

表2-17　　　　　　早期英国来华船只所载货物构成[①]

年份	所载货物价值（英镑）	所载白银价值（英镑）	货、银总价值（英镑）	白银占比（%）
1681	10450	12500	22950	54
1682	14599	28000	42599	66
1698	25000	20000	45000	44
1699	5475	26611	32086	83
1702	73657	150000	223657	67
1704	3770	15071	18841	78
1707	2781	21000	23781	88
1709	2635	31000	33635	92

从表2-17来看，早年英国货物只占贸易平均总额的20%，其余都是白银。而且这些从英国运来货物品种单调，主要是各类毛织品，再加上一些为数不多的铅。而英国从中国购买的商品却种类繁多。例如，

---

① ［美］马士：《东印度公司对华贸易编年史》（第一卷、第二卷），中国海关史研究中心组译，中山大学出版社1991年版，第770、771页。

1699年，到达广州的"Macclesfield"号载的英国货物有：猩红色与紫罗兰色的绒布、西班牙混合绒、粗绒、普通绒布、羽纱和铅。英国在广州购买的货物则有：白铜、生丝、丝织品、茶叶、水银、胡椒、黄铜币、扇、茶桌、麝香、瓷器等。[①]而这些产品的加工程度要高于英国本土商品，也就是其商品附加值要高于英国商品。而英国输往东方的产品加工程度要低一些。

表2-18　　1699—1701年和1772—1774年英国进口贸易的商品构成[②]　　单位：千英镑

	进口	1699—1701年	1772—1774年
制成品	亚麻织品	903	1274
	棉布	367	697
	丝绸和混纺品	208	82
	金属器皿	72	7
	线	79	14
食品	葡萄酒	536	411
	烈性酒	10	205
	糖	630	2364
	烟叶	249	519
	水果	174	159
	胡椒	103	33
	药品	53	203
	茶叶	8	848
	咖啡	27	436
	大米	5	340

---

① ［美］马士：《东印度公司对华贸易编年史》（第一卷、第二卷），中国海关史研究中心组译，中山大学出版社1991年版，第84、85页。

② W. E. Minchinton, *The Growth of English Overseas Trade in the 17th and 18th Centuries*, London: Methuen&Co. Ltd., 1969, pp. 119-120.

续表

	进口	1699—1701年	1772—1774年
原材料	生丝和丝线	346	751
	亚麻和大麻纤维	194	481
	羊毛	200	102
	棉花	44	137
	纺纱	232	424
	染料	226	506
	铁和钢	182	481
	木材	138	319
	油料	141	162
	动物脂	85	131
	皮革	57	164
	进口总额	5269	11250

表2-19　　1699—1701年和1772—1774年英国出口贸易的商品构成[①]　　单位：千英镑

	出口	1699—1701年	1772—1774年
制成品	毛织品	3045	4186
	丝绸	80	189
	棉布等	20	221
	金属器皿	114	1198
	帽类	45	110
食品	谷物	147	37
	鱼	190	70
	蛇麻子	9	136
原材料	铅	128	182
	锡	97	116
	煤	35	333
	出口总额	3910	6778

[①] W. E. Minchinton, *The Growth of English Overseas Trade in the 17th and 18th Centuries*, London: Methuen&Co. Ltd., 1969, pp. 119-120.

表 2-20　　　　　　　　英国制成品出口构成①　　　　　　单位:%

	1699—1701 年②	1752—1754 年	1800 年③
毛纺织品	85	61.9	3.3
亚麻织品	—	3.3	—
丝绸织品	2.2	2.5	1.2
棉纺织品	0.6	1.3	24.1
金属制品	3.2	9.2	12.4
其他制品	9.0	21.7	30.5

从表 2-18 和表 2-19 看英国进出口商品的构成,在进口商品中,制成品总额占进口商品总额的 31.5%,主体是各类纺织品。其他食品和原材料约占进口总额的 68.5%。而出口商品中仅毛织品一项就占到出口商品总额的约 68%,占出口商品中制成品总额的 85%。这说明英国制成品的种类单一,除了毛纺织品外没有可供大量出口的其他制成品,从贸易结构中可窥见一斑。

二　中国与印度的商品构成

印度自古就以其优秀的手工棉织品行销世界,并为印度换取大量贵金属。大航海以后,印度棉织品销量大增,从前文中大量白银流入印度的史实来看,凭借着较为发达的棉纺织业,和本土的铜矿资源,印度在与欧洲和西亚的贸易中处于出超地位。印度一方面通过与欧洲和西亚的贸易,将价廉的棉纺织品和铜出售,换取大量的贵金属;另一方面也出口一定量的农产品(谷物、豆类和植物油等),目标为西方的西亚和东方的东南亚。而那些从印度卖出的棉纺织品和铜,则由海路,经由欧洲流往美洲地区,一部分产品则向西到达波斯湾与红海,向东出口到马六甲和东南亚。整体上来看,印度地区的贸易是出口型的,也就是其产品在满足国内所需后仍

---

① Dean and Cole, and W. E. Minchinton, ed., the Growth of England Oversea Trade in the Seventeenth and Eighteenth Centuries, London: Methuen, 1969, pp. 99-120.

② Dean and Cole, and W. E. Minchinton, ed., the Growth of England Oversea Trade in the Seventeenth and Eighteenth Centuries, London: Methuen, 1969, pp. 99-120.

③ B. R. Mitchell, Abstract of British Historical Statistics, Cambridge: Cambridge University Press, 1962, pp. 281-295.

■ ■ ■ 东西方贸易关系的演变与工业革命的缘起

能大量出口，体现了很强的经济实力。"印度的主要出产是香料和棉纺织品，印度棉织品的精美程度和加工程度是很高的，英国在工业革命以后很长一段时间都不能达到达卡细棉布的精致程度，如果不借助关税进行调节，在市场上是很难同印度产品进行竞争的。1712年以后，印度的大宗出口商品还有橡胶、靛蓝、檀香、红木等。"① 而这些产品的加工程度要高于欧洲产品，以靛蓝为例，"靛蓝的主要组成成分有蓝靛、胭脂虫和茜草，其次还有洋苏木、碱等，这些组成部分的变化难以捉摸，细微的变化会对染料的性状产生影响，而制造性状稳定的复合式的染料对各种技术的要求是很高的。"② 其中对原材料的消耗和加工程度是复杂的，据计算"每生产4磅成色较好的靛蓝，需要一大桶的染料和两大桶的蓝靛。"③ 这说明印度地区是以出口制成品为主的。

从近代早期中国进出口商品的种类来看，明清时期中国海上商品贸易中，出口商品主要是茶、丝、瓷；其次是布、糖、药等。进口商品中除了白银之外，价值和影响最大的是鸦片；其次是香料（包括中药材）、棉花，最后是铜、锡、铅、水银等金属，尤其是铜。此外，日本的刀、硫黄和火器等兵器、大米、海产品、珍稀木材以及西洋钟表和玻璃制品也有一定的进口。

从进出口商品的加工程度来看，明清时期出口的全部商品中，主要是农产品及其加工品，其中制成品和半制成品在出口商品中占绝大多数，初级产品比例很小。只是制成品和半制成品都是手工加工的产品。与出口商品相比，鸦片战争前中国的进口商品主要是棉花和鸦片（白银是作为一般等价物来计算），因此进口产品的总体加工程度要低于出口商品。这反映出，西方在产业革命完成前，中国手工业的发展水平在世界上居于领先地位。明清时期海上商品贸易中商品结构的一个重要变化是，由以奢侈品贸易为主变成了以大宗民生商品为主，形成了真正意义上的大宗商品海上贸易。而且由于经济的发展，一些原本属于奢侈品的商品也变成了大众消费

---

① K. N. Chaudhuri, *The Trading World of Asia and the English East India Company: 1660 – 1760*, Cambridge: Cambridge University Press, 1978, p. 329.

② K. N. Chaudhuri, *The Trading World of Asia and the English East India Company: 1660 – 1760*, Cambridge: Cambridge University Press, 1978, p. 331.

③ Jean Hellot, *the Art of Dying Wool and Woollen Stuffs*, 1767, pp. 37 – 38.

品。在明代以前，丝、瓷等商品还属于奢侈品，随着中国小农经济到明清时期达到顶峰，尤其是到了明中后期，之前的奢侈品此时却成为大宗商品，出口量猛增，也为中国带来巨额贸易出超。

从进出口贸易平衡方面来看，印度以其优质棉纺织品及地方特色商品香料等赢得贸易优势。而中国的进出口贸易在鸦片战争前也是值得肯定的。中国商品行销世界，不仅在亚洲受到普遍欢迎，在西方国家也有着可观的竞争力。从这个角度来看，中国的商品经济不仅优于亚洲周边国家，而且不弱于西方。正因为如此，中国对外国商品的需求量不大，外国对中国的茶、丝、瓷等商品的需求量却很大。因此，在海上贸易中，中国长期存在大量贸易顺差，在一向被指责为轻视商业的政策下，明清时期的中国却取得了重商主义者所孜孜以求追求的结果——贵金属流入。

第三节 贸易逆差对西方的影响

贵金属不足的问题在欧洲并不是由东方贸易导致的新现象，受欧洲自产贵金属产量低下的限制，中世纪就存在货币短缺的问题。黑死病后，欧洲逐步由实物地租向货币地租转化，对贵金属的需求也不断增加。近代以来的东西方贸易更加重了对白银的需求，虽然有美洲白银的供给，但欧洲始终只是白银的中转站而不是终点站。所以说"欧洲贵金属的匮乏尤其是白银的匮乏是一种普遍而又长期的现象"[①]。

近代早期，随着商品经济的活跃和经济发展的加快，欧洲面临的严峻问题就是货币短缺。再者由于英国国内政治与经济动荡，欧洲各国间的战争、美洲白银产量波动等影响，经常会造成白银供应不足。东印度公司在参与贸易时由于缺乏贵金属，常常感到巨大的压力。[②] 最严重的时期是在美国独立战争期间，由于西班牙加入反英联盟中，英国无法得到美洲的白银，因此1777—1784年英国没有办法运白银入中国。白银的来源是有限的，英国产品在中国缺乏销路，而东印度公司购入茶叶的数量却在惊人地

[①] K. N. Chaudhuri, *The Trading World of Asia and the English East India Company*: *1660 – 1760*, Cambridge: Cambridge University Press, 1978, p. 54.

[②] K. N. Chaudhuri, *The Trading World of Asia and the English East India Company*: *1660 – 1760*, Cambridge: Cambridge University Press, 1978, pp. 165 – 174.

增长。所以英国对白银的需求达到顶峰。因此英国国内对白银短缺的抱怨可谓民怨沸腾,"白银短缺程度难以想象,如果一个人要想把20先令金币兑换成银币,那么他需要在伦敦多家商店兑换,大费周折才行"①。这反映出白银的短缺对兑换业和日常交易带来很大不便,贵金属的不足对经济健康与活跃发展产生不利影响。

一 西欧贵金属不足

14世纪,西欧经济有了长足进步,农业技术改良,提高了农产品质量,城市大量出现,手工业和商品经济日益繁荣,贸易范围逐渐扩大。但东西方经波斯湾、红海至东地中海沿岸的主要贸易路线,先是控制在阿拉伯人和威尼斯人手中,后来又控制在土耳其人手中,东方商品到达西欧时价格已经变得十分高昂,大量金银流到意大利人和穆斯林手中,大部分西欧国家贵金属短缺。随着经济的发展,欧洲商品经济日益深入,西欧国家对贵金属的需求量不断增加。然而,欧洲又是一个自产白银和黄金十分匮乏的地区。1492年以前,西欧的白银主要来自中欧,即现在的德国、奥地利、捷克和斯洛伐克的银矿。"1526年南德拉默尔斯贝格银矿的产银量为2105千克,1526—1530年间,弗莱贝格银矿年均产银量为2100千克,奥地利拉腾贝格银矿1528年产银量为1503千克,1520年奥地利的另一个著名银矿萨尔斯堡产银量为2250千克,意大利蒂罗尔银矿1486年产银量14812千克,1505年产银量为8859千克,1523年为15710千克,1530年为10013千克。"②

欧洲本土银矿数量少,产量小,而且贵金属产量从14世纪中叶至15世纪末还呈现递减的趋势。再者因贸易原因向南流入威尼斯,然后再运往地中海东部换取香料、棉花、丝绸等东方奢侈品。所以因贸易导致的货币净出口是造成15世纪"银荒"的主要原因。

黑死病以后,人口下降导致银矿开采业受挫,而15世纪人口开始回升,对货币的需求开始上涨。黑死病以后,西欧逐步从实物地租向货币地

---

① [意]卡洛·M. 奇波拉主编:《欧洲经济史——十六世纪和十七世纪》(第二卷),贝昱、张菁译,商务印书馆1988年版,第453页。
② Dennis O. Flynn, *Global Connections and Monetary History: 1470 – 1800*, Burlington: Ashgate Publishing Company, 2003, p. 10.

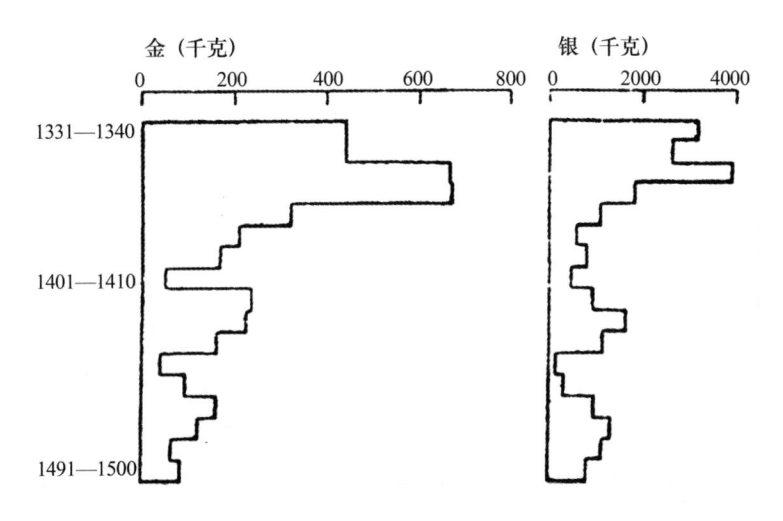

图 2-3 西欧 14、15 世纪贵金属开采情况①

租过渡，客观上也需要更多的贵金属。到 16 世纪初，欧洲金属货币存量依然不大。据估计，"1500 年金存量为 3500 吨，银存量为 37500 吨"。② 正是由于市场上流通的贵金属不足，因此这一时期欧洲市场交换过程中存在大量赊账现象，许多小商贩因大量赊账而无法经营最终导致破产。布罗代尔描述了欧洲市场的这一现象，"所有店铺主都可能遇上拖欠或赖账这类倒霉事情。一位名叫弗朗索瓦·波姆罗尔的制枪工匠闲来喜欢作诗，他于 1632 年抱怨生计艰难：'出门讨账，煞费苦心，赶上拖欠，得有耐心'"③。因此说欧洲人热切渴望开辟新的到达东方的贸易路线，就是要解决货币不足的问题。哥伦布航行的目的就是黄金。所以，开辟新航路的主要经济动因之一就是对贵金属的追求。虽然布罗代尔列举欧洲普遍赊账现象是用以说明欧洲信用制度的不完善，但是大量的赊账现象说明欧洲市场上贵金属流通的欠缺，而信用制度的出现乃至完善正是出于弥补贵金属不足的需要。

---

① John Day, *The Medieval Market Economy*, Oxford: Blackwell, 1987, p.62.
② ［英］E.E.里奇、C.H.威尔逊主编：《剑桥欧洲经济史》（第四卷），张锦冬等译，经济科学出版社 1967 年版，第 445 页。
③ ［法］费尔南·布罗代尔：《十五至十八世纪的物质文明、经济和资本主义》（第二卷），顾良、施康强译，商务印书馆 2017 年版，第 57 页。

但是，欧洲人在使用信用制度和纸币或虚拟票据来改善贵金属不足的压力之前首先通过"大航海"解决了这一尖锐问题。随着美洲的发现，大量白银涌入欧洲，随着欧洲经济的发展以及黑死病后人口的增加，欧洲对美洲白银的依赖程度越来越高，"1541—1550年，欧洲从美洲年均进口白银总计17757千克，1551—1560年，年均进口30312千克，1561—1570年，年均进口白银94286千克"①。1495年以后，西欧新增的全部贵金属中85%都来自美洲。② 美洲白银生产集中于两个地区，上秘鲁（现玻利维亚）和新西班牙（现墨西哥）。1570—1630年，上秘鲁的波托西银矿白银产量占美洲白银总量的65%。③ 待18世纪初产量枯竭后，墨西哥取而代之，1803年，墨西哥所产白银占美洲白银总产量的67%。④ 总之，随着欧洲与美洲贸易额的不断扩大，这一时期，秘鲁的波托西银矿和墨西哥的萨卡特卡斯银矿年均出口到欧洲的白银为83529千克。⑤ 与此同时，欧洲银矿逐年枯竭，尤其是当美洲白银开采过程中汞齐化剂的使用，白银产量迅速增长，欧洲对美洲白银的依赖性越发加强。但是欧洲并不是这些美洲白银最终的归属地，由于与东方贸易的迅速扩大，这些白银又从欧洲流向了东方。因此虽然有美洲白银进行补充，但欧洲始终面临贵金属不足的压力。

表2-21　　　　　　　世界每年银产量（1741—1830）⑥　　　　　　单位：千克

年份	金	银
1741—1760	791	17000

---

① Dennis O. Flynn, *Global Connections and Monetary History*: *1470 - 1800*, Burlington: Ashgate Publishing Company, 2003, p. 10.

② Hemming, John, *The Conquest of the Incas*, New York: Harcourt Bace Jovanovich Press, 1970, p. 407.

③ D. A. Brading, "Mexican Silver-Mining in the Eighteenth Century: The Revival of Zacatecas", *Latin American Series*, No. 277, University of California, Berkeley, reprinted from "The American History Review", Vol. L, No. 4, 1970, p. 666.

④ A. Kobatos, *The Production and Used of Gold and Silver in Sixteenth-Seventeenth Century Japan*, in Economic History Review, Vol. 18, No. 2, 1965, p. 247.

⑤ Dennis O. Flynn, *Global Connections and Monetary History*: *1470 - 1800*, Burlington: Ashgate Publishing Company, 2003, p. 10.

⑥ 林满红：《银线：19世纪的世界与中国》，詹庆华、林满红等译，江苏人民出版社2011年版，第103页。

续表

年份	金	银
1761—1780	665	21000
1781—1800	572	28300
1801—1810	572	28700
1811—1820	368	17400
1820—1830	457	14800

但是，遗憾的是美洲白银的产量与西方对华贸易的迅速增长并不是同步进行的。1790年以后，美洲白银产量开始下降，随之爆发了拿破仑战争和1811年西属美洲的独立战争，不断的战乱使得很多银矿被摧毁，再加上地方政府维系无力开采，美洲白银产量大为减少。

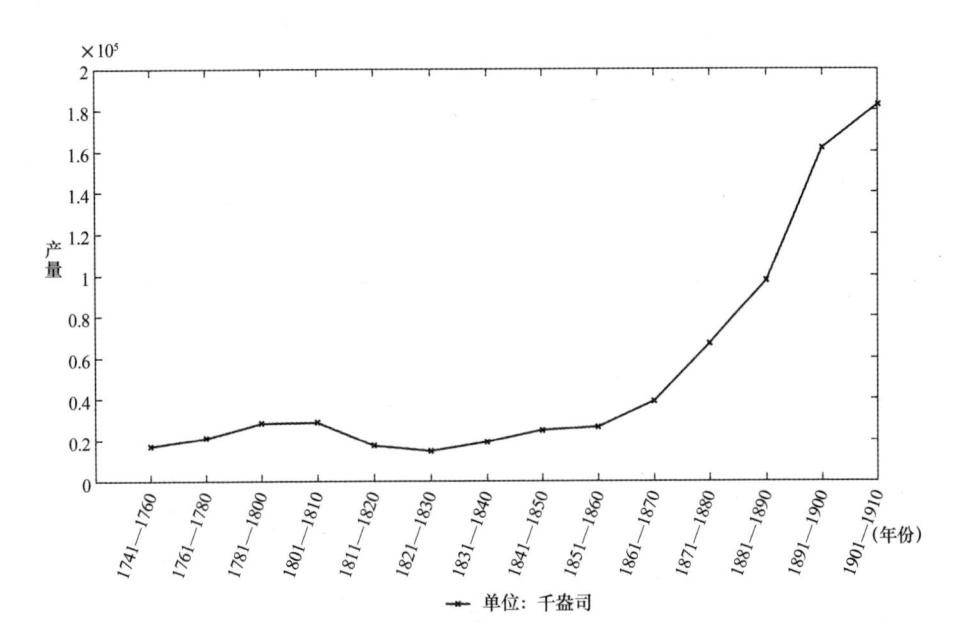

图2-4 世界白银产量（1741—1910）[①]

[①] 林满红：《银线：19世纪的世界与中国》，詹庆华、林满红等译，江苏人民出版社2011年版，第103页。

■ ■ ■ 东西方贸易关系的演变与工业革命的缘起

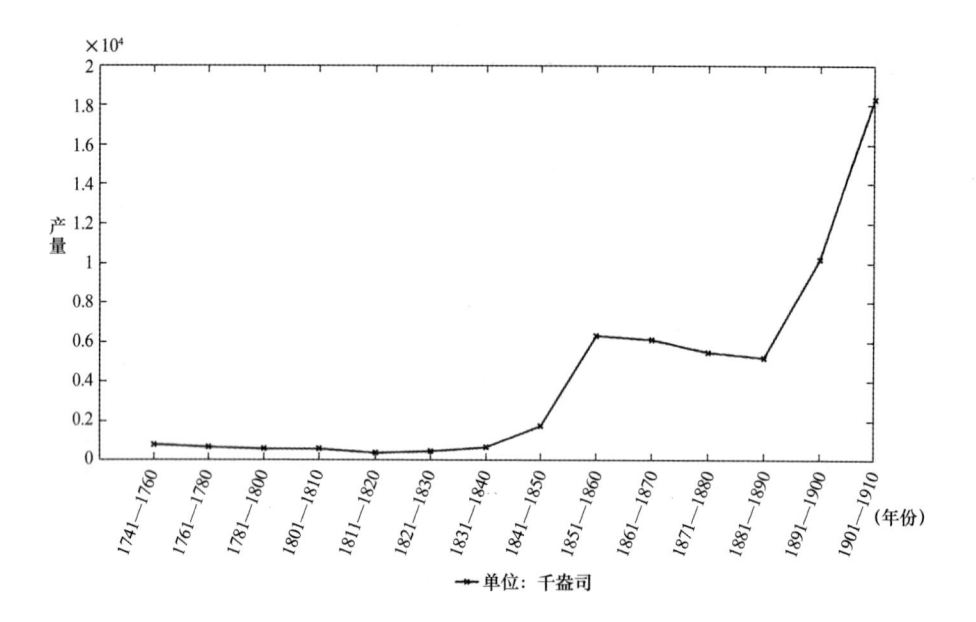

图 2-5 世界黄金产量（1741—1910）[1]

表 2-22　　1695—1814 年美洲墨西哥银矿、波多西银矿白银产量[2]

单位：百万比索

年份	墨西哥银矿	时期	波多西银矿
1695—1699	29	1700—1710	71.4
1700—1704	39	1711—1720	62.7
1705—1709	43	1721—1730	59.0
1710—1714	50	1731—1740	69.6
1715—1719	53	1741—1750	73.7
1720—1724	77	1751—1760	100.0
1725—1729	79	1761—1770	116.1

---

[1] Pierre Vilar & Judith White, *History of Gold and Money: 1450-1920*, London: Verso, 1984, p.331.

[2] Voctor Bulmer Thomas, *The Cambridge Economic History of Latin America*, Cambridge, Cambridge University Press, 2008, pp.340-341. 注：比索是一种主要在前西班牙殖民地国家所使用的货币单位。

续表

年份	墨西哥银矿	时期	波多西银矿
1730—1734	80	1771—1780	139.2
1735—1739	73	1781—1790	146.5
1740—1745	74	1791—1800	151.2
1745—1749	91	1801—1810	113.8
1750—1754	98		
1755—1759	100		
1760—1764	89		
1765—1769	93		
1770—1774	123		
1775—1779	139		
1780—1784	153		
1785—1789	142		
1790—1794	167		
1795—1799	185		
1800—1804	159		
1805—1809	186		
1810—1814	72		

表2-23　　　　　**世界金银产量（1741—1840）**[①]

年份	年均产量（千盎司） 金	年均产量（千盎司） 银	占金银总价值比例（%） 金	占金银总价值比例（%） 银	金银生产总价值指数
1741—1760	791	17100	40.5	59.5	131
1761—1780	665	21000	31.8	68.2	141
1781—1800	572	28300	23.4	76.6	169
1801—1810	572	28700	23.7	76.3	172
1811—1820	368	17400	24.7	75.3	106
1821—1830	457	14800	32.4	67.6	100
1831—1840	652	19200	34.5	65.5	134

[①] Pierre Vilar & Judith White, *History of Gold and Money*: *1450 – 1920*, London: Verso, 1984, p. 331.

美洲金银减产的时间基本是在18世纪末19世纪初，受拉丁美洲独立运动及气候因素的影响，"世界金银产量大幅度减产，19世纪20年代白银产量比1800年减少了48.5%，1810年世界黄金产量比1750年减少一半以上"。① 直到1860年白银产量才开始超过1781—1810年的水平。各类数据汇总，可以得出1811—1830年，世界金银产量进入历史最低点，仅仅是十年前的60%左右。

18世纪60年代以后，英国的贸易逆差因茶叶进口额的急剧增加而与日俱增。与此同时，随着殖民扩张的不断深入，致使各项费用大幅增加，也导致国内白银需求不断上涨。例如1784—1804年，英国为扩大其在印度殖民地的利益，在美索尔（Mysore）和马哈拉特（Maharattes）等地发动战争使得英属印度政府的财政危机不断加重，都增加了英国对白银的需求。② 另一方面，工业革命成果的体现还需要一个过程，因为经济的结果需要积累，不可一蹴而就。在工业革命初始阶段，英国除新兴的棉纺织业和传统的毛纺织业发展速度较快以外，其他产业的全要素生产率依然是很低的，至少在产业革命的最初四十年发展是十分缓慢的。1800—1830年，随着产业革命向纵深方向发展，生产力的进一步提高，英国才出现了全行业的全要素生产率的整体提高，经济优势才逐步显现。

表2-24　　　　　　1760—1860年英国经济每年平均变化③　　　　　单位:%

年份	实际人均国内生产总值增长	TFP④	棉花和羊毛产业TFP	其他产业的TFP
1760—1800	-0.05	0.04	0.21	-0.17
1800—1830	0.58	0.68	0.30	0.38
1830—1860	0.13	0.20	0.27	-0.07

---

① 林满红:《银钱:19世纪的世界与中国》,詹庆华、林满红等译,江苏人民出版社2011年版,第101页。
② W. E. Choeng, "Trade and Finance in China: 1784-1834", in *Business History*, 1965, January, p. 40.
③ Roderick Floud and Paul Johnson, *the Cambridge Economic History of Modern Britain*, VolumeI: *Industrialisation 1700-1860*, Cambridge: Cambridge University Press, 2004, p. 10.
④ TFP指的是经济学上总投入与产出之间的比值,即全要素生产率,是衡量经济发展的重要指标之一。

从表2-24看，1760—1800年，工业革命的成功不是很明显，人均实际GDP增长有限；再者，受东西方消费心理的影响，东方国家接受西方的工业品还需要一个过程，西方工业革命的成果并没有立即扭转双方的贸易格局。因此欧洲贵金属的压力不仅继续存在而且还在不断加剧。

二 金融混乱

近代早期，欧洲的货币（主要是金银）存量并不大。"1500年欧洲的货币总存量约为3500吨黄金，37500吨白银。"[①] 由于人口的迅速增加、新兴工业的产生、土地利用程度的提高以及贸易的发展，对货币的需求量也在提高。但是，金银的供给却是有限的。在新大陆被发现以前，欧洲商品经济的发展就因缺乏货币而陷入窘迫。为缓解经济窘境，英国实施稳健的货币的政策。首先固定金银币的成色和兑换的比率。16世纪，西欧各国普遍采用金银复本位制，但是金币与银币之间的兑换比率存在官方铸币比价和市场铸币比价两种，两种不同的比价为许多投机者提供了可乘之机，他们利用不同比价差从中牟利，从而造成币值混乱。为稳定金融市场，也为增加政府财政收入，都铎王朝亨利八世统治时期，为了弥补财政亏空，采取货币贬值、减少货币成色的办法重新铸造新币，银币每磅含银量从11.5盎司减少到3盎司，该政策虽然使政府获得50万英镑以上的收入，却引起通货膨胀。[②] 其结果是人们将贬值前成色较高的银币囤积起来或者将成色较高的银币减少其含银量重新铸造，许多外商也乘机套取贬值前的优质货币，实际上等于廉价收购英国商品，甚至不惜私铸劣币带进英国，这使得原本混乱的货币制度更加无序。为稳定各自国内的金融秩序，西欧各国作为回应，都采取对贵金属实行管制并严格禁止金银出口的政策。这使得国内市场货币不足的问题更加凸显。

16世纪60—90年代，荷兰贸易衰落期间，商品因积压销路不畅，民众缺乏就业渠道，而原因就是"货币短缺"。[③] 大量白银的流失，导致欧洲

[①] [意]卡洛·M. 奇波拉主编：《欧洲经济史——十六世纪和十七世纪》（第二卷），贝昱、张菁译，商务印书馆1988年版，第450页。

[②] Crowson P. S., *Tudor Foreign Policy*, New York: Bloomsbury Publishing, 1973, pp. 262 - 263.

[③] [英] E. E. 里奇、C. H. 威尔逊主编：《剑桥欧洲经济史》（第四卷），张锦冬等译，经济科学出版社1967年版，第467页。

■■■东西方贸易关系的演变与工业革命的缘起

白银储量下降,从而导致白银价格上涨。"17世纪80—90年代,荷兰白银价格飞速上涨,政府开始禁止白银出口"①而禁止白银出口等于扼杀了荷兰的东方贸易,因为没有现成的货币是无法与东方进行交易的。英国也深受这种白银短缺的忧虑。于是英国财政部门寻求海关数字的分析:"英国财政大臣威廉·洛恩德在1695年认为白银匮乏的根本原因是贸易差额。"②因大量白银流失,"欧洲社会各界普遍感到货币奇缺,因而人们无法采取任何支付手段"③。拿破仑战争对英国经济和财政造成了深刻的影响。战争规模宏大,双方势均力敌,战争耗费巨大。尤其是1806年11月大陆封锁令割断了英国与海外市场的联系,造成交通阻断,海外市场萎缩。英国进行对外贸易的难度增大,1795年粮食歉收,更是雪上加霜,国内农业已经不能养活迅速增长的人口,而增加粮食进口就需要大量外汇,对支付平衡产生不利影响。国际收支逆差导致贵金属外流。战争造成政府国内外开支大幅增加,物价上涨。在国外,海军舰队和陆军的巨大开支,加上对盟国的大量财政补贴,政府财政不堪重负,入不敷出,不得不大量向银行贷款。物价上升导致对货币的需求增加,地方银行增加银行券发行量,结果引起民众信心动摇,出现挤兑现象。因此贸易逆差给英国等西方国家带来的负面经济影响是很深远的。

本章小结

从上述贸易状况可以看出,中国、印度和东南亚是15—18世纪世界贸易最活跃的地区,中国主要输出丝、茶、瓷和糖等产品,而进口主要来自东南亚的香料。在当时的世界上,两方面的产品都属于高价值的产品,但是东南亚经济的发展水平与中国仍有很大差距。西欧对中国产品有巨大需求,却没有多少产品在中国市场上销售。因此贸易逆差的出现是不可避免的,如果这个问题无法解决,贸易就无法进行。然而16世纪这个问题突然

---

① [英]E.E.里奇、C.H.威尔逊主编:《剑桥欧洲经济史》(第四卷),张锦冬等译,经济科学出版社1967年版,第467页。
② [英]E.E.里奇、C.H.威尔逊主编:《剑桥欧洲经济史》(第四卷),张锦冬等译,经济科学出版社1967年版,第467页。
③ [意]卡洛·M.奇波拉主编:《欧洲经济史——十六世纪和十七世纪》(第二卷),贝昱、张菁译,商务印书馆1988年版,第453页。

得到解决，原因就是美洲的发现及白银的出现，否则早期经济全球化是很难想象的。尽管西方国家认为白银是商品，但印度和中国认为它是货币。至少白银不是普通商品，然而受过度开采及美洲独立运动的影响，美洲白银在18世纪末19世纪初开始减产，而16—18世纪，欧洲国家伴随民族国家的兴起和商品经济的发展，对货币和贵金属的需求不断增加，而货币流通的速度远大于货币积累的速度，导致欧洲的银荒，虽然有美洲白银，但欧洲只是美洲白银的中转站而非归属地，美洲白银通过贸易源源不断地流向亚洲国家。又由于亚洲经济形态和消费心理的影响，白银不再流出，所以纵然有美洲白银作为补充，欧洲仍倍感白银不足，这对东西方贸易的进一步发展是严重的制约，使欧洲各国经济陷入困境。西欧本身就十分有限的贵金属开采量还在逐年下降，而不断扩大的东方贸易使欧洲国家深感贵金属不足的压力。这是大航海的主要原因，即寻求东方的财富。但是也反映出在工业革命前的很长一段时间，欧洲确实存在生产力不足的问题，这才是导致贸易逆差的重要原因，虽然东方由于自身经济的封闭性对外来商品的需求少，但是欧洲也确实不能制造出符合东方人审美的或生活的必需品。

第二章

西方贸易逆差出现的原因

　　东西方这种长期的结构性贸易逆差产生的原因综合起来分析可分为以下几种。第一种观点是受东方国家经济体制所限，尤其是中国的小农经济有很强的封闭性，高度的自给自足，对外来商品的需求很小。而受国内税收体制的影响，对白银的需求却很大，所以西欧国家只好用白银购买东方产品。第二种观点是受大航海的影响，美洲白银大量涌入欧洲，造成欧洲，尤其是西欧国家金银比值很低。这一点，西班牙则首当其冲，所谓的价格革命在西班牙表现最为明显。反观东方国家，除日本长期出口白银外，中国和印度由于自身经济的发展，对白银的需求不断增大，但是白银产量又十分有限，因此金银比值很高。这样就存在金银套利的空间。即西欧国家将白银输入中国或印度，换取黄金，再将黄金带回西欧，再兑换成白银，再将白银输往亚洲，利用不同金银比价差换取高额利润。第三种观点认为东方国家对外贸易的管理形式不利于西欧国家进一步发展其在东方的贸易利益。在东方国家，尤其是在中国，外贸从来被视为可有可无，官方从来不组织也不支持商人个体进行以谋利为目的的贸易行为，更不会出台有利于发展对外贸易的政治、经济措施。政府将对外贸易以朝贡的形式统一管理仅仅是出于政治的考虑，在这种体制下经济利益显得微不足道。而西欧的殖民贸易或自由贸易要求贸易主体、商品种类、交易形式的自由与多样性，是以"谋利"为目的的经济手段，而政府不仅从政治、经济上极尽所能地拓宽其贸易路径，甚至不惜用武力为其商业开道。这种不同的贸易管理体制限制了西欧国家在东方的贸易局面，从而造成长期的贸易逆差。第四种观点是从双方生产力以及在全球贸易所占的比重来看，西欧国家自身生产力不足，也是工业革命前东西方贸易逆差的重要因素，即除白银外确实无法提供适合东方的产品。所以，本章就东西方贸易逆差产生的原因进行分析，认为这种贸易逆差是多方面原因造成的，但是最根本的原因是西欧国家在工业革命前自身的经济水平以及产品制造力有限所致，即无法提供东方刚需产品，即使能够提供少量被东方需要的商品也因技术和运输原因导致成本高昂，从而缺乏市场竞争力。在大航海到工业革命前很长一段时间里，东方国家尤其是中国的经济优势是十分明显的。而西欧对中国的贸易优势直至工业革命完成甚至完成后的一段时期才得以真正确立。

第一节 贸易平衡说

从贸易平衡的视角出发，认为由于东西方贸易中双方对对方产品的需求量不同，从而造成双方贸易不平衡。中国小农经济家庭手工业与农业紧密结合，小农购买力十分低下，且市场发育不够充分，对外来商品需求也不高，从而导致西欧国家运来的产品大量滞销。同时受税收体制的影响，国内白银需求很大，所以西欧国家迫不得已用白银进行贸易平衡。

一 中国自产白银不足与巨大的白银需求

中国的海上贸易虽然由来已久，但直到明初，交易的商品种类仍以奢侈品为主。输出的主要是瓷器、丝织品，进口主要是海外珍宝、香料等。明初海上贸易形式以朝贡贸易为主，白银在朝贡与赏赐中互有出入。总之，无论出超或入超，白银流量都不大。而到了明代中期，中国对外贸易情况发生很大变化。15世纪初，随着郑和下西洋，中国与周边国家的往来也不断加深，海上贸易也相应扩大。15世纪末，哥伦布、达·伽马等人开始大航海活动，开启了全球海上贸易，东西方贸易迅速扩大。西方对东方商品需求也大幅度增加，贸易的主要商品从原来的奢侈品变为大宗生活用品。明清时期，中国白银产量与宋、元时期相比，不但没有增加反而减少，同时明清时期随着商品经济的发展，尤其是1436年（正统元年），"副都御史周铨言：行在各官俸支米南京，道远费多，辄以米易货，贵买贱售，十不及一。朝廷虚糜廪禄，各官不得实惠，请于南畿、浙江、江西、湖广不通舟楫地,折收布绢、白金,解京充俸,江西巡抚赵新亦以为言,户部尚书黄福复条以请"①。该建议遂被政府采纳,决定"米麦一石,折银二钱五分,粮四石收银一两解京,以为永例"②。这大大增加了国内对白银的需求,使本来白银产需不匹配的问题更为严重。钱江认为:"自1500年以来,中国白银年均产量大约为10万两,至1650年才勉强增加到年均20万两。"③ 李隆生将中国最大的白银产地云南作为研究重点,假设云南白银产量占中国白银总产量的60%,以银课税率30%来计算,那么1320—1650年的三百多年间,中国年均白银产量为30万两。④ 经济史学家吴承明的估计与上述大致相当,他认为:"有明一代,白银年均产量最多不超过30万两,而明末清初受农民战争的影响,政权更迭、社会动荡,白银产量最低时仅为几万两。到清代随着采矿业的发展,白银产量稍有回升。乾隆年间,中国银矿数量为30座左右,但有关开采量的记录较少,乾隆十九年(1754)白银产量达到历史最高为556996两,以后产量便开始下降,1800年左右不超过439063两。"⑤

整体而言在近代早期,中国自产白银产量不多,尤其是随着美洲和日本白银产量的剧增,中国白银产量在世界白银总量的比重就越发显得微不足道了。再加上中国银矿品位很低,导致开采成本太高,故经济价值很小。全汉昇先生对明清时期中国银矿品位进行过分析:"银矿含银量在0.003%—12.5%,而绝大多数银矿的含银量在1%以下。"⑥ 而美洲墨西哥银矿的含银量大约在5%—25%,波托西银矿含银量竟高达50%,因此相比之下,中国的白银产量就更不值得一提了。乾隆年间,中国每年财政总收入大约为4000多万两白银。⑦ 而自产白银不过30万两,因此不难推测出中国对外来白银的需求十分旺盛,外来白银大约占到中国白银年均流动量的90%。因此梁方仲指出:"中国历来是一个产银不多的国家,自近代

---

① (清)张廷玉等:《明史》,中华书局1974年版,第1895页。
② (清)张廷玉等:《明史》,中华书局1974年版,第1895、1896页。
③ 钱江:《十六—十八世纪国际间白银流动及其输入中国之考察》,《南洋问题研究》1988年第2期。
④ 李隆生:《明末白银存量的估计》,《中国钱币》2005年第1期。
⑤ 彭泽益:《十九世纪后半期的中国财政与经济》,人民出版社1983年版,第26页。
⑥ 全汉昇:《中国经济史研究》(下册),中华书局2011年版,第123、124页。
⑦ 郭成康等:《康乾盛世历史报告》,中国言实出版社2002年版,第7页。

与欧洲各国通商以来，银的供给，大部分依赖外国，本国产量，殊不重要。"[1] 该论断在许多西方历史学家的数据里也得到了证明。如表 3-1 所示，中国进口白银占白银总量的 96% 以上，甚至是百分之百。可见中国对外来白银的依赖性之高。

表 3-1　　　　　　中国进口白银所占比例[2]　　　　　单位：%

年份	进口白银比例
1821	100.00
1822	99.74
1823	99.97
1824	100.00
1825	99.87
1826	99.31
1827	99.95
1828	99.36
1829	93.62
1830	96.81
1831	96.63
1832	92.91

表 3-1 显示，中国对外来白银除了依赖性高之外，对白银的需求量也在增加。其一，宋代以来，中国经济发展较快，商品化程度不断提高。到明朝时，中国商品化程度处于世界领先地位；其二，明初因滥发纸币，导致通货膨胀，纸币大量贬值，"一条鞭法"施行后，白银的货币职能得到加强，因此中国对白银的需求很大。而且，中国经济发展水平特别是手工业水平高于同时期其他国家，并且是建立在手工业和农业紧密结合的基础之上，经济上高度自给自足，除白银外，外国商品在中国的市场非常狭

---

[1] 梁方仲：《明代银矿考》，见《梁方仲经济史论文集》，中华书局 1989 年版，第 90 页。

[2] Isaac Smith Homans, *An Historical and Statistical Account of the Foreign Commerce of the United States*, New York: G. P. Putnam and Co., 1974. Alejandra Irigion, "The End of a Silver Era: The Consequences of the Breakdown of the Spanish Peso Standard in China and the United States, 1780 – 1850", *Journal of World History*, Vol. 20, No. 2, 2009, p. 240.

小。一个荷兰人说:"中国人需要我们的白银,正如我们需要他们的商品一样。"① 西班牙人塞维科斯指出:"不管在任何时候、任何地方,任何希望与中国人进行贸易的国家都只能使用白银,因为除了白银以外中国人对什么都不感兴趣。"② 1635 年,东印度公司代理商发现,在中国,只有白银是最畅销的商品。他形容中国人对白银的渴求时指出:"中国人对白银渴求的程度就像是久旱的人渴望甘霖,蜜蜂寻找花蜜,总之很难用语言形容中国人对白银的痴迷程度。"③澳门的葡萄牙商人在形容白银对中国人进行贸易的重要性时指出:"没有白银,长崎到苏拉特的任何生意都做不成功。"④ 可以说,明清以后,中国手工经济的优势是贸易顺差的客观前提,而国内税收体系的变化导致人们对白银的迫切需求是贸易顺差的重要内因,主客观两者的叠加才引起了中国对外来白银的巨大需求。⑤ 也就是说,如果没有中国对白银强大的吸纳能力,美洲白银进入欧洲后将会大量贬值,欧洲的"价格革命"产生的负面经济影响会更严重。因此近代早期经济全球一体化的形成过程中,中国一直是扮演重要角色的,也并非之前那种完全被动地被纳入经济全球化的浪潮中。应该说是中国对白银的需求在先,之后才有美洲白银的大量涌入。因此,中国在早期经济全球化的过程中是起到过重要作用的。

二 小农经济购买力十分有限

西方学术界对东亚(特别是中国)有一个共识,那就是这些国家的人们对外国商品不感兴趣,因为他们对自己文明的优越性深信不疑。西方国家认为其商品打不开中国市场的原因是中国人能够完全依靠自己制造的产品生活,或者说自己制造的手工产品再加上简单的交换就能够完全满足日

---

① 转引自叶显恩《世界商业扩张时代的广州贸易 (1750—1840 年)》,《广东社会科学》2005 年第 2 期。

② E. H. Blair & J. A. Robertson ed., *The Philippine Islands*: 1493 - 1898, Cleveland: The Arthur H. Clark Co., 1903 - 1909, Vol. 22, p. 171.

③ [法]费尔南·布罗代尔:《十五至十八世纪的物质文明、经济和资本主义》(第一卷),顾良译,商务印书馆 2017 年版,第 126、538 页。

④ [法]费尔南·布罗代尔:《十五至十八世纪的物质文明、经济和资本主义》(第二卷),顾良译,商务印书馆 2017 年版,第 221 页。

⑤ [德]贡德·弗兰克:《白银资本:重视经济全球化中的东方》,刘北成译,中央编译出版社 2001 年版,第 104—105 页。

第三章　西方贸易逆差出现的原因

常生活所需。反映这种态度的最著名的言论来自乾隆皇帝，他在1793年告诉马戛尔尼的英国使华团，中国出产它所需要的一切，对西方提供的小巧玩物不感兴趣。"中国物产丰盈，无所不有，原不借外夷货物，以通有无。"① 所以他看不出建立更广泛的贸易关系的理由和必要。在1600—1800年三个世纪的中西贸易中，西欧需要中国的产品，而中国却不需要西欧的产品，一方面由于中国地大物博，物产丰饶，自给自足的自然经济占主导地位，对于外贸并没有特殊需要。这一点，正如赫德所言："中国有世界上最好的粮食——大米；最好的饮料——茶；最好的衣着——棉、丝和皮毛。所以不需要从别的地方购买任何东西。"② 再者，由于中国当时的消费水平仍处在一个以日用必需品为主的较低消费层次，对英国等西欧国家的商品尤其是奢侈品需求很少。印度也同样出现这个问题："英国贸易本是它在印度最大的利益，但在普拉西战役之后的10年内，英国与印度的贸易并没有任何增长。印度平均每年的进口货值一直停滞在5000万英镑以下，这就是说每个印度人平均只消费3先令的进口货。"③

丰富的物产与自给自足的自然经济，造成了中国对英国等西欧国家产品有效需求的缺乏，这也是造成东西方贸易"一边倒"的重要原因。这一经济基础成为中国统治集团对中外通商贸易抱有消极态度的根本性因素。又由于消费观念与消费层次的不同，致使中国统治集团对西欧商品持排斥态度。在统治者眼中，英国等国家的奇巧工业品华而不实，浪费社会财力，破坏社会纯朴之风，理应予以抵制。嘉庆皇帝在登基的第二年，就在上谕中表达了自己对洋货的态度。"朕从来不贵珍宝，不爱玩好，乃天性所秉，非矫情虚饰。粟米布帛，乃天地养人之物，家所必需，至于钟表，不过为考察时辰之用，小民无此物者甚多，又何曾废其晓起晚息之恒业乎？尚有自鸣虫鸟等物，更如粪土矣。当知此意，勿令外夷巧取，渐希淳朴之俗。"④

---

① Fairbank, John K., "A Preliminary Framework and the Early Treaty System in the Chinese World Order", in John K. Fairbank, ed., *The Chinese World Order*, Massachusetts: Harvard University Press, 1968, p. 2.

② ［英］格林堡：《鸦片战争前中英通商史》，康成译，商务印书馆1961年版，第4页。

③ ［英］罗梅什·杜特：《英属印度经济史》（上册），陈洪进译，生活·读书·新知三联书店1965年版，原序第13页。

④ （清）乾隆官修：《清朝文献通考》，浙江古籍出版社1988年版，第8120页。

综上所述，中国巨大的白银需求是吸引美洲白银大量涌入的主要原因，两国农业与家庭手工业的紧密结合，使得两国市场经济发育不够完善，对外来商品需求十分有限，造成了贸易"一边倒"的局面。当然也有西方学者认为，白银也是商品，或者说白银就是西方国家输入中国的最终商品。① 但白银在中国是按照一般商品等价物看待的，而且在西欧国家，白银也不是普通商品，不能自行生产，随意交换，此外，还受到金银复本位制等诸多因素的影响，白银不是普通或单纯的商品。但问题是为什么东方国家不需要西方的产品，这有两方面的原因：一方面，印度、中国自身手工业制造水平发达，劳动力成本低廉，自己能够生产日常生活所需的各类用品；另一方面，工业革命前西欧国家制成品种类单一，价格高昂，不能出口符合东方国家消费习惯和消费需求的物美价廉的产品。

第二节 金银套利说

引发白银流动的另一原因在于东西方之间金银比价的差异。在西欧，金银比价明显高于中国。商人利用东西方的金银比价之差，故意将白银输入东方国家，从中套取利润。持此观点的学者弗林和吉拉尔德指出：白银从欧洲流向东方，但黄金却是由中国、印度流向欧洲（及日本、美洲），即与白银呈反方向流动。因而他们认为贸易平衡论是值得商榷的。除此以外，还有大量铜在17世纪也从日本运往欧洲。因此问题的焦点是，如果真如贸易平衡观点所说，西欧贸易赤字的原因是亚洲不需要西欧的商品，西欧迫不得已只能用贵金属购买亚洲商品，那么应该是各种货币都会先后从西欧流向亚洲，但事实是只有白银这一种贵金属流入亚洲。因此贸易平衡的观点并不能解释所有的贸易逆差现象。大量白银涌入亚洲国家除了因为无法提供制造品外的被迫贵金属外流，也因为东西方不同的金银比价导致谋利行为的主动贵金属输出。

一 套汇空间的存在

美洲白银涌入西欧，首先引起西班牙国内严重的通货膨胀："1497年，

---

① ［美］彭慕兰：《大分流——欧洲、中国及现代世界经济的发展》，史建云译，江苏人民出版社2010年版，第196页。

第三章　西方贸易逆差出现的原因

西班牙金银比率为1∶10或1∶11，而到了1643年，则降低为1∶15.45，上涨了近三分之一。"①　"16世纪，美洲白银到达欧洲后，西欧的金银比率为1∶12，到1660年，这一比例在西班牙变成了1∶16。"②　然而同一时期，莫卧儿帝国的金银比价却很高，"在16世纪初，印度的银价是西班牙的两倍，而印度银价的逐步贬值要比欧洲晚几十年"③。即西欧国家与印度存在套利的时间和空间。而中国由于15世纪中期明朝纸币体系的完全崩溃导致了银币的替代和白银税收体系的建立，而当时中国巨大的人口带来了对白银巨额需求，也正是由于中国巨大的白银需求以及十分匮乏的白银产量，从而造成中国的白银价值高于世界其他任何地方，这种悬殊的差价反过来吸引来自世界各地的白银涌入中国，从而形成了大规模的套汇，即利用金银复本位制下不同的比率，用白银套汇其他贵金属的直接套汇或用白银在中国购买商品再运回西欧换取其他贵金属的间接套汇行为。

由于白银在中国货币体系中扮演的重要角色，正在逐步转化为银本位制度（因为中国一系列纸币和成色极低的铜币都不理想），导致了中国金银比价一直很高。如果将欧洲白银引入中国市场进行套汇，除去运输成本，毛利润为100%。因此这是十分具有吸引力的一项贸易投资。在14世纪末，当中国开始大量吸收日本白银时，其金银比价处在1∶4到1∶5之间，当新大陆的白银开始到达印度和中国时，中国黄金的价值是白银的6倍，而印度这一比例是8倍，波斯为10倍，欧洲则高达11—12倍。④　印度对白银的需求也在增长，尽管印度经济体量小于中国，因为印度的人口比中国少，货币化程度也不如中国彻底，有些地方还以贝壳为一般等价物。即印度虽然不及中国，但依然与西欧国家存在一定的套汇空间。

在西欧诸国殖民美洲的历史上，有过两个比较突出的套汇时期，"第一阶段是1540—1640年的波多西周期；第二阶段是1700—1750年的墨西

---

① Dennis O. Flynn et al., *Global Connections and Monetary History*: 1470 – 1800, Burlington: Ashgate Publishing Company, 2003, p. 7.

② K. N. Chaudhuri, *The Trading World of Asia and the English East India Company*: 1660 – 1760, Cambridge: Cambridge University Press, 1978, p. 161.

③ Dietmar Rothermund, *An Economic History of India*: *From Pre-Colonial Time to 1991*, London & New York: Routledge, 1993, p. 6.

④ Von Glahn, Richard, *Fountain of Fortune*: *Money and Monetary Policy in China*: 1000 – 1700, Berkeley: Berkeley University of California Press, 1996, p. 69.

哥周期"①"16 世纪初，中国的金银比价是 1∶6，而欧洲是 1∶12，波斯是 1∶10，印度是 1∶8"②。中国的银价正好是欧洲的两倍。而在美洲白银最先到达的地方——西班牙，金银比价甚至达到 1∶14。16 世纪末，东西方金银比价差甚至高达两倍以上，西班牙金银比价为 1∶12.5 或 1∶14.1，同期中国广东金银比价是 1∶5.5 或 1∶7。③我们将视野扩大会发现，"同期日本的金银比价为 1∶10—1∶11，印度的莫卧儿帝国金银比价为 1∶9。④当印度与中国的金银比价为 1∶5 的时候，欧洲则是 1∶11 或 1∶12，这种差距就会产生套汇行为。⑤到第二个周期，即 17—18 世纪中期，西属美洲的黄金与白银的比率大约为 1∶17，欧洲为 1∶15，印度是 1∶12，日本是 1∶9，而中国约是 1∶5。⑥"以 1727 年欧洲国家银价为例，葡萄牙的金银比率为 1∶14.0159，西班牙为 1∶15.0827，荷兰为 1∶14.0570，法国为 1∶14.0327，英国为 1∶15.0864。"⑦"欧洲这种较低的黄金价格导致白银流向印度及更远的地方。"⑧

根据文献资料来看，当时中西白银价格差异的问题，已经引起了商界的广泛关注，很多商人都意识到这一点。1609 年的佩德罗·德·芭萨即是一例。他是一个来到亚洲经商达 25 年的葡萄牙商人。据他所见，在中西白银价值问题上，中国的白银价格远高于欧洲。对比来看，通常在西班牙，1 个金比索可以兑换 12 个银比索；而在中国，1 个金比索价值 5—5.5 个银

---

① Dennis O. Flynn and Arturo Giráldez, "Cycles of Silver: Global Economic Unity through the Mid-Eighteenth Century" *Journal of World History*, Vol. 13, No. 2, 2002, p. 392.

② Von Glahn, Richard, *Fountain of Fortune: Money and Monetary Policy in China: 1000–1700*, Berkeley: Berkeley University of California Press, 1996, p. 127.

③ Dennis O. Flynn and Arturo Giraldez, "Cycles of Silver: Global Economic Unity through the Mid-Eighteenth Century" *Journal of World History*, Vol. 13, No. 2, 2002, p. 393.

④ Charles R. Boxer, "Plata Es Sangre: Sidelights on the Drain of Spanish-American Silver in the Far East, 1550–1700", *Philippine Studies*, Vol. 18, No. 3, 1970, p. 461.

⑤ [美] P. 金德尔伯格：《西欧金融史》，徐子健等译，中国金融出版社出版 1991 年版，第 36 页。

⑥ [美] 伊曼纽尔·沃勒斯坦：《现代世界体系》（第二卷），吕丹等译，高等教育出版社 1998 年版，第 161 页。[美] P. 金德尔伯格：《西欧金融史》，徐子健等译，中国金融出版社 1991 年版，第 36 页。

⑦ K. N. Chaudhuri, *The Trading World of Asia and the English East India Company: 1660–1760*, Cambridge: Cambridge University Press, 1978, p. 164.

⑧ K. N. Chaudhuri, *The Trading World of Asia and the English East India Company: 1660–1760*, Cambridge: Cambridge University Press, 1978, p. 181.

比索；一般情况下，金银比价差为 2—2.5 倍。如果遇上中国某地白银短缺的情况下，则可达到 6—6.5 倍。佩德罗所见的最高比价发生于广州，当时的金银比价也不过为 1∶7。据此佩德罗推算，仅是在中国买进黄金，利用东西方金银比价差就可获利 100%—150%。①

表 3-2　　　　　　　16—17 世纪中外金银比价②

年份	中国	日本	印度	英国	西班牙
1534	1∶6.363	—	—	1∶11.50	1∶12
1568	1∶6.00	—	—	1∶11.50	1∶12.12
1571	—	1∶7.37	—	1∶11.50	1∶12.12
1572	1∶8.00	—	—	1∶11.50	1∶12.12
1575	—	1∶10.34	—	1∶11.50	1∶12.12
1580	1∶5.50	—	—	1∶11.70	1∶12.12
1588	—	1∶9.15	—	1∶11.70	1∶12.12
1589	—	1∶11.06	—	1∶11.70	1∶12.12
1592	1∶5.50—7.00	1∶10.00	1∶9.00	1∶11.80	1∶12.12
1596	1∶7.50	—	—	1∶11.90	1∶12.12
1604	1∶6.60—7.00	1∶10.99	—	1∶11.90	1∶12.12
1609	—	1∶12.19	—	1∶12.00	1∶13.13
1615	—	1∶11.38	—	1∶12.00	1∶13.13
1620	1∶8.00	1∶13.05	—	1∶12.50	1∶13.13
1622	1∶8.00	1∶14.00	—	1∶12.50	1∶13.13
1635	1∶10.00	—	—	1∶13.00	1∶13.13
1637—1640	1∶13.00	—	—	1∶13.50	1∶13.13—15.45

由表 3-2 可见，在金银比价上，中国高于日本、印度和欧洲，基本上

---

① Charles R. Boxer, "Plata Es Sangre: Sidelights on the Drain of Spanish-American Silver in the Far East, 1550 - 1700", *Philippine Studies*, Vol. 18, No. 3, 1970, p. 461. Dennis O. Flynn and Arturo Giráldez, "Cycles of Silver: Global Economic Unity through the Mid-Eighteenth Century" *Journal of World History*, Vol. 13, No. 2, 2002, p. 394.
② 钱江：《十六—十八世纪国际间白银流动及其输入中国之考察》，《南洋研究》1988 年第 2 期。

是同时期欧洲银价的两倍。如果将日本、美洲白银输入中国套换黄金，可获利一倍以上。于是就产生了一个全球套利体系，利用这一体系，商人可使利润翻倍累积。商人们可采取如下套汇行动：在欧洲某地（如伦敦、阿姆斯特丹）以1盎司黄金换得11盎司白银；通过将这些白银运至中国，将白银换得2盎司黄金，赚取近一倍的利润；将黄金运至欧洲换为白银，可在欧洲得白银22盎司；再将这22盎司白银运至中国，可换4盎司黄金。这样一个套汇过程就等于将最初的1盎司黄金变成4盎司黄金，而资本积累速度是以几何倍增长。再将这4盎司黄金作为资本进行套汇可变成16盎司黄金，如此往复，套汇所带来的利润是惊人的。印度和中国银价高说明金价低，所以当白银流入东方的同时，黄金则流入西方，当时V.O.C和E.I.C的许多发言人也认为中国是他们黄金的主要来源。当大范围套汇结束后，非洲和北美洲才成为欧洲主要的黄金来源。大量白银流向亚洲，而黄金则呈反方向流动，所以这也为中国和印度向银本位以及西欧向金本位转化埋下伏笔。

由于套汇交易如此有利，新大陆全部白银的大约三分之一到二分之一进入了中国。可以说正是中国这种对白银的巨额需求使西班牙可以在征收沉重的矿业特许权使用费的同时，无需为新大陆的大部分白银产品制定脱离市场的价格。因为西班牙可以将其白银大量运往中国以换取商品，从而大大减少了西班牙及西属美洲的白银数量，很大程度上缓解了因白银剧增引起的通货膨胀和白银贬值程度。实际上16世纪和17世纪初欧洲巨大的通货膨胀或价格革命显示出，如果没有中国也包括印度和近东吸收了这么多的白银，又为留在欧洲的白银提供了消费的商品，美洲白银大量涌入欧洲会导致更加严重的货币贬值，欧洲通货膨胀带来的恶性经济影响也会更甚。如果没有亚洲的需求，新大陆的矿业在几十年后可能会不再拥有继续获取利润能力。可见亚洲尤其是中国在近代早期经济一体化进程中所显现的巨大作用。但是大量白银进入中国却没有产生像在西欧发生的价格革命，白银进入中国一方面作为政府财政税收的重要组成部分，另一方面作为扩大生产的资本，尽管这种生产还只是以农业经济为主体的手工制造业，但依然显现出中国作为经济实体的强大实力。

但是好景不长，随着波多西银矿的减产及至枯竭，即到17世纪40年代，由于短时期内西欧获得白银的数量减少，所以金银比价略有回升。而

第三章 西方贸易逆差出现的原因

中国由于大量涌入白银，市场流动的白银量增加，于是金银比价也随之下降，于是出现了短暂的东西方套汇空间缩小的问题。但是西欧人迅速地在其他地方找到了弥补白银不足的办法。即1700—1750年的墨西哥银矿所引发的第二个白银周期。这一时期，一是美洲作物引入中国，促进了中国农产品产量的增长，从而导致人口迅速增长；二是康雍乾时期"永不加赋"和"摊丁入亩"政策的推行，刺激了人口的增长。在这两方面因素的刺激下，白银的货币职能得到加强，进一步抬高了中国的金银比价，使之远远高于世界一般水平，产生出新的套汇空间。

表3-3　　　　　17—18世纪中外金银比价[①]

年代	中国	日本	印度	英国	西班牙
1660—1669	1∶10.00以上	—	1∶16.16	1∶14.50	
1671	1∶10.00以上		1∶16.025	1∶15.19	
1675	1∶10.00以上	—	1∶17.224	1∶15.557	
1677	1∶9.00		1∶14.131	1∶15.36	
1700	1∶10.00以上		1∶14.46	1∶14.674	
1709	1∶10.00以上		1∶15.157	1∶14.617	
1714	1∶10.00以上		1∶13.184	1∶15.15	
1719	1∶10.00以上		1∶12.759	1∶15.40	
1721—1730	1∶10.50	—	—	1∶15.50	
1731—1740	1∶10.90			1∶15.10	
1741—1750	1∶11.77—12.5			1∶14.93	
1751—1760	1∶14.9			1∶14.55	
1761—1770	1∶15.00			1∶14.81	
1771—1780	1∶15.47			1∶14.64	
1781—1790	1∶15.23			1∶14.76	
1791—1800	1∶15.40			1∶15.42	—

由表3-3可知，16世纪前期，中国金银比价为1∶6，至17世纪初基本保持在1∶8和1∶7之间。17世纪三四十年代降到1∶10和1∶13之间，

[①] 钱江：《十六—十八世纪国际间白银流动及其输入中国之考察》，《南洋研究》1988年第2期。

此后，基本保持了一个比较稳定的时期。到18世纪中叶基本与欧洲保持相同比价。印度的情况与中国略有不同。在17世纪后期，大量白银经由好望角、波斯湾、红海等地经印度、阿拉伯商人以及英国、葡萄牙等国殖民者和殖民公司流入印度，改变了当地的金银比价，使之早于中国接近西欧水平。

据马扎亚尔（1934年）的观点，17世纪时，东印度公司就将目光对准了中国，一是为了获得中国的茶叶；二是为了利用中国与西欧的金银比价差进行套利。① 至18世纪初，中国的金银比价有所降低，至1∶10，但仍高于西欧水平（1∶15）。东印度公司伦敦总公司将大量来自西班牙、墨西哥的银元运至中国交易，买进中国金锭（十两一锭）和金制品，运回伦敦，从中赚取差额利润。② 进入18世纪，中国金银比价基本维持在1∶10左右，同期西欧为1∶15。较之此前的16世纪中期（如1534年、1568年），中国的金银比价与西欧水平之间的差距，已经由100%（当时中国金银比价为1∶6；而西班牙为1∶12）缩小到50%，套利空间缩小。虽然18世纪已不再是白银套利的高利润时期，但是仍有很多白银由世界各地流向中国。

但是随着经济全球化步伐的加快，经济的趋同性增强。③ 在波多西银矿周期，全球白银价格趋于均衡的过程用了一个多世纪，而墨西哥周期全球白银均衡的过程仅花费了五十年的时间。所以从经济整体发展趋势来看，这种金银比价趋同的速度正在加快，这正说明全球经济的紧密性不断加强。但是，由于经济规模的不断扩大以及这一时期东方从主要出口奢侈品到出口大宗日常用品，出口额增大，流入亚洲的白银总量在不断增加。所以，很难说获利就会减少。

亚当·斯密在《国富论》中认为，亚洲各国，尤其是中国与印度的金银的价值，比欧洲高得多，也就是说，同样的贵金属在亚洲市场上比欧洲市场上能够买到更多的东西，斯密进而对这种现象产生的原因进行了分析，他认为，印度和中国物价便宜的重要原因是劳动力成本很低，所以商

---

① ［匈］马扎亚尔：《中国农村经济研究》，陈代青、彭桂秋译，山西人民出版社2015年版，第488、489页。

② ［美］马士：《东印度公司对华贸易编年史》（第一卷），中国海关史研究中心组译，中山大学出版社1991年版，第91—97页。

③ 一方面是欧洲白银大量涌入亚洲，使得欧洲白银不断减少，因为欧洲自身白银作为储藏手段也好、流通货币也罢，对白银的需求是不断增加的；另一方面是印度和中国市场流通的白银不断增加，双方的金银比值会逐步趋同。

品价格低廉。对此罗伯特·艾伦有过比较详细的描述。① 商品价格与劳动力价格成正比，所以商品的市场竞争力就很高。庄万友认为，长期的贸易逆差是由于东西方的市场状况决定的，如贵金属流入欧洲后，欧洲市场商品价格大幅度提升，而印度商品价格便宜，再加上印度劳动力成本很低，而欧洲劳动力成本很高，这是导致贵金属流向印度的一个原因。② 托马斯·普莱尔在1729年就曾指出："由于东方白银稀缺，故工人工资和商品价格要比欧洲国家低，所以欧洲商品的竞争力不足，只能用贵金属进行购买"。③ 因此东西方不同的金银价值是造成主观上大量白银流入亚洲国家的重要原因之一。

二 套汇空间的消失

但是随着全球经济联系的日益紧密，东西方金银比价会逐步趋同，这种套利空间会逐步缩小及至消失。因为全球经济是一个整体，当大量白银涌入印度和中国后，当地白银总量增加，遂导致金银比价逐渐下降。而欧洲刚好相反，白银不断流出，造成国内白银减少，于是金银比价上升，这样引起套汇空间不断缩小，最终东西方国家的金银比价趋于一致。由于英印紧密的经济关系，印度就先于中国趋同于英国的金银比价。

表3-4　　　　　　　　18世纪初英国与印度金银比价④

年份	英国金银比价	印度金银比价
1705	1∶15.273	1∶15.157
1706	1∶15.993	1∶15.157
1709	1∶14.617	1∶15.157

---

① 详见［英］罗伯特·艾伦《近代英国工业革命揭秘：放眼全球的深度透视》，毛立坤译，浙江大学出版社2012年版，第51—59页。书中用图表和数据分析欧洲尤其是英国在工业革命前工资水平很高，所以造成物价高，印度和中国由于人们工资水平很低，劳动力便宜，所以物价低。

② 庄万友：《略论英国东印度公司同印度早期（1607—1757）贸易的商品结构及其成因》，《南亚研究》1988年7月刊，第45—46页。

③ Tapan Raychaudhuri, Irfan Habib, *The Cambridge Economic History of India*, Cambridge: Cambridge University Press, 1982, p.396.

④ K. N. Chaudhuri, *the Trading World of Asia and the English East India Company: 1660-1760*, Cambridge: Cambridge University Press, 1978, pp.162-163.

■■■东西方贸易关系的演变与工业革命的缘起

可见18世纪初，印度已经没有套汇空间，考虑到长途贸易的运输成本高昂，所以大规模的套汇活动在17世纪中后期就停止了。"从美洲、欧洲和日本大量涌入印度和中国的白银，使得这两个国家商品价格大幅度增长。"[①] 而大规模的套汇活动必然在这之前的减少或停止，因为长途贩运贵金属本身是一件十分危险且运输成本很高的投资活动，只有当套汇空间比较大的时候才可以获利。

虽然目前学界对东西方金银比价到底在什么时候趋同仍有很大差异，尤其是对中西方金银比值何时趋同存在时间上的争议。弗林认为18世纪上半叶基本趋同，"18世纪上半期，黄金与白银在中国的比价，基本保持在1∶10—1∶11。"[②]，而林满红则认为："乾隆末年（约1790—1795）中国长江下游与云南地区的金银比价约为1∶15，而西欧的金银比价为1∶16。"[③] 也就是说此时套利空间已经非常小了。至嘉庆年间，东西方金银比价完全相同，都达到了1∶16。这比弗林的观点晚了近一百年。如果按照最晚的18世纪晚期作为双方金银比价趋同的节点，那么套利观点则不能解释19世纪以后，仍然存在并不断扩大的东西方贸易逆差，即套汇理论不能完美解释近代以来西方贸易逆差产生的全部原因。

综上所述，自大航海以来，美洲白银大量涌入欧洲，造成欧洲国家的价格革命，西班牙首当其冲，其次是英国、法国及低地国家，白银大幅度贬值。但此时东方国家，尤其是中国和印度的白银价格却很高。东西方白银价格差价产生了很大的套利空间，正好东方国家需要白银，欧洲需要东方产品，较大的套利空间导致大量白银流入中国及印度。这成为近代早期东西方贸易呈现"一边倒"或贸易逆差的重要原因。但是，全球经济的一体化导致东西方金银比价最终会趋同，比如，在第一个白银周期（波多西周期）东西方金银比价的趋同用了近一百年，而在第二个白银周期（墨西哥周期）只用了五十年的时间东西方就达到了银价的一致，即套汇空间的消失，也就是说，全球经济一体化的步伐是在不断加快的，中国和印度已

---

① A. Hazan, "The Silver Currency Output of the Mughal Empire and Prices in India during the Sixteenth and Seventeenth Centuries", *The India Economic and Social History Review*, VI, 1969, pp. 85 – 116.

② Flynn and Giraldez, "Cycles of Silver: Global Economic limit through the Mid-Eighteenth Century", *Journal of World History*, Vol. 13 (2), 2002, p. 395.

③ 林满红：《银线：19世纪的世界与中国》，詹庆华、林满红等译，江苏人民出版社2011年版，第58页。

经越来越融入全球经济体系中,并且起到越来越重要的作用,因为如果没有东方国家对白银的巨大需求,由此为欧洲及美洲带去丰富的商品,美洲白银的价值会大大贬值,欧洲的通货膨胀会更加严重。但是,在1750年左右,由于东西方金银比价趋同或趋近,导致套汇空间消失,但是大规模的贸易仍在继续,如果说这一时期之前的香料、丝绸、棉纺织品、檀香等商品等还不具备大宗贸易的性质的话,而此后茶叶贸易真正变成大宗商品,需求量极大,所以造成了更大的贸易逆差。因此套汇观点不能解释所有的贸易逆差及18世纪中叶东西方金银比值趋同后仍然出现的巨额逆差,所以还需要从其他因素来考虑这一问题。

第三节 制度差异说

作为一个有着悠久帝制统治、编户齐民历史的国家,中国历代王朝为维护统治,都曾在不同程度上实行过重农抑商的政策。中国传统文化亦不认同谋利行为,否定和轻视其意义,商业长期以来都被当作是末业。再者由于中国经济总量在近代早期的世界经济体系中处于绝对优势地位,因此也不需要主动出去寻找贸易机会。15世纪末、16世纪初,西欧诸国以文艺复兴为起点,尤其是大航海以后,都主张以人为本,尊重个人权利,重视对物质的追求。如前文所言,正是出于对东方财富的觊觎又没有富有竞争力的商品,才在武力配合下挤入亚洲原本的贸易体系中。东西方社会的这种差异决定了东西方商业文化及管理模式的差异。近代以来,中国对外贸的管理依然延续着传统体制,即以政治为核心的朝贡贸易;而西方国家在重商主义思潮的影响下,提倡平等互利的商业模式,即竞争、互利的自由贸易模式,或称条约贸易。不同的管理模式在双边贸易中带来了许多不便,一定程度上对西方的贸易逆差产生了一定影响。

一 朝贡贸易对西方贸易逆差的影响

费正清认为,中国是以处在亚洲朝贡体系的政治文化中心的位置来看待蛮夷和帝国主义的。[①] 而这个朝贡贸易圈里,政治是第一位的,其他利

---

① [美] 费正清编:《中国的世界秩序——传统中国的对外关系》,杜继东译,中国社会科学出版社2010年版,第18页。

东西方贸易关系的演变与工业革命的缘起

益要屈从于政治,因此中国将贸易管理权集中于政府,即官方贸易或朝贡贸易。而西方国家自中世纪晚期就在重商主义理念的引领下认为谋利是首要的。贸易的根本目的是赚钱,所以贸易不受政治的约束只为经济动因所驱使。正是这两种不同的贸易体制对双方贸易带来诸多不便。至16世纪,西班牙和葡萄牙作为第一批到达东方的西方国家,就面临着贸易上的困难。它们很难寻找到主动加入东方贸易的机会。为此,它们不得不选择加入现有的亚洲贸易体系,并在东方和西方之间几乎不发生直接商品交换的情况下,在亚洲贸易网络中扮演中介机构的角色。西班牙和葡萄牙的商人要么以白银购买商品,要么通过参与亚洲内部贸易体系从中通过交换获得他们想要的商品。随后到达亚洲的英国和荷兰,也面临和之前的西、葡相同的问题,它们的选择也是适应和利用现有的亚洲贸易体系。简而言之,"即使进入了近代西方对亚洲的'扩张''冲击'的内涵也要受到建立在朝贡贸易体系基础上的活跃的亚洲贸易圈的制约"[1]。

在荷兰使团与清廷的交往中,清朝官员认为:"荷兰人应该了解'朝贡制度'的内容和要求以及派遣使团应尽的责任,应该对中国皇帝的赏赐感恩戴德,但是就像与清政府接触过的所有其他外国人一样,荷兰人则希望能够达成使双方都能够受益的协议或赋予荷兰人在华经商的某些特权并得到皇帝的肯定。"[2] 然而让荷兰人失望的是,他们的目的在中国是不可能实现的。英国人也遇到同样的问题,英国在工业革命前出口的核心产品是毛呢制品,而中国只开放广州一口,广州气候温暖,同时毛呢制品成本高昂,当地人对毛呢制品的需求十分有限,所以英国在广州的贸易一直是亏本的,因此英国希望能够在广州以北的地方开设口岸,以增加毛呢制品的销售量,因为如果从广州再将毛呢制品转运至中国的北方,则需要交纳各种正税和附加税,这会增加毛呢制品的成本及市场售价,本就无人问津的毛呢制品则会变得更难销售。这在马戛尔尼访华过程中体现得比较充分,

---

[1] [美]费正清编:《中国的世界秩序——传统中国的对外关系》,杜继东译,中国社会科学出版社2010年版,第18页。K. N. Chaudhuri, *Asia Before Europe: Economy and Civilisation of the Indian Ocean from the Rise of Islam to 1750*, Cambridge: Cambridge University Press, 1990, p. 4. 乔杜里认为葡萄牙人没有办法,也只能被迫参与到亚洲贸易的体系中,同印度商人是一种合作关系,而非商业的竞争关系。

[2] [美]费正清编:《中国的世界秩序——传统中国的对外关系》,杜继东译,中国社会科学出版社2010年版,第241—243页。

英国希望在天津建立通商口岸,以有利于毛呢的销售。[①] 但乾隆帝的回答是:"尔国王远慕声教,向化维殷,……朕见尔国王恭顺之诚……赐尔国王文物珍玩,用示怀柔。"[②] 从回答中可见清朝的大国情怀以及对外贸的轻视,在乾隆皇帝看来根本没有任何扩大甚至改变当前外贸政策的必要。虽然清朝的对外贸易不像明初的朝贡贸易那样将外贸管理权完全掌握在政府手中而是由十三行代为管理,但朝贡贸易的思维即以政治为中心或政治优势感是依然存在的,仍然将对外贸易视为可有可无或者是对英国和其他国家的一种赏赐。而西方国家在重商主义思潮的影响下,视对外贸易为生命。当然这也是由对外贸易在国家财政收入的比例所决定的:对外贸易所征收的赋税在整个明清政府财政总收入中都不占主要部分,无法与农业税收在政府财政收入的比例相提并论。

除此之外,出于维护统治的考虑,清朝政府严格控制中国人与西方人之间的接触,同时注重规范中国皇帝与各藩属之间的礼制。这种贸易体制对外国来华贸易的次数、时间、商品种类及商人的管理等各种约束与西方的自由贸易格格不入。在西方人看来,他们所秉持的西欧人的典章制度和行为模式是天然而成的且是符合理性的,与之相悖者,是非理性和不正当的。而对于此时的清朝政府官员来说,中国典章制度的合理性与合法性亦是不容置疑的,来中国的外国人自然必须遵循中国人的制度。[③] 在这样的分歧下,荷兰直到1863年才与清政府建立正式的外交关系。之后的英国也是如此,比如英国参与羊毛贸易的主体是垄断公司或个体商人,而中国却认为海外国家要与明清政府进行贸易必须先以接受朝贡为前提条件,也就是只允许官方贸易,不接待私人来华贸易。[④] 而英国在重商主义的驱使下,国家意志是以无数个体商人的利益通过开展对外贸易来实现的,而中国则将外贸集中于政府之手,而西方都是以公司或私人为贸易主体,因此西方人到中国进行贸易必然受制于政府的种种限制或制

[①] Patrick Tuck, *Britain and the China Trade 1635–1842*, Vol. Ⅶ, London and New York: Routledge, 2000, p. 211.

[②] (清)梁廷枏:《粤海关志》,广东人民出版社2002年版,第456页。

[③] [美]费正清编:《中国的世界秩序——传统中国的对外关系》,杜继东译,中国社会科学出版社2010年版,第241—243页。

[④] 周鹤:《明代的对外贸易法制与英国封建社会时期的对外贸易比较》,《商品与质量》2011年4月刊,第146页。

度的约束。因此大大限制了英国对外贸易的展开，不利于英国按照市场经济的原则向中国推销其产品。因此这种勘合贸易对东西方的贸易产生许多不利影响，一定程度上加深了西方国家业已存在的贸易逆差。

二 海禁政策对东西方贸易的影响

除朝贡贸易之外，中国政府为保证政治稳定，还实行海禁政策，海禁不仅包括出海贸易的限制，也包括对商品种类、数量、交易时间、地点、税额及税种等交易细节的管控。这对国人出海贸易以及西方国家来华贸易都产生了极其不利的影响。

明朝海禁政策，起初是阻止私人出海从事海外贸易，始于明初，整个明朝海禁政策始终在执行，只不过时严时松。明初对外贸易完全掌握在政府手里，政府以"朝贡"的方式进行贸易，禁止其他一切私人海外贸易。而这种朝贡贸易以赏赐为主，即便双方有商品交换也不是仅仅为了经济目的，而更多的是从政治层面考虑，目的是宣扬国威。所交换的产品也不是后来西方国家的大宗生活用品，而是供统治阶级享用的奢侈品。因此贸易规模不大，而且贸易时间也不固定，随意性很强，因为这类贸易大都采取赏赐的形式，采用厚此薄彼的做法，因此也很难长久地大规模地持续下去。永乐、成化年间，因纸币发行量激增，导致纸币贬值，政府越来越倾向用白银作为交换媒介，因而这一时期政府对白银需求剧增，迫使政府对官吏私通番国的贸易采取较为宽容的政策。再加上沿海居民迫于生计，这一时期私人海上贸易也是存在的。到正德、嘉靖年间，东南一些官绅豪商在利益驱使下互相勾结，不顾海禁政策，开展与葡萄牙人的走私贸易。其中一些人勾结倭寇，造成明中期的倭寇问题。为此嘉靖元年，给事中言："建议罢市舶，厉行海禁。朝廷遂接受建议，断绝海上交通。"纵观明朝历史，正德、嘉靖年间是海禁政策执行最严厉的阶段，几乎割断了中外所有的贸易往来，严重阻碍了中国与邻近国家的商品交流，也对西方国家的对华贸易产生了不利影响。后至隆庆年间，明朝为获取白银增加赋税，实行"隆庆开海""准贩东、西二洋"。"一条鞭法"施行后，政府对对外贸易开始放宽限制，这一时期中西方贸易发展迅速。

1600年英国东印度公司成立，刚开始，中英贸易是通过东南亚和日本为媒介进行的间接贸易。1637年英国商船第一次来华，但进展很不顺利，

第三章 西方贸易逆差出现的原因

此后一段时期由于双方国内政局动荡，英国的资产阶级革命以及中国明末清初的政权更迭，双方贸易一度受阻。直到1689年英国对华贸易才开始增长。因此涉及中国贸易制度对西方国家尤其是英国的影响，主要是指清代的对外贸易管理制度。

清袭明制，前期的对外贸易政策经历了由禁海闭关到开禁，由多口贸易到一口贸易的变化。清朝在立国之初就对商人出海采取了相关限制措施。如在顺治十二年（1655）、顺治十三年（1656）、康熙元年（1662）、康熙四年（1665）和康熙十一年（1672）就先后五次颁布禁止私人出海的命令。而为使禁海令能够得到贯彻执行，又分别于顺治十七年（1660）、康熙元年（1662）、康熙十七年（1678）迁沿海居民，使之断绝与外沟通[1]。1655—1684年，为对抗反清势力，这一时期是厉行海禁政策的时期。康熙二十二年（1683）清政府攻占台湾，郑氏政权覆灭，厉行海禁政策的主要意义不复存在，清政府于康熙二十三年（1684）开禁，并实行多口贸易。由此可知清代对外贸易比之明代是比较宽容和繁盛的。到乾隆二十二年（1757），清政府以口岸分散恐生弊端为由，将通商口岸限制在广州一口一直持续到鸦片战争。而在广州，一切进出口贸易又都由通称"十三行"的行商所垄断，外商不得与广大商人自由接触。对出口货物的品种和数量也有严格限制。这严重阻碍了近代早期东西方贸易的正常发展，不利于外国商品的流入，对西方的贸易逆差造成了严重影响。当然，"闭关政策也是自然经济占统治地位、商品交换不够发达，对国外商品的需求很不迫切的反映"[2]。

1600—1833年，东印度公司几乎垄断了中英贸易，但是公司在拥有这样绝对优势的地位中，也是怨声载道，因为明、清政府在如何开展对外贸易上有着自身的考虑。如何扩大英国在中国的贸易优势以减缓贸易逆差的不利局面，一直以来就是东印度公司十分头痛的问题。马戛尔尼访华的主要目的就是扩大英国的贸易优势。如当时英国提出希望清政府允许英商到宁波、舟山和天津贸易、在北京设立商馆，在广州附近划出一块地方，让英国人居住及存放货物、确立船只关税条例，照例上税，不要额外征收赋税等，[3]

---

[1] 黄启臣：《清代前期海外贸易的发展》，《历史研究》1986年第4期。
[2] 宋则行、樊亢主编：《世界经济史》（上卷），经济科学出版社1993年版，第40页。
[3] Patrick Tuck, *Britain and the China Trade 1635 – 1842*, Vol. Ⅶ, London and New York: Routledge, 2000, p. 201.

■■■ 东西方贸易关系的演变与工业革命的缘起

可见英国认为中国当时的贸易制度对英国的对华贸易产生了不利影响。

"在中国，从1757年开始，对外贸易开始有法可依，但在这之前的半个世纪里，对外贸易主要靠习俗，不仅局限于广州一口，而且也要受到许多限制、规定以及强加于外商的一些过分的要求。"① 而这些要求又使那些在广州城的外商十分不满。"比如，在交易季节，即从每年初秋到次年晚春时节，外商需要集中在由中国商人提供的有围墙的工厂的外围，妇女则不允许进入工厂，并且几乎不提供任何娱乐和消遣的机会。到了夏天，等交易结束，所有商船离开广州以后，外商则必须离开广州城被迫住在附近的澳门，等到初秋，交易季节开始，再返回广州。"② 当然这样的规定确实给外商的生活带来不便并且增加了一些生活开支，出于安全防范的考虑，清政府的一些法令使得对外贸易更加艰难，外商一般不能和中国人直接接触，所有交易都由行商经办，外国人不能学习中文等，开放广州口岸仅仅是因为对外商的一种恩典或赏赐，英国东印度公司在广州的贸易也是不被中国政府鼓励的。

这使得本来就处于逆差状态的英国东印度公司雪上加霜。长期以来的贸易逆差，主要是因为贸易须先得到清政府的批准，而且中国只接受白银作为支付手段。同时，在中国传统社会中，商人社会地位低下，商业视为贱业，清政府对外贸的轻视，加上中西之间的贸易被广州公行垄断，没有平等的国家关系，西方人来华贸易必然受到各种干扰和不对等交换等不利情况。

清代关税从税种来看，分正税和附加税。正税又分为货税和船钞（吨税），这两项税额很轻，英国头痛的是对中国货物征收的附加税。乾隆二十四年（1759）洪仁辉上天津告状就是控告粤海关非法勒索，就是不堪忍受高昂的附加税，但事与愿违，此举的结果却导致了从多口通商到一口通商。再者公行的腐败及垄断对英国商人的利益也产生了许多不利因素，鸦片战争后，英国议会就提出结束公行对贸易的垄断权，实行自由贸易。③ 可见英国对中国的公行制度是持否定意见的。

除此之外，中国政府对通商口岸和出口商品种类的限制也对西方对华

---

① Patrick Tuck, Britain and the China Trade 1635 – 1842, Vol. Ⅶ, London and New York：Routledge, 2000, p. 201.
② Patrick Tuck, Britain and the China Trade 1635 – 1842, Vol. Ⅶ, London and New York：Routledge, 2000, p. 201.
③ "The Petition of the Undermentioned British Subjects at Canton", December 9, 1834, British Parliamentary Papers, China 30, Irish University Press, 1971, pp. 306 – 307.

第三章　西方贸易逆差出现的原因

贸易逆差产生许多不利因素。首先在通商口岸上，清朝时，除沙俄外，中国与西方国家的贸易主要以海路形式进行。清朝初期厉行海禁，但未能全面禁绝中外贸易。英国、荷兰等国通过渗透东南沿海地区，得以维持私下贸易。1684年，清朝解除海禁，设立宁波、漳州（厦门）、云台山、澳门四处海关用于海上贸易。四处海关之中，宁波海关主要侧重于中日贸易；厦门海关主要侧重于南洋贸易；云台山海关主要侧重于中国境内沿海地区之间的贸易；只有澳门海关主要侧重于中西方贸易。但由于历史原因，葡萄牙长期霸占澳门，将之作为本国独占的贸易口岸，迫使其他西欧国家不得不另辟他地，选择邻近的广州作为主要的中西方贸易口岸。因此，在一系列因素的影响下，广州成为实际上的中西方贸易中心。"清朝的官员在广州为欧洲人提供了从事贸易的种种条件，任何欧洲国家都可以自由进入广州，这就使得那些老公司独占好望角以东航海权的企图化为泡影。"① 但是清政府对通商口岸有条件的开放并不能满足西方国家的通商欲望或并未达到它们的预期。因此西方国家一方面提出开放厦门和宁波，允其获得更多的丝茶；另一方面直接进入内地，企图设立贸易据点。清朝对西方势力的举动非常不满，选择关闭各海关，仅保留广州一处。② 自此直到鸦片战争，清朝仅有广州一地作为对外贸易海关。由于广州是最大的外贸港，因此对在这里进行交易的管理更加复杂和严格。最初来广州贸易的外国船只最初只许停泊澳门，而不许进入广州。1686年开始准许停泊在距离广州四十里的黄埔。澳门的船只，则限定在25只以内，不许增添。③ 所有外商船只，必须连环保结，一人犯法，各船大班负连带责任。④ 船只入港，必须卸除船上军火炮位，方准贸易。⑤ 厦门虽还保留有与西班牙控制下的吕宋进行贸易的海关，但已无关大局。

其次在出口商品种类上，清朝有着一套非常系统而成熟的规定，其内在逻辑便是维持清朝的统治，充分体现清王朝政治利益第一的原则。如，

---

① ［意］卡洛·M. 奇波拉主编:《欧洲经济史——十六世纪和十七世纪》（第二卷），贝昱、张菁译，商务印书馆1988年版，第383页。
② 汪敬虞:《近代中外经济关系史论集》，方志出版社2006年版，第137页。
③ 沈云龙主编:《光绪会典》（卷629），光绪己亥年敕修，文海出版社印行，第2页。
④ 蔡美彪等:《中国通史》（第十册），人民出版社1992年版，第412、413页。
⑤ L. S. Fu: *A Documentary Chronicle of Sino-Western Relations: 1664–1820*, Tucson: Univesity of Arizona Press, 1966, p.523.

■■■东西方贸易关系的演变与工业革命的缘起

火炮军器是绝对禁止出口的，硫黄、硝和生铁等制造火器的原料也在禁止之列，甚至民间日用的铁锅也一并禁止。显然，这都不是出于经济上的权衡。而在对外贸易管理上，主要表现在对外国商队、商船以及商人的管理方面。在中俄贸易中，北京互市就规定俄国的商队四年到北京通商一次，每次最多200人，停留不超过80天①。恰克图互市则规定双方各设市圈，俄国与中国分别设在恰克图和买卖城，俄国商人要到中国购买中国货物，反之，中国商人则要赴俄国购买货物，各不相混。商人必须由正道前往贸易，不能绕道或往他处。对此，在理藩院专门设置监视官进行监督②。

总而言之，中国对外贸的态度比起西方国家不够积极主动、外贸在中国政府财政收入所占比例也较小，对外贸的管理、商品的种类、数量、外商来华时间、频率、商人数量、交易地点、税收关卡等诸多因素都不利于西方国家对华贸易的扩大和纵深发展。中国以政治为中心，经济为政治服务的传统理念始终存在，为维护统治，维护朝贡贸易，采取海禁、一口通商等管理模式，在很大程度上也限制了中国对外贸易的正常发展。虽然对外贸的不利是双方的，但由于西方国家视外贸为生命，尤其是东方贸易是西欧国家主要的财富来源之一，所以这种管理理念的诸多差异和不变对西方来华贸易的影响远甚于中国自身对外贸易的发展。

另外，需要强调的是，近代早期，中国并没有因为贸易而闭关锁国，在海外贸易方面，中国拥有莫大的优势，为什么要将这种优势拒之门外呢？有悖于常理。明朝后期以来，中国历史上出现的一系列海禁事件，③实际上主要是针对国家安全设置的，并不是针对贸易发布的。"如果没有近代早期中国向以白银为基础的社会的转变，欧洲和中国就不会有同样的价格革命，也不会出现一个西班牙帝国。"④弗兰克说："正是中国对白银

---

① （清）何秋涛：《朔方备乘》，清光绪灵鹣阁丛书本，第1442页。
② 汪敬虞：《近代中外经济关系史论集》，方志出版社2006年版，第139页。
③ 海禁并不是中国的特例，西方各国曾普遍采用，如1651年，英国为了同荷兰争夺海外市场，颁布《航海条例》，规定运输货物进入英国只能使用英国船只，或商品输出国的船只，荷兰因此失去了"海上马车夫"的地位，18世纪60年代，英国还对北美殖民地实行禁运，规定从中国进口茶叶，只能使用英国商船，不得使用殖民地的商船，导致波士顿倾茶事件，北美独立战争由此爆发。当然，中西方海禁的出发点明显不同，西方的海禁是为了争夺商业利益，而中国的海禁是从国家安全出发，近代早期以来，中国从来没有因商业利益而实行过海禁。
④ ［德］贡德·弗兰克：《白银资本：重视经济全球化中的东方》，刘北成译，中央编译出版社2001年版，第108页。

第三章　西方贸易逆差出现的原因

的无限需求,才导致了长期的贸易顺差"①。但实际是西方国家掌握了美洲白银的生产和运输,而它们在生活上却依赖东方的产品,所以中国是用自身的贸易顺差换取西方的白银,从史实上说,是西方需要东方的产品在先,中国用自身经济实力赢得白银在后。美洲白银的开采和流动,促进了经济全球化的进程,加强了世界各国的经济联系。万明认为:"明代围绕白银形成了一个世界贸易网络,或称世界经济体系的雏形。于是,在整体世界史的形成过程中,第一个全球贸易体系出现了。"② 由大航海引发的全球贸易体系,白银应该是转动这个贸易体系的按钮。③

综上所述,中国明代的对外贸易经历了初期的朝贡贸易到中后期的民间贸易的发展过程,但朝贡贸易的适用范围主要是东亚、东南亚,路上主要是沙俄及其他西部国家,并不包括西、葡等西方国家,因此不能过分夸大朝贡制度造成西方贸易逆差的影响。再就朝贡贸易本身来说,是以朝贡之虚,行贸易之实,因为中国白银需求量很大,而对外贸易是获得白银的主要来源,因此没有拒外贸于千里之外的理由。到清代,除清初因台湾问题实行海禁政策,确实对西方国家的商业产生了负面影响,不利于外商在大陆推销商品,但是此时的中国外贸大多被郑氏集团控制,所以依然是大量白银从欧洲流出。台湾问题解决后,清政府随即开海,开展海外贸易,而且实行多口通商,后因政治安全考虑,改为广州一口通商。但一口通商以来,到广州的外国货船并没有减少,反而因茶叶贸易额的不断扩大,日益兴盛。因此,通商口岸的数量与位置确实对英国的贸易逆差产生了一定的影响,当然口岸的位置确实有一点负面影响,比如英国的毛呢因广州炎热的气候无人问津,如果能够在更北的地方开设通商口岸,受气候影响,也许可以扩大毛呢销售量,以减少贸易逆差的不良影响。所以贸易逆差固然有东西方不同的贸易态度以及不同的管理制度方面的原因;但是这种影响最终不能代替英国确实提供不了更多、更便宜的适应中国人消费的商品的事实。因此双方制度的差异对西方贸易逆差的影响不能过分夸大。其

---

① [德]贡德·弗兰克:《白银资本:重视经济全球化中的东方》,刘北成译,中央编译出版社2001年版,第162页。

② 万明:《明代白银货币化:中国与世界连接的新视角》,《河北学刊》2004年第3期。

③ Dennis O Flynn, "Comparing the ToKugawa Shogunate with Hapsburg Spain: Two Silver-based Empires in a Global Setting", In James D. Tracy ed., *The Political Economy of Merchant Empires*, Cambridge, Cambridge University Press, 1991, p. 332.

次，除了官方的朝贡贸易之外，还有大量民间贸易存在。另外从时间范围来看，朝贡贸易主要存在于明朝初年，之后主要是民间贸易占据对外贸易的主导地位，民间贸易无论是走私贸易还是合法贸易，就制度层面来说，对西方来华贸易影响甚微。再说海禁政策，纵观这一时期，除了政治上的考虑外，海禁之年比之开海之年，必定是少数时间。乾隆时期虽改"四口通商"为"一口通商"，这确实给中西贸易带来许多不便，但中西间贸易额的多少与开放口岸的数量并不能成正比例关系。根据万明教授的分析，自明中叶西方东来之后，朝贡体系已经名存实亡，中国古代的理想国际秩序已成虚幻，明后期王朝与西方国家的关系已占据海外关系的主要地位，海外政策业已根据现实变化而调整。[①]

因此，双方在对外贸易管理模式及理念虽有不同，但这并不是造成西方长期贸易逆差的主要原因。

第四节 生产力相对不足说

面对长期以来的中西方贸易逆差，除前述三种原因以外，还有一种原因是西方国家在工业革命前产品制造力相对有限，无法提供大规模的出口商品。西欧虽然通过大航海时代的探索，引发了全球海上贸易。但大航海的真正目的地是富饶的东方——印度及中国等地，美洲的发现纯属意外。然而其带来的影响之一是欧洲人源源不断地将美洲白银或直接或间接运往亚洲，以换取东方商品，既用以满足欧洲内部消费所需，又通过转口贸易增加自身财富。在这一过程中，欧洲是通过掌握和调动各市场间的资源来操纵全球经济的，而非通过自身生产力的提高以及产品制造力的增强来成为世界经济中心的。从这一时期全球市场上流通的大宗商品种类来看，主要是印度的棉纺织品；中国茶叶、生丝、瓷器；日本的漆器；非洲的黄金和廉价劳动力；美洲的白银、咖啡、蔗糖、可可以及烟草等农副产品。欧洲本土产品主要是毛呢、酒类以及金属制造品，这些商品虽然也有固定的贸易途径，但始终没有成为前述商品那样的在国际市场上的规模性出口。

[①] 万明：《中国融入世界的步履——明与清前期海外政策比较研究》，社会科学文献出版社2000年版。

欧洲市场内部流通的许多商品都来自其他地区，而在世界其他地区却没有形成与此类似的对欧洲产品的依赖。虽然这也与亚洲国家经济体制和生产力发展水平有关，但欧洲在工业革命前本土缺乏丰富的产品以及产品的制造力水平相对不足是导致东西方贸易逆差的重要原因。

一　西方产品制造力不足

东西方之间的贸易存在着巨大的差距，从根本上说是由双方在近代早期的经济总量决定的。美国著名历史学家杰克·戈德斯通在《为什么是欧洲？世界史视角下的西方崛起（1500—1850）》第一章就写道：

> 1500年前后的世界财富集中在东方。他认为1500年的欧洲并不是世界上最富有的地区。虽然欧洲人已经掌握了一些技术，并从其他地区学习到了另一些技术（包括钟表、火药武器以及航海船只的制造），但当他们来到其他文明中心的时候——包括中东、南亚和东亚，甚至是新大陆——他们仍会惊叹于当地的财富、商业以及生产技能。在当时，亚洲的农产品和手工业制品都优于欧洲，能够提供很多种欧洲人喜爱的商品……新航路的目的也是帮助欧洲人找到富饶的印度和中国。[①]

欧洲人寻找印度和中国的理由就是当时这些地区几乎在所有方面都要胜过欧洲。"1700年，印度GDP占世界总量的24.4%，18世纪中国和印度的GDP几乎是全球总量的50%。"[②] 因此近代早期东西方贸易逆差的产生，固然有印度和中国小农经济所导致的对外来商品购买力不足，亚洲银价过高，因套利出现的大量白银涌入，也有中国限制通商口岸以及十三行管理制度对外国商品的销售带来诸多不利因素，但西方的确存在生产能力不足的问题，提供不出东方需要的产品，这是不容忽视的事实。16—19世纪，在这三百年的东西方商业交往中，最显著的事实是，"西方人寻求东方的货物，而又提供不出多少东西来交换，十八世纪中叶以前，西欧在生

---

① ［美］杰克·戈德斯通：《为什么是欧洲？世界史视角下的西方崛起（1500—1850）》，关永强译，浙江大学出版社2010年版，第5页。
② ［英］安格斯·麦迪森：《中国经济的长期表现，公元960—2030年》，伍晓鹰、马德斌译，上海人民出版社2008年版，第36页。

产技术上比东方的中国和印度逊色得多"①。

表3-5　　　　　公元1000—1870年世界GDP的结构②　　　　单位:%

	1000年	1500年	1820年	1870年
西欧	8.7	17.9	23.6	33.6
西方衍生国	0.7	0.5	1.9	10.2
东欧和俄国	4.6	5.9	8.8	11.7
日本	2.7	3.1	3.0	2.3
亚洲（不含日本）	67.6	62.1	56.2	36.0
拉丁美洲	3.9	2.9	2.0	2.5
非洲	11.8	7.4	4.5	3.7
全世界	100.0	100.0	100.0	100.0

根据表3-5安格斯·麦迪森的统计，按照经济总量来计算，19世纪东方经济整体上要比欧洲先进，亚洲包括日本GDP总额占全球经济总额的60%，是西欧经济实力的2.5倍。1820年中国的GDP占世界GDP总量的30.3%。③这并不令人吃惊，因为东方的人口要比西方多得多："1650—1750年间，亚洲人口仍占世界人口的60%。"④ 因此欧洲中心论者倾向于把目光集中在人均收入数据方面。当然就人均GDP而言，欧洲很早就超过印度和中国。⑤

---

① [英]格林堡：《鸦片战争前中英通商史》，康成译，商务印书馆1961年版，第1页。
② [英]安格斯·麦迪森：《世界经济千年史》，伍晓鹰等译，北京大学出版社2003年版，第117页。
③ [英]安格斯·麦迪森：《世界经济千年史》，伍晓鹰等译，北京大学出版社2003年版，中文版序言。此数据根据该书序言所列表格计算而得。
④ [美]桑贾伊·苏拉马尼亚姆：《葡萄牙帝国在亚洲1500—1700》，巫怀宇译，广西师范大学出版社2018年版，第3页。
⑤ 谢丰斋：《中西方的经济差距何时拉开？谈安格斯·麦迪森的"千年统计"》，《史学理论研究》2012年第4期。该文章援引麦迪森的数据，从GDP来看，亚洲（不包括日本）在1870年时，GDP总额仍占全球总额的36%，而同时期，西欧GDP只占33.6%。也就是在工业革命完成后不久，就GDP总额来说，亚洲（不包括日本）主要指的中国这个最大的经济实体经济总量是不容小觑的。但是结合人口的增长，人均GDP的差距在1300年就已经初见端倪。以1990年国际元算，到1500年，亚洲（不含日本）的人均GDP为572，但是同时期西欧人均GDP为774，而越往后，随着西欧生产技术的不断改进，而印度和中国的生产技术始终停滞不前，因此人均GDP的差距越发明显。1870年，西欧人均GDP为1974，而亚洲（不包括日本）仅为543。

然而，人均收入不一定表示具有强大的全球经济力量，今天北欧的瑞士和挪威等国人均收入非常高，但没有人根据这一点就认为它们是重要的全球经济大国。直到19世纪中叶，中国在世界制造业产量中所占份额仍然处于领先地位。

印度在近代早期也是十分强大的经济体。17世纪许多欧洲旅游家和商人都以羡慕的口吻夸赞印度织造品的优美，法国人特维尼尔说："印度的细布织得太好了，你拿在手上简直感觉不到它，"又说"在马尔瓦织造的一种布，十分精细，以至于穿在身上就像感觉没穿衣服似的"① 17—18世纪，仅孟加拉一地就有95种棉织品、丝织品和混纺品出口。"尤其是印度的印染技术在18世纪之前领先欧洲很多，在全球市场竞争中处于绝对优势地位。"② 生铁和钢的冶炼、锻造质量也较高。南印度冶炼的钢因为质量好，被波斯商人运回去铸造武器。欧洲也有商人将印度的钢带回去用于制造刀剑和带刃的工具。印度造船技术水平更得到欧洲人的称赞，迟至1811年，法国人巴尔塔扎·苏文斯说："在造船方面，印度人至今仍堪称欧洲人的楷模""英国人向印度学会了许多新工艺"。③ 从贸易上看，西至红海、波斯湾沿岸的西亚、北非，东到马六甲海峡、太平洋西岸的东南亚、东亚，都在印度的贸易范围内。通过往来贸易，印度向上述各地区输出各类商品，以棉织品、毛织品、蓝靛、香料、蔗糖、珠宝、粮食、药材为大宗，并进口中国的丝绸、瓷器、阿拉伯的良种马以及金银块、珠宝、生丝。16—17世纪是印度贸易的发展期，"印度棉织品行销世界，主要是产品的质量、制作的专业化、媒染剂和染料的精妙运用，成就了印度棉织品的惊艳与美丽。"④ 仅印度洋的孟买，就可以吸收来自全世界任何一个地方的金银。它的制造力体现在"1670年，仅孟买就提供了整个次大陆20%的出口以及英国东印度公司15%的进口额。到1700年，这一比例增加到35%，1738—1740年，孟买提供了整个印度80%的出口额以及东印度公司66%的进口额，甚至在普拉西战役后，虽然印度整体的出口

---

① Edward Baines, *History of the Cotton Manufacture in Great Britain*, Bristol, Thoemmes, 1999, p. 57.

② Gjorgio Riello, Prasannan Parthasarathi, *The Spinning World: A Global History of Cotton Textiles, 1200 – 1850*, Oxford, Oxford University Press, 2009, p. 29.

③ 转引自林承节《殖民统治时期的印度史》，北京大学出版社2004年版，第6页。

④ ［意］乔吉奥·列略：《棉的全球史》，刘媺译，上海人民出版社2018年版，第26页。

额下降,但孟买依靠制造业仍然能够提供英国东印度公司52%的进口额。"① 与此同时,中国商品从1740年占据E.I.C进口额的12%增长到1760年的34%。②

这表明,东方在全球经济贸易中显然占据了优势地位,正如许多学者所指出的,这一时期欧洲与东方国家陷入了长期的贸易逆差。据弗兰克的观点来看,欧洲、美洲、非洲和日本在经济上存在着共同点,即长期存在贸易逆差。不同点在于它们解决这一问题的方式。除欧洲外,美洲、日本和非洲都可以生产世界其他地区所需要的"商品",即美洲和日本的白银,非洲的奴隶与黄金。通过输出这些"商品",这三个地区在一定意义上解决了贸易逆差问题。欧洲则不然,"本身几乎不能生产任何可以出口来弥补其长期贸易赤字的商品"。③

表3-6　　　　1750—1900年世界制造业产量的相对份额　　　　单位:%

	1750年	1800年	1830年	1900年
整个欧洲	23.2	28.1	34.2	62
英国	1.9	4.3	9.5	18.5
俄国	5	5.6	5.6	8.8
日本	3.8	3.5	2.6	2.4
中国	32.8	33.3	29.8	6.2

从表3-6世界制造业份额来看,东方至少到19世纪初都居于西方的前列。1750年英国制造业仅占世界总额的1.9%,中国的制造业总额是同期英国的17倍。在工业革命完成的1830年为英国制造业份额增长为9.5%,为同时期中国制造业份额的三分之一,而这一时期中国在全球制造业中的份额虽稍有下降,但是仍占世界制造业总额的30%。也就是说中国的经济发展按照传统观点处于"停滞"状态,但其基础还在,只是遗憾

---

① Andre Gunder Frank, "India in the World Economy: 1400 – 1750", in *Economic and Political Weekly*, Vol.31, No.30, 1996, p.52.
② Andre Gunder Frank, "India in the World Economy: 1400 – 1750", in *Economic and Political Weekly*, Vol.31, No.30, 1996, p.52.
③ [德]贡德·弗兰克:《白银资本:重视经济全球化中的东方》,刘北成译,中央编译出版社2001年版,第108页。

的是中国没有意识到正在快速发展的英国经历工业革命后将会给中国带来怎样的冲击。

二 前工业革命时期西方生产力有限

西方人到达东方以后，他们发现当时中国经济发展水平、手工制造业，均高于欧洲，拥有大量丝、瓷、茶等特色产品。而且，由于中国当时的劳动力资源十分丰富，手工业更发达，成本和价格低廉。在世界经济联系日益强化的背景下，中国之于世界的经济影响不仅没有缩小，反而更加凸显。在康雍乾时期，中国出品的商品行销世界。茶叶、丝绸、瓷器等，不仅依旧占据东亚、南洋市场，更借助新的贸易而畅销欧美。就总量来看，中国的制造业一直占据世界最大份额。即便到了18世纪末，其在世界总量中依旧超过欧洲总额5%；中国的生产能力相当于8个英国、6个俄国、9个日本。直到19世纪30年代，中国GDP占世界总额的近1/3。[1]"在许多重要的工业分支领域，例如纺织品，漆器和瓷器的生产中，中国的技术水平并不落后，而且在这些方面，18世纪的英国还赶不上中国。……两者的工业生产率在整体上也具有可比性，根本意义上的大分流是伴随着工业革命而出现的。"[2]

就欧洲在18世纪以前甚至19世纪初期的经济状态，尤其是工业发展状况西德尼·波拉德描述如下"直到19世纪初仍然不能把欧洲看做一个经济实体。"[3]

14—15世纪，英国的纺织业落后于尼德兰，只能出口羊毛供应弗兰德尔地区羊绒业的发展。"1700—1774年间，英国所能出口的除了粗糙的羊绒制品和亚麻制品外，就是绳索和少量的金属制品。"[4] 就当时欧洲内部市场发展情况来看，"大多数城镇都非常小，人口也很少，集市交换的都是一些水果或本地制造的日常用品，而大城市的市场交换，主要是奢侈品，

---

[1] 郭成康等：《康乾盛世历史报告》，中国言实出版社2002年版，第6页。
[2] ［荷］皮尔·弗里斯：《从北京回望曼彻斯特：英国、工业革命和中国》，苗婧译，浙江大学出版社2009年版，第76页。
[3] Sidney Pollard, *European Economic Integration 1815 – 1970*, London: Harcourt Brace Jovanovich, INC., 1974, p.9.
[4] Ralph Davis, *The Industrial Revolution and British Overseas Trade*, Leicester: Leicester University Press, 1979, pp.13 – 14.

而奢侈品主要从东方进口。"① "在前工业时代，对工业品的需求也能表明一个社会在专业化和劳动分工的发展水平，从这个角度看，1500—1750年，印度和中国拥有亚洲最先进的经济体系。"② "1750年，中国制造业产值占世界总产值的33%，印度为23%，而整个欧洲为23%—25%。"③ "1815年欧洲的经济仍然处于前工业（Pre-Industrial）时代，大多数人还是在十分恶劣的条件下从事手工劳动，工匠们在家里或在作坊里使用简单的工具或使用畜能或风力，水力等自然能源进行生产，虽然出现了许多煤矿、金属矿的开采，以及玻璃、瓷器和纺织品的制造，但这些对英国经济的影响是不大的。"④ "因此，在大航海到工业革命很长的一段时间里，大量白银以及部分黄金流向印度和中国主要是生产成本和价格的优势，直到19世纪，欧洲使用机器生产以后，生产成本发生结构性变化，欧洲才克服价格影响。"⑤

加之中国对白银的需求十分旺盛，且增长很快，中国商品以白银为计量单位所表示的价格也远远低于欧洲国家，因此在欧洲市场上具有很强的竞争力。例如，西班牙官员报告指出："不管是将中国商品运到菲律宾还是用白银直接购买中国商品，由于售价低廉，所以获利颇丰。"⑥ 1621年荷兰东印度公司，以每磅4荷兰盾的价格采购一批台湾生丝，运到欧洲市场后，售价为每磅16.8荷兰盾。毛利率达320%。1632年，一位荷兰人记录道："迄今我们见到的商品可真不少，但是我们没钱去购买。"⑦反过来，"欧洲的大部分商品在中国都没有市场，广州的中国商人都不愿意接受

---

① Sidney Pollard, *European Economic Integration 1815–1970*, London：Harcourt Brace Jovanovich, INC., 1974, p.7.

② K. N. Chaudhuri, *The Trading World of Asia and the East India Company：1660–1760*, Cambridge：Cambridge University Press, 1978, pp. 204–205.

③ ［德］贡德·弗兰克：《19世纪大转型》，吴延民译，中信出版集团2019年版，第103页。［英］安格斯·麦迪森：《世界经济千年史》，伍晓鹰等译，北京大学出版社2003年版，中文版前言。

④ Sidney Pollard, *European Economic Integration：1815–1970*, London：Harcourt Brace Jovanovich, INC., 1974, p.7.

⑤ K. N. Chaudhuri, *The Trading World of Asia and the East India Company：1660–1760*, Cambridge：Cambridge University Press, 1978, p.456.

⑥ E. H. Blair et al., *The Phlippine Islands* (Vol. 22), Cleveland：A. H. Clark, 1909, p.214.

⑦ ［法］费尔南·布罗代尔：《十五至十八世纪的物质文明、经济和资本主义》（第二卷），顾良、施康强译，商务印书馆2017年版，第221—223页。

欧洲国家的商品,许多文章都表示很难增加欧洲商品在中国的销售规模。因为即便同类产品出现时,欧洲产品要么质量差要么价格高,欧洲产品质量差价格高恰恰反映的是欧洲生产力不足。而在欧洲市场上,中国产品具有质量和价格方面的优势。"[1]这说明中国和印度的生产力十分高效以及人力成本极低,所以才能够使生产出来的商品物美价廉,极具市场竞争力。

"1750年,全球GNP总额为1550亿,(以1960年美元计算),而亚洲的GNP为1200亿,而西方国家GNP则为350亿,这里的西方包括欧洲、美洲、俄罗斯以及日本,即亚洲国家不包括日本,GNP占全球总额的77%,如果把日本和俄罗斯归到亚洲,则亚洲GNP总值占全球80%,而这一比例一直持续到1800年。"[2] 而这一时期欧洲经济增长速度则明显快于亚洲,因此不难想象,往前推四百年,从1400年左右一直到大航海之前,欧洲GNP总值占全球比例的23%,而直到1750年,亚洲人口总数占世界总人口的三分之二,却提供了五分之四的世界经济总量。所以,至少截至1750年,亚洲的生产力是高于欧洲的。而亚洲经济的核心是印度和中国。[3] 乔杜里同样认为:"1500—1750年间,印度和中国生产力高于欧洲,在世界贸易中,明显更具生产力和竞争力。"[4] 就占世界制造业产量的份额来说,"1750年,西方的贡献约占23%,而东方(包括日本)占了约77%。即使晚至1830年时,东方的制造业产量仍然是西方的两倍,只是到1850年时欧洲才超越了亚洲。"[5] 到1750年为止,中国的领导地位显而易见,它占据世界制造业产量的33%。引人注目的是,中国所占的相对份额几乎比当时的西方高出50%——这与1953年处于顶峰时期的美国相对于欧洲加上日本和加拿大所占的份额大致相同,只是到1830年时,西方超过

---

[1] Patrick Tuck, *Britain and the China Trade 1635 – 1842*, Vol. Ⅶ, London and NewYork: Routledge, 2000, pp. 385 – 386.

[2] Andre Gunder Frank, "India in the World Economy: 1400 – 1750", *Economic and Political Weekly*, Vol. 31, No. 30, 1996, p. 55.

[3] Andre Gunder Frank, "India in the World Economy: 1400 – 1750", *Economic and Political Weekly*, Vol. 31, No. 30, 1996, p. 55.

[4] K. N. Chaudhuri, *The Trading World of Asia and the East India Company: 1660 – 1760*, Cambridge, Cambridge University Press, 1978, pp. 104 – 105.

[5] Andre Gunder Frank, "India in the World Economy: 1400 – 1750", in *Economic and Political Weekly*, Vol. 31, No. 30, 1996, p. 55.

■■■ 东西方贸易关系的演变与工业革命的缘起

了中国。①

而欧洲直到工业革命完成以前,西方人不能为其东方贸易提供除白银之外的有任何充分市场需要的商品(鸦片除外)。即使是他们引以为傲的民族工业——纺织业,最低成本价格也在中国商品价格的三倍以上。"曼彻斯特从事棉布纺织,它们非常成功,如今它们和高档的印度棉布很难区分,这夸大其词了。"②尽管兰开夏生产的产品,在宽度上和印度棉布也相差无异,但即使到了18世纪60年代,曼彻斯特棉布在质量上还无法与印度棉布相媲美。1765年,一位利物浦商人向财政部报告说,"方格布和其他曼彻斯特生产的东印度产品的仿制品等英国纺织品,是销往非洲货物的重要组成部分,但前提是在印度布料价格太高或者买不到的时候,因此曼彻斯特的生产商在生产技术上还有待极大的提高"③直到18世纪下半叶,欧洲、美洲和非洲的消费者都更喜欢印度的棉织品,原因是欧洲大部分地区棉麻混纺布料,这种布料比起印度的纯棉质品,比较粗糙,不够柔软和美观,所以虽然为缓解进口东印度产品导致的白银外流,与1700年、1720年分别颁布禁令,逐步自行生产,但这种进口替代在早期受技术和原材料的限制,是十分有限的也是局部的。尼德兰最好的棉织品的质量和成本也比不上中国杭州丝绸和南京布。尽管在明代,与中国相比,欧洲在火器、钟表、打火器、呢绒、船舶、玻璃等生产上就已经占优势,并且还可以转口南洋的香料、东洋的铜等商品,但中国对这些商品的需求量远远无法与欧洲对中国输出的大宗民生用品的需求相比。18世纪后期,英国人运往中国的印度棉花虽然在中国市场上有一定销路,但销售量乃远不足以抵付中国商品。而且还受到中国自产棉花生产量的限制,需求不稳定。由于没有足够的适合商品卖给中国人,欧洲人"为了与中国人做生意,不得不向中国支付白银",白银也成为"欧洲人从他们在亚洲内的贸易以及他们在欧洲和亚洲之间获取利润的主要来源"。④亚当·斯密曾指出:"新大陆的白银看来就是以这种方式成为旧大陆两端通商的主要商品之一把世界相隔遥

---

① [德]贡德·弗兰克:《白银资本:重视经济全球化中的东方》,刘北成译,中央编译出版社2001年版,第163页。
② [意]乔吉奥·列略:《棉的全球史》,刘媺译,上海人民出版社2018年版,第161页。
③ [意]乔吉奥·列略:《棉的全球史》,刘媺译,上海人民出版社2018年版,第161页。
④ [德]贡德·弗兰克:《白银资本:重视经济全球化中的东方》,刘北成译,中央编译出版社2001年版,第166、375—376页。

第三章 西方贸易逆差出现的原因

远各地区联络起来的，大体上也以白银的买卖为媒介。"① "没有白银，长崎到苏拉特的任何生意都做不成。"②

因此，欧洲大量进口亚洲产品导致的贸易逆差的一个原因是欧洲生产力有限，导致生产成本高昂。18世纪中叶与印度生产成本相比，"法国加纳布平均比印度同类商品贵70%，几内亚布贵30%到40%，甚至鲁昂生产的初级巴夫塔布也比印度进口布贵20%。"③而贵的原因是原材料和劳动力的价格很高，印度布料的原材料在总价格中只占20%—25%，而欧洲要占40%，剩下的成本被纺纱和织布均摊，需要指出的是这里的价格贵或成本高是拿在欧洲市场的印度棉布进行比较的，也就是包含了运输费用的比较，因此在印度当地由于原材料和人工价格的优势，其生产成本要比欧洲更低，这说明是欧洲在棉纺织品方面生产力不足，才导致白银流向印度。对中国的贸易同样如此，中国的丝织品和瓷器不仅美观而且生产成本低，运回欧洲获利颇丰，才导致白银流向中国。但长期以来，对于欧洲商品在亚洲市场的滞销，欧洲人认为是亚洲的消费嗜好还不太成熟。但是，欧洲的商品在质量还是价格上都是非常糟糕，这才是为什么亚洲人只接受白银和黄金的真正原因，还有，欧洲并不是唯一与东方主要国家保持贸易赤字的地区，这表明问题不能单纯归结为东方所谓"不成熟"的消费模式。还有一种"欧洲中心论"的观点认为亚洲人之所以偏爱金银，是由于其所谓的存储倾向。这种理论主要有两种缺陷。第一，这种假设认为亚洲的经济还没有货币化。但实际情况是到16世纪、17世纪，中国、印度、日本的经济已经货币化了。值得注意的是，很多亚洲国家倾向于货币税收，而不是以物代税，如前文所言，明朝基本实行货币地租，因此这种税收方式把很多农民都吸引到商业经济中，妇女纺线织布成为主要的获取货币的来源。第二，也是最重要的，如果亚洲人仅仅是在存储金银，那么我们如何解释亚洲为了获取更大的利润而参与全球套利交易的事实？事实上，白银被吸收到中国和印度后，被兑换成黄金，然后出口到欧洲，在那里又被兑换成白银。所以白银在亚洲国家不仅仅是被用于储藏，至少不是全部用于

---

① [英]亚当·斯密：《国富论》，莫里编译，中国华侨出版社2013年版，第63页。
② [法]费尔南·布罗代尔：《十五至十八世纪物质文明经济和资本主义》（第二卷），顾良、施康强译，商务印书馆2017年版，第221页。
③ [意]乔吉奥·列略：《棉的全球史》，刘嫩译，上海人民出版社2018年版，第247页。

· 137 ·

储藏而是选择一种合理的和趋利的形式。贵金属的进口,为许多亚洲国家的商业化提供了一种重要动力。换言之,金银并没有因为贮藏而退出流通,相反则是被用于促进生产和流通。基于这些原因,很显然,欧洲为弥补贸易赤字而进行金银出口,是其自身生产的脆弱和亚洲经济相对强大的一种体现。因此,欧洲在很长时期内与亚洲的贸易逆差主要是欧洲生产力水平低下,商品制造力有限,因此导致商品成本高昂,使得亚洲物美价廉的产品大量流向欧洲,使得贵金属流向亚洲。可见,在工业革命前,英国等西方国家确实存在生产力不足的问题,这才是导致贸易逆差的最主要的原因。西欧经济的自足性而是其生产力低下,需要大量借助东方商品才能使西欧经济体系正常运转。"①

总之,直到 18 世纪末印度和中国比主要欧洲国家具有更加强劲的经济力量。从大航海时代,欧洲是靠其商业资本运转世界资源的而非工业资本。所以与东方国家进行贸易时不能生产足够交换的产品才导致了东西方贸易长期的"一边倒"现象。西方在与东方的贸易交往中,始终是进口大于出口,存在着比较大的贸易逆差,这就造成了大量金银的外流。而日本和美洲白银成为支付贸易的唯一手段或主要手段。在工业革命之前的很长时间里,欧洲时代的曙光或欧洲中心主义尚未到来。但是美洲白银并非普通商品,可以无限生产,总有开采殆尽的时候,所以西欧一直努力改善贸易逆差的不利局面,以尽可能地减少贵金属的流出。

本章小结

综上所述,近代早期东西方贸易逆差的原因显然是多方面的,每一种因素在多大程度上造成的逆差也是很难厘清的。如果从贸易平衡论的角度来讲,应该从供需两个方面来谈。即我们需求什么,对方又能提供什么,只有从供求两个方面才能谈贸易的平衡。可是我们以前的研究过多地强调中国自然经济的封闭性以及农民极低的购买力。当然这确实是事实,但是也不能否认在工业革命以前的贸易交往过程中,西方确实提供不出东方需

---

① 刘景华:《"生产不足论":对西欧中世纪城市兴起的新思考》,《世界历史》1993 年第 4 期。

求的商品。① 王加丰认为："由于中世纪西方人要求于东方人的多，而东方人要求于西方人的少；同时也说明中世纪时，西方人落后，东方人先进；东方人看不起西方的产品，而西方人却需要东方的香料、丝绸、各种奢侈品或高级手工艺。这就导致贵金属外流"。②

金银套利确实是造成大量白银流进东方尤其是中国和印度的重要原因，但是在经过两个白银周期之后，东西方金银比价趋于一致的时候甚至在此前，当套利空间缩小后，再加上白银远距离输送本身成本高昂，套利活动就减少了。所以套利只是一个方面，因为套利说不能解释套利空间结束后仍然存在的逆差现象。

再看制度说，朝贡贸易体制是以"中国为中心的向外辐射的政治文化圈"（滨下武志语），但是朝贡体制并非完全排斥对外贸易的。朝贡贸易主要的使用范围是亚洲地区以儒家文化辐射圈为其大致范围的区域。而与西欧国家的贸易从一开始就是互利互惠的商业关系，再者，除明初朝贡贸易占据主导地位外，其余时期朝贡贸易并不占据中国对外贸易的主导，而扮演主要角色的是民间贸易，而民间贸易中涉及制度方面的限制可以说是很少的，民间贸易又可分为合法贸易和走私贸易，而后者几乎不涉及双方制度差异的因素。再者，朝贡关系也并非一成不变的。明朝自废除纸币以来，对白银的需求就很大，"一条鞭法"施行以来，需求更甚，可中国的白银产量却很低，所以明清两朝，除特殊时期施行海禁外，还是提倡外贸的。朝贡贸易是行朝贡之虚，行贸易之实。③ 纵观这一时期的对外贸易，海禁实行的年份是少数的，开海的年份占据多数，乾隆时期虽改四口通商为一口通商，但通商港口的数量与贸易量之间并没有所谓的正比例关系。

所以说，东西方的贸易逆差从根本上说是因为西方在产业革命之前产品制造力低下，无法提供适合东方国家消费的产品，迫于无奈将贵金属输入印度及中国以换取东方产品。④ "1400—1800年间的世界经济状况，不是亚洲的

---

① ［英］格林堡：《鸦片战争前中英通商史》，康成译，商务印书馆1961年版，第1页。书中认为东西方贸易的事实是西方在大量进口东方商品的同时无法提供东方需要的商品。

② 王加丰：《扩张体制与世界市场的开辟——地理大发现新论》，北京大学出版社1999年版，第56页。

③ 庄国土：《略论朝贡制度的虚幻：以古代中国和东南亚的朝贡关系为例》，《南洋问题研究》2005年第3期。

④ 严中平等编：《中国近代经济史统计资料选辑》，中国社会科学出版社2012年版，第17页。

虚弱,而是印度和中国经济实力的雄厚,不是欧洲无处不在的强大,而是于亚洲相比相对的衰弱"。① 弗兰克认为,正是中国对白银的巨大需求才导致了中国的出口顺差,并造成世界白银价格的上涨。② 但是实际上并不是因为中国对白银的无限需求才导致的白银内流,而是欧洲需要东方的商品,不得已将白银输往东方国家,因此中国是以出口顺差的办法获得白银。③ 按理说,大量贵金属流入会导致物价上涨,然而,印度和中国都没有出现大规模的物价上涨。当然,明清时期,人口迅速增长,缓和了通货膨胀,但更主要的原因是商品产出和货币流通速度吸收和稀释了货币供应的增长。④ 再者,中国从来没有主动想要吸引美洲白银,而欧洲人大航海的目标就是中国和印度,就是东方的财富,只是在大航海的过程中意外发现美洲,大量贵金属进入欧洲,再进入亚洲,所以欧洲觊觎东方财富在先,而非印度和中国觊觎欧洲白银在先,但欧洲又因为没有可供交换的产品,美洲的发现,正好为欧亚贸易提供了最好的媒介。所以生产力不足才是产生贸易逆差的重要原因。

---

① Andre Gunder Frank, "India in the World Economy: 1400 – 1750", *Economic and Political Weekly*, Vol. 3, No. 30, 1996, p. 62.
② [德] 贡德·弗兰克:《白银资本:重视经济全球化中的东方》,刘北成译,中央编译出版社2001年版,第162页。
③ Magda Von Der Heydt-Coca, "Andean Silver and the Rise of the Western World", *Critical Sociology*, Vol. 31, No. 4, July 2005, pp. 498.
④ Andre Gunder Frank, "India in the World Economy: 1400 – 1750", *Economic and Political Weekly*, Vol. 3, No. 30, 1996, p. 53.

第四章

英国扭转贸易逆差的措施

　　面对旷日持久的贸易逆差，为扭转不利局面，英国人在工业革命前进行了多种努力。白银外流，首先引起国内贵金属匮乏，为缓解这一矛盾，英国人通过汇票、票据、纸币等信用货币来弥补贵金属的不足；而银行的建立，对汇率以及纸币的稳定起到积极作用，这些金融措施大大减少了英国国内经济往来中对贵金属的依赖程度。除此之外，为鼓励国内产品出口，英国政府还实行贸易保护政策，对本国出口商品实行低关税，反过来对进入英国市场的制成品实行高关税，以降低外国产品在英国市场的竞争力，这一点在进口印度棉织品方面表现得淋漓尽致。但是这些措施依然不能扭转英国在东方贸易的不利地位。因为英国对中国茶叶的需求与日俱增，而中国对英国商品的需求却依然冷漠如初。这时，英国迫切需要找到一种可以打开中国市场的商品，以平衡贸易局面。同时，在18世纪末19世纪初的几十年时间内，受美国独立战争、拿破仑战争以及拉美独立运动的影响，拿破仑大陆封锁体系的建立、再加上美洲白银矿藏的减产，流入欧洲的白银日益减少，而东方贸易的规模却在不断扩大，因此用什么维系东方贸易是一个棘手的问题。

　　各种机缘巧合之下，英国终于在印度找到了答案——鸦片。鸦片不仅改变了白银流向，而且扩大了中英贸易额。大量东方产品流入英国后，也扩大了英国转口贸易的利润。同时，鸦片贸易也给英属印度政府带来巨额收入，但是鸦片贸易导致中国银贵钱贱，百姓实际购买力下降。随着工业革命的推进，英国制成品大幅增长，而鸦片贸易却限制了其制成品在中国的销售。因为鸦片耗尽了中国人的白银，中国封建经济体制下原本购买力就十分低下,英国便更难打开中国市场。随着工业革命的进行,英国工业资产阶级力量不断增长,国内就东印度公司对东方贸易的垄断以及进行鸦片贸易提出质疑与批评。英国从重商主义角度出发,发展国内制造业,扩大出口,与东方进行商业竞争。首先,从减少对外国商品的依赖开始,这样可以减少白银流出。马戛尔尼访华时就从中国带走了茶树的树种,在印度北部阿萨姆地区精心培植,终于在几十年以后获得巨大成功,英国逐渐减少对华茶叶贸易额,最终印锡红茶、日本绿茶取代了中国茶叶在英国市场的主导地位;其次,从最初为减少贸易逆差的角度出发,提高印度棉织品的关税以及禁止穿着和消费印度棉织品到自行生产,英国最终将印度从棉织品出口国变成了棉花出口国。印度开始向英国和中国出售棉花和棉纱,英国成为棉织品出口国。纺织业所带动的生产变革及生产关系的飞速发展,使得围绕机器生产的其他产业发生变化,生产力的突飞猛进被学者们称为产业革命,而这最终扭转了东西方的贸易格局。在工业革命开始之前及之初,英国所做的种种努力对于扭转不利的贸易局面都起到了积极有效的作用。

第一节 金融政策

西欧自中世纪后期以来,由于人口迅速增加、新兴工业不断产生、土地利用程度的提高以及贸易的发展,社会各个阶层对货币的需求量也在与日俱增。但是,由于自产贵金属不足,金银供给十分有限。因此从一定意义上讲,在发现新大陆之前,通货紧缺已经成为限制西欧商品流通的重要难题。"14世纪中期以后,英国铸造硬币的年平均产量急剧下降,1418—1460年与1350—1417年相比,又下跌了50%。商人经常对硬币短缺发出抱怨,而且当铸币量减少的时候也是物价较低的时期。"[①] 在这种情况下,西欧出现了短期性的货币匮乏和相对地通货紧缩,且其程度会随着贸易和经济的发展不断加重。同时,近代早期,西欧各国战争频仍,导致军费开支增大,造成各国政府财政拮据,因此每个国家都迫切需要"钱,钱,更

[①] John Hatcher, *Plague, Population and the English Economy: 1348 – 1530*, London: Macmillan, 1977, pp. 51 – 53.

多的钱。"① 新航路开辟以后,来自新大陆的黄金白银并没有一举解决西欧通货紧缺的问题。受贸易发展和经济规模增长的影响,西欧对于流通货币的需求也在迅速增加,其增加的速度已经超出了美洲金银的供给速度。至17世纪后期,这种情况更为严重,全西欧的城市可能只有阿姆斯特丹所受影响稍轻。② 其他城市的经济均受到不同程度的通货紧缩的影响。如1540—1550年间,英国发生了货币重铸和严重的货币贬值,货币中的金银成分大大减少,为适应日益活跃的经济需求,不得不增发货币。法国货币"图尔里佛"中的含银量也不断降低,1541—1550年为50%,1551—1560年为39%,1561—1570年为11%,1571—1580年为17%,1581—1590年为18%,1591—1600年仅为5%。而"图尔里佛"的发行量却在不断增加,1493—1550年为4000万,1551—1610年达到了1亿。③ 此外,从1500年到1650年间,荷兰、匈牙利等国的货币,其含银量也都减少了一半,英国减少了1/3。

英国自近代以来国内贵金属总量始终不能满足人们对货币的需求,尤其自都铎政府以来,历代政府总是被不时之需所困。④ "而且贵金属货币在使用及流通中以大约每十年磨损2%的速度在不断减少",⑤ 所以到"1500年英国银币的含银量只有公元800年的50%"⑥。"1641年,伦敦商人向议会请愿,认为导致商业衰退的真正原因是货币短缺。"⑦ 1659年圣保罗大教堂的牧师约翰·巴瑞克(John Barwick the Dean of St. Paul's Cathedral)指出

---

① [美] 保罗·肯尼迪:《大国的兴衰——1500—2000年的经济变迁与军事冲突》,王保存等译,求实出版社1988年版,第91页。Stanley J. Stein and Barbara H. Stein, *Silver, Trade and War: Spain and America in the Making of Early Modern Europe*, Baltimore and London: The Johns Hopkins University Press, 2000, p. 3.
② [意] 卡洛·M. 奇波拉主编:《欧洲经济史——十六世纪和十七世纪》(第二卷),贝昱、张菁译,商务印书馆1988年版,第452—454页。
③ [意] 卡洛·M. 奇波拉主编:《欧洲经济史——十六世纪和十七世纪》(第二卷),贝昱、张菁译,商务印书馆1988年版,第452—454页。
④ [意] 卡洛·M. 奇波拉主编:《欧洲经济史——十六世纪和十七世纪》(第二卷),贝昱、张菁译,商务印书馆1988年版,第452—454页。
⑤ 马克垚:《英国封建社会研究》,北京大学出版社1992年版,第334页。
⑥ J. L. Bolton, *The Medieval English Economy: 1150–1500*, London: Dent, 1980, p. 74.
⑦ Joan Thirsk and J. P. Cooper ed., *Seventeenth-Century Economic Documents*, Oxford: Oxford University Press, 1972, p. 41.

"商业萎靡和缺乏货币导致伦敦房价下跌10%。"[1] 而东方贸易导致的贵金属外流无疑使得本就拮据的政府财政状况雪上加霜。"因为按照费雪方程，国内净收入等于消费+投资+政府开销+进出口贸易差额。"[2] 所以贸易逆差对国内净收入是存在很大影响的。如何使国家的预算保持平衡，这是英国政府面临的棘手问题。除了赋税政策之外，各国也尝试许多措施，如以赋税为抵押的短期贷款、拍卖国有土地、以"年金"形式的长期贷款等，但这些措施并不能满足经济发展对货币的需求。于是在实体货币之外延伸出来的虚拟货币如汇票和纸币应运而生，有效地缓解了贵金属不足对东方贸易带来的负面影响。但是纸币发行的数量，汇票的汇兑，需要信誉良好的金融机构，于是专门从事汇兑和存储的机构——银行出现。这些虚拟货币及金融机构的产生大大减少了英国国内经济活动中对贵金属的依赖，使得在贵金属不足甚至没有的情况下，贸易往来可以正常进行。

一 银行的建立

正是因为17世纪初出现了货币危机，英国不断有人提出关于银行的各种构想。1622年杰拉德·马林斯（Gerard Malynes）他不仅是商人也是伊丽莎白时期政府的商业顾问，他针对当时的货币短缺问题就提出建立银行的设想，当时的主要想法是吸纳个人存款起到促进资金流动的作用即相当于储蓄银行的功能。[3] "假设甲在银行有2000达克特[4]，乙拥有3000达克特，甲需要向乙支付1000达克特，于是甲乙双方约定时间在银行见面，从甲银行账号中支付1000达克特给乙，乙也可以用转账的办法再转账给其他人。"[5] 整个交易过程无须现金，钱依然在银行。

1657年，伦敦商人塞缪尔·拉姆（Samuel Lambe）对银行职能有了新

---

[1] Joan Thirsk and J. P. Cooper ed., *Seventeenth-Century Economic Documents*, Oxford: Oxford University Press, 1972, pp. 65-66.

[2] Dennis O. Flynn, Arturo Giraldez, Richard Von Glahn, *Global Connections and Monetary History: 1470-1800*, England: Ashgate Publishing Limited, 2003, p. 19.

[3] Sidney Lee ed., *Dictionary of National Biography*, Vol. XXXVI, London: Smith, Elder, & CO., 1893, pp. 9-10.

[4] 中世纪晚期在欧洲通行的一种金币。

[5] Samuel Lambe, Seasonable Observations Humbly Offered to His Highness the Lord Protector, London, 1657, pp. 12-13.

的构想。"如果一位商人准备向布料商贩购买 100 英镑的布料,但是这位商人没有 100 英镑的现金或者在银行也没有相应存款,为了促成这一笔买卖,商人和布料商贩一起去银行,这位商人成为欠布料商贩一笔钱的借方,而布料商贩则成为贷方。之后商人将 100 英镑的布料通过零售出售给其他人,如果购买者依旧没有实体货币,可以在银行形成新的借贷关系,只是此次商人的借贷关系发生反转,从借方变成贷方,用账户来进行各自平衡支出,类似的实践可以用于所有贸易。"① 塞缪尔的构想更接近清算银行,其目的是尽可能地减少在交易中使用现金。新航路开辟以来东方贸易给欧洲带来大量财富的同时引起的白银外流导致英国通货相对紧缺。为解决现实需要,并在必要时候平衡贸易。1694 年,英国建立起永久性的金融机构——英格兰银行。② 至 1730 年,西欧国家已经普遍建立起现代信用制度。一些信用体系更为完善的国家和地区,已经建立起包括"货币—金融—借贷"在内的一整套制度。银行业的发展具有关键性意义,它使得英国摆脱了因贵金属不足对国内商业的限制,由于国内商业可以用转账和借贷的形式进行平衡,最大限度地减少现金或贵金属的使用,从而相对增加了其可用于东印度贸易的贵金属,在一定程度上缓解了西欧一直以来的通货紧缺问题。银行建立后通过发行纸币、发行公债等职能手段大大弥补了市场上实体货币不足的缺陷。

二 信用货币制度的产生

银行的发展促进信用工具的发展,信用货币早在公元前 2000 年的巴比伦就已经出现,之后使用者寥寥,到近代西欧贵金属不足的时候,这种古老的文明成果又重新开始被使用。

(一) 纸币

英国纸币最早起源于金匠们手写的票据。当时,票据持有者可凭此提取现金,此举主要是解决长途携带贵金属的安全及方便问题。1678 年,商人马克·刘易斯提出银行应具有发行可流通票据的职能,纸币的概念呼之欲出。至 1694 年,英格兰银行按照存款总额,发行了可提取现金(硬币)

---

① Samuel Lambe, *Seasonable Observations Humbly Offered to His Highness the Lord Protector*, London, 1657, pp. 12–13.

② G. M. Treveyan, *England under the Stuarts*, Methuen: Folio Society, 1965, p. 441.

的流通券。这种流通券成为英国纸币的前身。随后，英格兰银行董事会决定发行印刷的流通票，以信贷的形式支持货币市场。纸币的出现缓解了因白银不足而带来的通货不足，尤其是因白银大量东流后国内小额交易困难问题。尤其是伴随美洲白银减产、东西方贸易额的扩大，国内对白银需求激增的时候，纸币的发行减少了商业往来中对贵金属的依赖。比如1783年当出现外汇短缺之时，再如1793—1815年英国对法战争期间，战争花费大量金钱，所造成的第一个影响就是纸币代替金币。政府发行大量纸币以代替贵金属的流通。纸币的发行及流通帮助英国解决了因白银流向东方从而造成的金银比价升高等一系列金融问题，从而稳定了金融市场，不必因为国内白银减少，而造成伪币、劣币盛行，也不必因为白银流失造成金价上涨，引起国内优质货币外流、贮藏或金融市场的紊乱。

（二）汇票

作为一种具有法律约束力的书面承诺，汇票起源于12世纪的热那亚，到14世纪开始在意大利城市共和国得到广泛使用。[①] 对于经营跨地区贸易的商人而言，汇票在解决异地结算和现金携带安全问题上，具有非凡的优势。进入近代后，随着西欧金融体系的不断发展，出于安全和便捷考虑，银行在收款人提款或借贷时，往往会将现金以票据的形式交给对方。该票据印有本银行的印记，持票人可以凭之在异地提现，也可直接以之为支付手段。通过汇票，银行利用自己的信用，在无形中创造出一批"货币"，从而使得实际的通货流通量大于金银的总价值，创造出一笔虚拟财富。银行凭借自己的信用"创造"了货币，大大扩展了市场上流动资金的总量，加速了资金的周转和流动。

银行发行汇票具有非常重要的意义，首先，使银行成为可以"创造"货币的金融机构，其功能性向前迈进一大步；[②] 其次，汇票的出现增加了市场上实际通货流通量，就此解决了困扰已久的通货紧缺问题；再次，有了信用货币，西欧不再完全依靠贵金属进行交易，就此减轻了

[①] Julius Kirshner ed., *Selected Studies of Raymond de Roover：Business, Banking and Economic Thought in Late Medieval and Early Modern Europe*, Chicago：The University of Chicago Press, 1974, pp. 200 – 201.

[②] ［意］卡洛·M. 奇波拉主编：《欧洲经济史——十六世纪和十七世纪》（第二卷），贝昱、张菁译，商务印书馆1988年版，第440—441页。

对贵金属的依赖。在18世纪末19世纪初，由于中国对欧美各国整个的海上贸易都是出超，欧美各国普遍感到贵金属匮乏，所以东印度公司不可能利用本国白银其他国家贵金属来解决自己对中国的贸易平衡问题。所以汇票就起到了很好的缓解硬通货不足的难题，使得贸易可以继续维持下去。

（三）支票

在支票发展历史方面，意大利的情况较为特殊。早在16世纪70年代，意大利人便开始使用支票。但对西欧绝大多数国家而言，在西欧金融体系发展早期，存款转账还需经过较为严谨的程序：需要存款所有者到银行完成一份具有法律效力的授权书。到17世纪60年代，英国才出现了最初的支票，因为商人往来于中国或印度的贸易，路途遥远，无法亲自口述转账的申请，所以用支票的方式进行资金的改变。同汇票一样，支票的发行也具有非常重要的意义。首先，支票的出现使银行成为可以"创造"货币的金融机构，其功能性向前迈进一大步。其次，与汇票一样，支票的出现也增加了通货流通量，降低了国内商业对金银的依赖，更多的金银可被用于远程贸易。

三　金本位制的确立

16—18世纪，欧洲通行货币主要是金、银两种，因二者储量与开采量不断变化的缘故，造成二者比价也经常变动。虽有官方规定的金银汇率，但受供求情况影响，金银的市场价值是波动的，比价往往变化无常。因为国际不同的比价造成不同金属的流向，而金银的流向又反过来会影响贵金属比价。由于在亚洲（尤其是印度和中国）和西欧之间，存在着金银比价的巨大差异，白银在西欧除了具有国际结算通货的意义外，还成为输出套利的工具。大量白银涌入亚洲后，欧洲市场上流通的白银减少，这样使得欧洲金银比价上升，黄金价格下降。为避免因金银交换比率不定而单纯以市场比价为准带来的缺陷，英国于1695年确定了金银法定比价。但是因为与欧洲大陆国家金银比价相比，英国的银价较低，银币大量被熔化运出。此外，17世纪后半期，在英国流通的货币都是年代久远、磨损严重、缺边少角的旧银币，有的只剩下原来重量的一半，更加剧了白银不足的影响。到1694年，英国发生了信贷危机，英镑的稳定性受到冲击，由于与法国的战争，英国政府不得不向外支付大宗款项而输出大量实物金，导致银根紧缩。

故英国首先从金银复本位制变成金本位制。这样一来，黄金的价格不再受白银数量变化的影响，稳定了金融市场，也减缓了东方贸易的不利局面对英国经济的冲击，并一定程度上起到了调节西欧白银市场的作用。

再者金银复本位制遵循格雷欣法则，[①] 英国在1696年"硬币大重铸"以后，就受到格雷欣法则的困扰。金币基尼的价格最高时达30先令，但黄金价格的下降导致基尼的价格也随之下降，最低时1基尼仅可兑换22先令。与东方贸易导致白银大量外流，英国市场上流通的银币数量急剧减少，从而为不法分子钻营提供了条件。大量成色不足或重量不足的银币充斥市场，因此在金银兑换比率不变的情况下，银币质量下降导致了英国黄金价格的上升。但在格雷欣法则下，虽然法定比价没有改变，但是实际市场比价导致1基尼金币只能兑换18先令的足值足量银币，这等于抬高了英国黄金价格，从而导致黄金外流，给英国金融带来诸多不利影响。鉴于此，英国于1821年率先确立金本位的单一币制，摆脱了白银外流给本国经济带来的各种不利因素。从某种程度上讲，与东方贸易的白银外流至少促进了金本位的确立。金本位的确立，弱化了白银的货币职能，使银币只处于辅币的地位，从而减少了英国对白银的需求。而且实行金本位后，英格兰银行还可抛售巨额白银，增加市场上的白银供给，缓解了东方贸易中的白银危机，更加便利了白银流入印度和中国等东方国家，也为这些国家确立银本位的货币制度创造了积极条件。

综上所述，英国通过一系列金融政策缓解了因与东方贸易逆差引起的国内贵金属不足对经济的影响，至少通过银行的建立和信用货币的发行减少了国内经济流通领域中对贵金属的依赖，从而可以将大量的白银用于与印度和中国的贸易，大量东方商品的进口不仅满足国内消费还可以通过转口贸易获取其他地区（欧洲国家和美洲）的财富。

---

① 格雷欣法则或格雷欣定律（Gresham's Law）指在实行金银复本位制条件下，金银有一定的兑换比率，当金银的市场比价与法定比价不一致的时候，市场比价比法定比价高的金属货币（即良币）将逐渐减少，而市场比价比法定比价低的金属货币（即劣币）将逐渐增多，即劣币驱逐良币的现象。

第二节 贸易政策

对外贸易对于国家社会的发展具有突出的意义,它是"推动整个社会机器运转的巨大机轮"。① 面对不断发展着的世界经济全球化和逐步扩大的新兴市场,西欧国家都意识到对外贸易的重要性。对于西欧国家而言,对外贸易关乎着新兴民族国家的兴衰,更直接影响着国家的经济状况。为此,各国纷纷采取军事、经济等手段,直接干预对外贸易,试图垄断贸易线路上的利润,其中最为典型的则属贸易保护政策。贸易保护政策的核心有两个,其一是干预进口,即通过行政手段干预和限制进口贸易,尤其注重减少进口与本国商品有竞争关系的商品;其二是鼓励出口,即通过行政手段为本国商品和服务的出口给予特殊补贴与优惠政策。贸易保护政策符合近代西欧发展的需要,为西欧各国普遍采纳,其中最为典型的是英国。通过运用包括军事手段、法律法案、相关政策在内的多种手段,英国将贸易保护政策发展完善,并从中获取巨大的收益。

与此同时,欧洲国家纷纷参与东方贸易,为减少对贵金属的依赖基本都采用过转口贸易的形式,以实现贸易平衡。因为欧洲大陆本身自产商品不仅数量有限而且对东方的输出更有限。英国的鸦片贸易最成功、最具代表性。英国人用印度的鸦片换取本国必需的茶叶,不仅不使用白银而且还可使白银回流印度及英国,这笔财富不仅丰富了英国工业革命的资金,也扩大了英国制成品在印度的销售能力。但是一味地输出鸦片导致的新问题就是中国无力购买英国的制成品,一方面英国工业革命的成果不断显现,另一方面工业资产阶级的力量不断强盛,这种用鸦片套白银的做法最终伤害了英国工业资产阶级在中国的长远利益,所以减少对中国茶叶的进口才是根本办法,所以英国从18世纪末一直不断地在印度及斯里兰卡地区尝试种植茶叶,最终在18世纪中叶印度和斯里兰卡茶叶开始在伦敦销售,这种从一开始就采用科学化管理及机器加工的印锡茶叶最终在品质上打败了中国茶叶,三百年来中国传统特色商品最终失去国际市场。总之,英国为扭

---

① [意] 卡洛·M. 奇波拉主编:《欧洲经济史——十六和十七世纪》(第二卷),贝昱、张青译,商务印书馆1988年版,第365页。

■■■ 东西方贸易关系的演变与工业革命的缘起

转其在东方贸易的不利地位，在工业革命前尝试过很多措施，贸易保护也罢、转口经营也好，这些措施在很大程度上对缓解东方贸易的逆差起到了积极的作用。

一 关税保护

长期以来，英国一直实行关税保护政策。在都铎时代以前，这种政策取向已经初现端倪。1258年，英国为保护毛纺织业的发展颁布"牛津条例"，以此限制羊毛的出口。至都铎时代，英国的关税保护政策多次出现，尤其是在亨利七世和伊丽莎白一世时期，英国多次调整关税政策，限制外来同类商品（如羊毛制品、皮革和金属制品）的流入，限制原材料（如羊毛）的出口。同时，英国政府还鼓励本国制造业，尤其是羊毛加工业的发展，为一个世纪后英国羊毛加工业的兴起提供了良好的环境。①就英国对外贸易的发展路径而言，虽然亚当·斯密的理念是推崇自由贸易，但事实却是英国长期选择了一条与自由贸易背道而驰的贸易保护道路。英国实行关税保护政策，其核心目的是增强本国产业实力，获取更多利润。为实现这一目的，该政策主要包括两个方面的核心内容。其一是限制进口，尤其是限制进口那些会与本国产业发生竞争的商品，以此保障本国制造业能够在一个良好的环境下发展壮大；其二是积极扶持本国的制造业。为此，英国一方面引进先进技术，扶持本国制造业的发展；另一方面限制原料出口，鼓励本国出口具有高附加值的商品。为践行这一政策，英国不断调整关税，甚至不惜动用武力。正是出于防止贵金属外流的考虑，对印度棉织品实行关税保护政策，但减少进口量和提高进口关税只能导致国内棉织品价格猛涨，但是英国却积极鼓励原棉进口，最终贸易保护不仅扶持了棉纺织业的成长，还由于纺纱和织布行业技术的不断进步最终引发了全方位的生产方式的变革——产业革命。

17世纪40年代开始，棉纺织品在英国刚刚开始出现之时，人们就已经接受并喜欢上了棉纺织品，但无力与印度棉纺织品竞争导致欧洲贸易保护主义的蔓延。印欧之间的大规模贸易，引起欧洲本地布料生产者的强烈

---

① 参见［德］弗里德里希·李斯特《政治经济学的国民体系》，陈万煦译，商务印书馆1961年版，第23页。张夏准：《富国陷阱：发达国家为何踢开梯子?》，社会科学文献出版社2009年版，第24—26页。

第四章　英国扭转贸易逆差的措施

不满。到 17 世纪末期，欧洲许多国家采取禁止进口印度货物的政策。1680—1720 年，欧洲各地通过并制定一系列法律来限制甚至禁止进口亚洲棉布和丝绸，棉布首先被法国禁止，但这些做法并不是非常有效。印度的手工制品仍然源源不断地流入英国以及其他欧洲国家。1681 年，伦敦的丝绸织工向议会递交了一份请愿书，呼吁英国人拒绝穿印度的纺织品，但结果不了了之。尽管进口税由 1685 年 10% 提高到五年后的 20%，但进口的数量依然有增无减，以至于英国的丝织工们试图捣毁东印度公司的经营场所。"以伦敦为例，1700 年一项试图禁止印度棉布的法令流产，遭到三千多名织匠的抗议。"① 显然，织匠们把印度棉布和丝绸看成是对于自己幸福的致命威胁。"印花棉布问题甚至一度成为 17 世纪末到 18 世纪 20 年代英国的主要政治问题之一。"② 对于印度棉织品的禁止持续了很长时间，当时的人们普遍认为英国东印度公司的无能和不公正的特权妨碍了"国民财富"，认为腐化的亚洲纺织品给国家纺织经济带来噩运。从 1690 年起，棉织品关税逐步攀升，最初设定的关税标准是 20%，到 1720 年达到 35%。1700 年，英国议会开始讨论禁止进口印花棉布等相关议题。1701 年，英国禁止进口孟加拉的丝绸织品，穿着此类织品将被处以罚金，并对白棉布征收 15% 的附加税。③，并最终在 1721 年全面禁止除了平纹细布和蓝色棉布以外所有的印度棉布。一份以《织匠的胜利》为题的单幅报纸声称："成千上万可怜人兴高采烈地庆祝这个喜庆的日子，为他们破产的生意重现生机而全体一致地向国王和议会致谢。"④ 因为该禁令直接影响到进口棉布的数量。之后，尽管东印度公司依旧大量进口印花布，但是主要用于再出口而非国内消费。当然，由于利益驱使，走私行为依旧猖獗，不法商人和公司职员偷偷地将印花棉布带回英国。但是，对于日渐庞大的国内消费市场，仅靠走私运入国内的印花棉布等显得杯水车薪。英国东印度公司不仅面对进口货物的高额关税，还受到伦敦销售商压低商品价格的要求。因

---

① ［意］乔吉奥·列略：《棉的全球史》，刘姒译，上海人民出版社 2018 年版，第 122 页。
② K. N. Chaudhuri, *The Trade World of Asia and English East Company: 1660 – 1760*, New York: Cambridge University Press, 1978, pp. 277 – 280.
③ Chicherov, *India Economic Development in the 16 – 18 Centuries: Outline History of Crafts and Trade*, Moscow: *Pillai's Publishing House* 1971, p. 125.
④ ［意］乔吉奥·列略：《棉的全球史》，刘姒译，上海人民出版社 2018 年版，第 122 页。

此，它们不得不减少进口消费品的数量。①

减少印度棉织品进口数量后，确实在一定程度上减少了白银外流印度的局面，但是国内需求高涨的情况依旧没有改变，所以1721年禁令后，英国将进口的印度棉织品贩运至其他国家和地区，利用转口贸易获取利润，而国内保留平纹细布的进口，因这种白色棉布进口价格要低于印染过的印花布，即减少了白银的外流，再者因此布穿着前需进行染色加工，这样还可以利用染色加工业增加国内就业机会，可谓一举两得，更重要的是通过对棉布的印染和再加工，培养了一大批技术人才，英国在摸索中开始走上发展自己棉织品制造业的发展道路。

二 转口贸易

重商主义者托马斯·孟曾坦言："英国输往东方的财宝可以用东印度公司进口东方产品予以再输出来弥补。"② 一语道出了转口贸易的作用。"在东印度公司建立的第一年，公司用大量贵金属和少数本土商品如羊绒、铁、锡、铅等换取整船的胡椒与香料，共花费2948英镑，然而这些商品运回英国后售价为36387英镑。"③ "为维持与东方的贸易平衡，欧洲国家将价格低廉的东方产品输入欧洲进行转口贸易，以获取贵金属。"④ 沃勒斯坦认为："这一时期亚洲为欧洲提供的不仅仅是奢侈品，而是金银。"⑤

为减少贵金属的使用，欧洲商人尽量采用以物易物的三角贸易甚至多角贸易的方式来减少对贵金属的依赖。荷兰作为比较早参与亚洲贸易的欧洲国家，其采取的办法就是以古吉拉特的棉纺织品换取东南亚的胡椒，再以胡椒和其他香料及日本白银换取中国的茶叶、瓷器等商品。总之，尽可能地用一个地区的贸易来补偿另一个地区的贸易，而不使用本国贵金属。

---

① Hilary Young, *English Porcelain 1745-1795*, London: Victoria & Albert, 1999, p. 74.

② [英] 约翰·克拉潘：《简明不列颠经济史》，范定九、王祖廉译，上海译文出版社1980年版，第386页。

③ C. J. Hamilton, M. A, *The Trade Relations Between England and India: 1600-1896*, Delhi: Mohammad Ahmad, 1919, p. 15.

④ Stanley L. Engerman, *Trade and the Industrial Revolution: 1700-1850*, Camberley: Edward Elgar Publishing Ltd, 1996, p. 14.

⑤ Stanley L. Engerman, *Trade and the Industrial Revolution: 1700-1850*, Camberley: Edward Elgar Publishing Ltd, 1996, p. 14.

第四章　英国扭转贸易逆差的措施

"1735年以后,荷兰人每年在广州销售的胡椒约有50万磅,1740年以后在广州的胡椒销售额达到150万—200万磅,1750年以后有些年份的胡椒销售额可以达到300万磅,其价值大约相当于18万两白银,而这些物品所换的白银全部用于在广州购买茶叶。"[①] 荷兰人因为经营三角贸易节省了大量白银,缓解了因贵金属不足给东方贸易造成的压力。

英国东印度公司也采取了相同的做法,它的亚洲在地贸易甚至比荷兰人的持续时间还要长。截至18世纪50年代,公司的贸易结构由三个相互关联的部分组成,一是英国和东印度之间的双边贸易,二是欧洲的内部贸易,以出售东印度商品换取公司远航所需物资,白银黄金以及其他出口商品。三是亚洲内地贸易。[②] 在英国又俗称"港脚贸易"(指亚洲内部的国际贸易,英文为"Intra-Asiatic Trade"或"Port to port Trade"。近代初期它的通行用法称"Country Trade",当时中文称为"港脚贸易")。后两者是英国与东印度直接贸易必不可少的补充,因为英印双边贸易会动用大量硬通货,使贵金属在表面上急剧减少,但东印度商品在欧洲市场再出口,可以为英国带来更多的金银,并使跨洲贸易在经济上成为可能。英国本土产品——毛织品在东南亚和广州滞销,因为当地气候炎热,毛织品没有销售市场,反而是印度的印花布十分畅销。为了缓解贵金属不足的问题,英国便采取三角贸易的政策,在16—19世纪东南亚的贸易形式是:从印度进口棉布,从美洲和日本进口白银,从中国进口铜线、瓷器和丝绸以及茶叶。向中国输出包括胡椒、香料、檀香木等产品。但中国人不愿意购买英国的毛织品和铅(而只有锡在中国略有市场,但需求量十分有限),并经常拒绝印度产品。[③] 在这样的情况下,英国商人对贵金属的需求就很多,白银经常占英国输出商品总值的90%以上。从伦敦开出的商船有十分之一以上是毛织品,其余大都是白银。但幸运的是英国的商品在印度打开了市场,英国商人用羊毛、铅、铁、锡换取印度的棉布,再将印度的棉布输入东南亚,因为印度棉织品在东南亚很受欢迎,再收购东南亚的香料,再将香料

---

① 庄国土:《16—18世纪白银流入中国数量估算》,《中国钱币》1995年第3期。
② K. N. Chaudhuri, *the English East India Company: The Study of an Early Joint-Stock Company: 1600 – 1640*, London: Routledge /ThoemmesPress, 1999, p. 4.
③ [美]马士:《东印度公司对华贸易编年史》(第一卷、第二卷),中国海关史研究中心组译,中山大学出版社1991年版,第294页。

· 153 ·

输入中国，以换取英国所需的茶叶、丝绸等，从而减少白银的外流。①"如果我们能够扩大印度原棉的出口，让中国进口更多的原棉，那么我们的损失就可以在一定程度上得到补偿。"② 中国进口印度的原棉数量：1784—1785年是311762吨，1790—1791年是2232518吨。③

英国这种三角贸易的兴起使广州成为东南亚香料集散中心。如1739年贸易季，英国商船"沃波尔"号从东南亚载1943担胡椒运往广州，每担售银十两。④出售香料所得白银大都用来购买茶叶和瓷器，实现了不需要白银的以物易物，用印度棉织品换取东南亚香料，再用香料换取中国商品。整个贸易过程英国人用亚洲内部商品进行平衡，减少了白银的使用。

而印度的棉织品除了运到东南亚换取香料以外，还有一部分进入美洲殖民地和欧洲市场，英国在国内通过禁令禁止消费印度棉织品，但并不是禁止进口印度棉织品。英国将大量棉织品销售到欧洲大陆，一举两得，既通过亚洲产品和欧洲产品的价格差赚取其他国家的钱，又打击了大陆国家自身棉织业的发展。"18世纪30年代，英国将从印度进口的棉织品的50%转口出售到荷兰，以赚取巨额利润。""1660—1720年，亚洲纺织品包括丝织品分别占据E. I. C年收入的75%和V. O. C的43%。"⑤乔杜里认为英国东印度公司在1710年左右，每年从亚洲商品的转口贸易中获利平均每年约390000英镑，在18世纪二三十年代获利虽稍有减少，但仍保持在300000英镑左右。E. I. C四分之三的财政资金来源于亚洲贸易。⑥"1699—1701

---

① [英] 吉尔斯·密尔顿：《香料角逐》，[澳] 欧阳昱译，百花文艺出版社2008年版，第94页。

② Patrick Tuck, *Britain and the China Trade 1635 - 1842*, Vol. Ⅶ, London and New York： Routledge, 2000, p. 219.

③ Earl H., *The Crucial Years of Anglo-Chinese Relations*：*1750 - 1800*, New York：Octagon Books, 1970, p. 393, pp. 401 - 402.

④ [美] 马士：《东印度公司对华贸易编年史》（第一卷、第二卷），中国海关史研究中心组译，中山大学出版社1991年版，第265页。严小青：《中国古代植物香料生产、利用与贸易研究》，博士学位论文，南京农业大学，2008年。

⑤ Dennis O. Flynn, Arturo Giraldez, Richard Von Glahn, *Global Connections and Money History*：*1470 - 1800*, England：Ashgate, 2003, p. 65.

⑥ K. N. Chaudhuri, *The Trading World of Asia and the English East India Company*：*1660 - 1760*, Cambridge：Cambridge University Press, 1978, p. 91.

年，非欧商品占英国全部再出口商品总额的22.5%。"① "其中仅印度细棉布一项价值达340000英镑，占转口贸易中非欧商品的17%"。也就是说1699—1701年间，所有非欧商品再出口额占英国出口商品总额的22.5%，而仅棉布一项占17%，占到非欧商品再出口总额的75%，而其他的丝织品、茶、咖啡、大米、烟草、糖等非欧商品再出口价值占转口贸易总值的25%。② 至18世纪中期，随着东方贸易的继续扩大，转口贸易的比重在英国出口商品总额上升到28.8%。③ 戴维斯也认为："转口贸易占英国贸易的比重很大，1700年转口贸易在贸易总额中占30%，1772—1774年间这一比重上升为35%。这一时期进入英国的商品中约有1/4用于再出口。这些商品主要是美洲的蔗糖、烟草、咖啡，亚洲的纺织品、染料、茶叶。"④

表4-1　　　　　　　1794—1816年再出口棉织品数量⑤　　　　单位：千cwt

年份	总进口	再出口	比重（%）
1794—1796	1407	641	45
1804—1806	1510	1439	95
1814—1816	949	856	90

表4-1可见，棉织品是英国用于转口贸易的主要商品之一，占据的比重很高。"在英国转口贸易的商品总额中非欧洲商品占据了绝大部分，转口

---

① R. Davis, "English Foreign Trade 1700 - 1774", *Economic History Review*, Vol. 15, No. 2, 2010, p. 285.

② K. N. Chaudhuri, *The Trading World of Asia and the English East India Company: 1660 - 1760*, Cambridge: Cambridge University Press, 1978, p. 13.

③ K. N. Chaudhuri, *The Trading World of Asia and the English East India Company: 1660 - 1760*, Cambridge: Cambridge University Press, 1978, p. 13.

④ Ralph Davis, *The Industrial Revolution and British Overseas Trade*, Leicester: Leicester University Press, 1979, p. 31.

⑤ Ralph Davis, *The Industrial Revolution and British Overseas Trade*, Leicester: Leicester University Press, 1979, p. 31. cwt是hundcedweight的缩写，重量单位，1cwt相当于45.359237千克。

■ ■ ■ 东西方贸易关系的演变与工业革命的缘起

贸易带来的财富让英国人暂时忘记了进口太多国外产品的事实。"① "毫不夸张地说,如果没有转口贸易,英国在非洲、新大陆和东印度公司的贸易根本无法维持。"② "17世纪早期,正是靠转卖东方的典型商品,胡椒和靛青所得的收入才使英国不仅平衡了自身进口这两种商品的花费而且还略有结余。"③ "从1699—1774年英国进口亚洲商品年均占英国进口总额的13%—15%。"④ 但是如果去除转口贸易非欧商品中的烟草以及部分糖,亚洲商品额占转口贸易的20%—23%,大于其进口比重,这说明进口亚洲商品虽然造成的贵金属流失,但除去自己使用的部分,不仅缓解了白银不足的经济压力,还可以赚取其他地方的财富。

"1752—1754年,官方统计进口亚洲商品花费1086000英镑,占进口商品总值的12.4%,然而通过转口贸易,赚得828771英镑。"⑤ 英国不可能把进口的全部亚洲商品都用来再出口,除去自己使用的部分,依然可以赚得大量财富。这也可以很好地理解,当英国国内谴责东印度公司因进口大量亚洲商品造成财富外流的时候,托马斯·孟等人则极力论证这种情况的合理性和科学性。转口贸易不仅增加了东印度公司的财富,也使得大量其他国家的财富流入英国,从而给英国的东方贸易提供了大量资金,成为维持与中、印等国长期贸易往来白银的主要来源。

亚洲产品凭借先进的生产技术和廉价的劳动力,在国际市场上产生了强大的竞争力。从生产成本角度上来讲,至少在工业革命开展的很长一段时间后仍然有其明显的竞争优势。1660年前后,亚洲商品价格基本是同类欧洲商品市场价格的三分之一,即货物如果在亚洲被商人收购,在欧洲售出之后可以获利三倍左右。在扣除远途贸易的运输和人力成本,在欧洲出售亚洲商品毛利润仍然超过100%。到1720年前后,受市场供需关系的变

---

① K. N. Chaudhuri, *The Trading World of Asia and the English East India Company*: *1660 – 1760*, Cambridge: Cambridge University Press, 1978, p. 12.

② K. N. Chaudhuri, *The Trading World of Asia and the English East India Company*: *1660 – 1760*, Cambridge: Cambridge University Press, 1978, p. 12.

③ K. N. Chaudhuri, *The Trading World of Asia and the English East India Company*: *1660 – 1760*, Cambridge: Cambridge University Press, 1978, p. 12.

④ K. N. Chaudhuri, *The Trading World of Asia and the English East India Company*: *1660 – 1760*, Cambridge: Cambridge University Press, 1978, p. 13.

⑤ G. N. Clark, *Guide to English Commercial Statistics*: *1696 – 1782*, London: Royal Historical Society 1938, p. 86.

化,远途转口贸易的毛利率有所下降,但基本保持在2.5∶1的水平,并且这一状况基本持续到1770年前后。所以英国东印度公司在亚洲经营转口贸易的利润还是很大,在用转口贸易弥补对东方贸易逆差方面的成效是显著的。

根据托马斯·孟的理论,贸易差额在国民经济中不再仅仅看作同某一国的生意差额,而被视为同各国的整个贸易的结果。与荷兰人从亚洲地区掠取贵金属不同,英国是从对葡萄牙和对西班牙的合法贸易以及与西班牙殖民地的非法贸易中获得必要贵金属的,它向这些地区输出日用消费品以换取此地的白银和黄金。甚至在一个时期内控制了葡萄牙的黄金出口,其贵金属储备足够支撑它在世界经济生产和贸易总量中占有越来越大的份额。

表4-2　　　　　　17世纪后期的英国对外贸易[1]　　　　单位:千英镑

	1663年	1669年
出口	3239	4433
再出口	900	1986
出口总额(大约)	4100	6419
进口总额(大约)	4400	5849

从表4-2可以看出,如果没有再出口这部分出口额,1663年英国的贸易逆差额是1161000英镑,而算上再出口,贸易逆差缩小到261000英镑,而到了1669年,除去再出口,英国贸易逆差额是1416000英镑,但是加上再出口,英国实现了贸易顺差,顺差额570000英镑。

表4-3　　1699—1701年、1772—1774年英国转口贸易的贸易额[2]　单位:千英镑

再出口	1699—1701年	1772—1774年

---

[1] R. Davis, "English Foreign Trade 1660-1700", *Economic History Review*, 1954, Vol. 7. No. 2.
[2] W. E. Minchinton, *The Growth of English Overseas Trade in the 17th and 18th Centuries*, London: Methuen&Co. Ltd., 1969, pp. 119-120.

续表

	再出口	1699—1701 年	1772—1774 年
制成品	棉布	340	701
	丝绸等	150	501
	亚麻制品	182	322
	其他	74	38
	制成品总额	746	1562
食品	烟叶	421	904
	糖	287	429
	胡椒	93	110
	茶叶	2	295
	咖啡	2	873
	大米	4	363
	朗姆酒		199
	药品	48	132
	其他	84	237
	食品总额	941	3542
原料	染料	85	211
	丝	63	125
	其他	151	378
	原料总额	299	714
	再出口总额	1986	5818
	出口和再出口总额	6419	15600

表 4 - 4　　英格兰和威尔士在 1697—1780 年国内贸易情况[①]　　单位：千英镑

年份	进口	出口	再出口
1697	3344	2295	1096
1700	5840	3731	2081
1703	4450	3888	1622

---

① B. R. Mitchell, *Abstract of British Historical Statistics*, Cambridge: Cambridge University Press, 1962, pp. 448 - 449.

续表

年份	进口	出口	再出口
1713	5811	4490	2402
1718	6669	4381	1980
1720	6090	4611	2300
1723	6506	4725	2671
1724	7394	5107	2494
1729	7541	4904	3299
1735	8160	5927	3402
1739	7829	5572	3272
1741	7936	5995	3575
1744	6363	5411	3780
1745	7847	5739	3333
1748	8136	7317	3824
1768	11879	9695	5425
1769	11909	8984	4454
1774	13098	10049	5868
1775	13550	9723	5478
1776	11703	9275	4454
1777	11842	8750	3903
1778	10293	7754	3797
1779	10660	7113	5588
1780	10812	8033	4564

表4-5　　　　　1772—1856年英国再出口贸易占比[①]　　　　单位:%

年份	再出口贸易占贸易总额的比值
1772—1774	34.7
1784—1786	17.4
1794—1796	24.2
1804—1806	18.1

① Ralph Davis, *The Industrial Revolution and British Overseas Trade*, Leicester: Leicester University Press, 1979, p.33.

续表

年份	再出口贸易占贸易总额的比值
1814—1816	26.5
1824—1826	18.7
1834—1836	18.1
1844—1846	15.6
1854—1856	17.0

表4-6　世界再出口贸易比例与欧洲再出口贸易比值比较[①]

年份	世界贸易总额（千英镑）	再出口贸易比值（%）	欧洲贸易总额（千英镑）	再出口贸易比值（%）
1784—1786	1480	9.6	1278	17.7
1814—1816	9167	15.1	7917	22.4
1824—1826	8957	20.7	7463	37.2
1834—1836	14175	25.1	11166	44.7
1844—1846	20467	29.6	15704	51.2
1854—1856	38273	31.0	28205	56.9

从表4-3、表4-4、表4-5、表4-6看，英国从1697年到1780年的近一个世纪来，贸易的整体情况是进口额大于出口额的。"1699—1794年，英国直接出口商品的价值一般只是进口商品价值的80%。"[②] 但我们不能只着眼于英国进出口之间的贸易逆差。我们还应看到，英国贸易之中转口贸易所占比重越来越大。凭借对殖民地和商路的掌握，英国人充当起不同地区之间商品流通的中间人，并借此获取巨额利润。"英国转口贸易的增幅从1700年的31%增加到1770年的37%，这些大都是来自亚洲的产品，其中80%销往欧洲，只有很少一部分销往美洲等其他殖民地，根据国际贸易多边结算原则，大约有50%—75%的转口贸易的价值回到产业原产地，同样也有50%—25%的转口贸易的财富流回英国。"[③] 也正是出于转口

[①] Ralph Davis, *The Industrial Revolution and British Overseas Trade*, Leicester: Leicester University Press, 1979, p. 34.

[②] [日] 宫崎犀一等：《近代国际经济要览（16世纪以来）》，陈小洪等译，中国财政经济出版社1990年版，第93页。

[③] P. M. Dean, *The First Industrial Revolution*, Cambridge: Cambridge University Press, 1958, p. 58.

贸易的需要，英国东印度公司从红海到日本建立了贸易商站网络，这意味着英国开始"参与世界范围内多边贸易制度的发展"。[1] 转口贸易的发展改变了18世纪英国进出口逆差的情况。转口贸易总额增长带来的出口总额的增长，使得英国在19世纪缓解了贸易逆差问题。因此转口贸易在缓解贸易逆差，给英国提供了大量贸易资金。这些资金可以使因东方贸易造成的白银匮乏得到缓解，并为不断扩大的贸易额提供了周转资金。"英国从无形产业中的盈利甚至比向世界输出的本国产品的收入还要多，从而弥补了18世纪可能扩大的商品交易赤字。"[2]

三 鸦片贸易

鸦片是转口贸易中最重要的一种商品，尤其是对中英印贸易有着特殊意义。一直以来，英国为与中国的贸易逆差所困扰，用什么产品进行交换，答案终于在印度找到，那就是鸦片。鸦片贸易为英国带来巨额收入，"没有什么商品能像鸦片那样有利可图，它投资极少，仅一磅鸦片就能产生十几个英镑的利润"[3]。19世纪30年代，东印度公司生产每箱鸦片的成本是300—350卢比，拍卖的价格是400—3000卢比，最高利润竟达900%。甚至于"在最好的年头鸦片的利润高达每箱1000银元"[4]。东印度公司鸦片贸易所获收入，首先是用于对华贸易，英国将鸦片所得白银用于购买中国的茶叶和丝绸，以减少对华贸易中对白银的消耗；其次是用于国内生产再投资或国内支出；最后是汇往印度，既提高了印度对英国工业品的消费能力，又可发展印度本土工业，当然这些都是为英国经济服务的一些产业，如原棉的种植、开辟茶园等。之前，由于英国政府对印度的压榨搜刮，田赋十分沉重，因此印度人民对英国工业品的消费也十分有限。但是，自从鸦片贸易兴起后，鸦片带来的白银一部分也留在英属印度政府。在当时的英国人眼中，鸦片贸易的好处是显而易见的：鸦片贸易一则可获

---

[1] K. N. Chaudhuri, *The English East India Company: The Study of an Early Joint-Stock Company, 1600–1640*, London: Routledge/Thoemmes Press, 1999, pp. 5–14.

[2] Elise S. Brezis, "Foreign Capital Flows in the Century of Britain's Industrial Revolution: New Estimates, Controlled Conjectures", *Economic History Review*, Second Series, LEXVIII, 1995, pp. 46–67.

[3] Tan Chung, "The Britain-China-India Trade Triangle (1771—1840)", *Indian Economic & Social History Review*, Vol. 11, No. 4, 1974, p. 422.

[4] 丁名楠等：《帝国主义侵华史》（第一卷），科学出版社1958年版，第19页。

得财富，将之用作殖民地发展；二则可促进商业繁荣，带动英国商品对外倾销输出；三则可充实印度国库。这笔国库收入数额巨大，甚至超出孟买的田税总额。[①] "在 E.I.C 垄断权结束的十年里，英属印度政府从中国带走 1250000000 卢比，这主要是鸦片的功劳。"[②]

[①] 广东省文史研究馆：《鸦片战争史料选译》，中华书局1983年版，第196页。
[②] Dietmar Rothermund, *An Economic History of India: from Pre-Colonial Time to 1991*, London & New York: Routledge, 1993, p. 25.

表4-7　　　英属印度政府对英国和中国贵金属出口情况①　　　单位：百万卢比

年份	对英国输出的贵金属	从中国进口的贵金属
1829	8	14
1830	5	10
1831	17	6
1832	12	6
1833	5	13
1834	1	12
1835	—	14
1836	—	12
1837	1	17
1838	—	21
总计	49	125

从表4-7看，因为鸦片贸易导致大量白银流入英属印度政府，这些财富增加了印度购买英国制成品的购买力，扩大了英国商品倾销市场。所以鸦片贸易给英国带来的直接利益是解决了与中国的长期贸易逆差问题，还在间接上加强了原本积贫积弱的印度政府购买英国商品的能力。由此，英国成为三角贸易的最大受益者。

鸦片贸易的影响还远不止如此，就鸦片贸易的路径来看，从事鸦片贸易的商人们是直接向中国输出鸦片的主力，他们将鸦片贸易获利所得的白银换为可与英国本土和印度兑现的汇票。而为鸦片商人提供这一服务的，就是东印度公司设在广州的账房。在整个鸦片贸易中，东印度公司并未直接参与其中，但其提供汇划服务的举动，实际上为英方带来多方面的好处。一方面，通过汇划业务，东印度公司实际上掌握了鸦片商人所得的白银，获得了大量可用于支配中国市场的资金；另一方面，包括鸦片商人、棉花商人在内的诸多在华英国商人，都通过东印度公司可迅速便捷地将资金汇回本土和印度，解决了他们转移收益的问题。在这条连接中国—印度—英国的鸦片贸易链条上，巨量的白银就此源源不断地从中国流出，流

---

① Dietmar Rothermund, *An Economic History of India: from Pre-Colonial Time to 1991*, London & New York: Routledge, 1993, p. 25.

入了英国商人、银行家、航运商的口袋。在利益的驱动下，鸦片贸易越演越烈。越来越多的鸦片被运到中国。"1767年之前，英国鸦片每年流入中国的数量不超过200箱；1800年，这一数字增长为2000箱；1820年超过5000箱；1839年35500箱。在1800—1840年的四十年间，偷运进中国的鸦片不下四十二万七千箱，从中国掠走了三至四亿银元。"① 鸦片贸易从根本上扭转了中英贸易的格局。在中英正当贸易中，直到1840年前中国仍处于出超地位。但由于鸦片贸易从华掠夺了巨量的白银，使得中国从正当贸易的出超变成了整体上的入超。通过这样的方式，几乎两个世纪的对华贸易逆差通过鸦片成功扭转了。

随着鸦片收入的进一步增加，英国人输华的白银则随之减少。英属东印度公司不再需要从欧洲向中国运送现银，甚至还可以将富余的白银从中国运回本土和殖民地。1807年，由于对华鸦片贸易已经获得了大量白银，印度总督下达两项命令，一是指示孟买、马德拉斯和槟榔屿的英国殖民地首脑，将原先各地准备运往中国的白银都改运到加尔各答；二是从广州运243万两白银回印度加尔各答。显然，英国通过鸦片贸易获得大量白银，已经了扭转对华贸易中白银外流的状况。这一变化引来美国人的艳羡："鸦片贸易不但使英国人有足够的钱购买茶叶，而且使他们能把美国人运到中国的白银运回英国。"②

表4-8　　　　1760—1799年英国东印度公司购买茶叶
　　　　　　　　数量及输华白银数量（年平均数）③

年份	从中国进口货值（两）	茶叶货值（两）	运入中国白银（两）	白银所占支付比例（%）
1760—1764	876846	806242	434243	49.5
1765—1769	1601289	1179854	1066596	66.6
1770—1774	1415428	963287	471600	33.3

---

① 苑书义等：《中国近代史新编》（上册），人民出版社2007年版，第51页。
② ［美］马士：《东印度公司对华贸易编年史》（第一卷、第二卷），中国海关史研究中心组译，中山大学出版社1991年版，第233—234页。
③ 严中平等编：《中国近代经济史统计资料选辑》，中国社会科学出版社2012年版，第13—20页。

第四章　英国扭转贸易逆差的措施

续表

年份	从中国进口货值（两）	茶叶货值（两）	运入中国白银（两）	白银所占支付比例（％）
1775—1779	1208312	666039	143032	12.0
1780—1784	1632720	1130059	1728	1.0
1785—1789	4437123	3659266	1478240	33.0
1790—1794	4025092	3575409	559448	14.0
1795—1799	4277416	3868126	739585	17.0

对比表4-8中不同时期的数据，我们看到，在1760—1799年，英国进口中国商品的货值增长了近5倍，但同期输入中国的白银比例却只增加了不足3倍。白银支付的比例也由50%左右减少至17%。鸦片贸易对中英贸易的影响可见一斑。

对于英国来说，鸦片贸易是其在尝试对华销售本国纺织品失利后，长期缺乏对华输出商品，白银不断流入中国的情况下的选择。但鸦片贸易所起到的作用，却远不仅仅是打开对华贸易的新局面，它有着更深刻的影响。一方面，通过鸦片贸易和东印度公司，英国构建起了它主导下的"印度—中国"关系，并使之超出了单纯的商业意义；另一方面，通过鸦片贸易，英国商人获取了大量白银，拥有了在华经营的基础。英国的在华经济势力也由此兴起。[①] 因而从总体上看，英国通过鸦片贸易获得的远不仅是单纯的白银收益，它借此获得的是维护英国东方利益的保障。

鸦片贸易使得贸易平衡得到了改善，虽然没有完全扭转贸易逆差，但是减少了白银流入中国的总量。虽然学者的统计稍有差异，但鸦片贸易导致的白银外流确是不容置疑的。[②]

[①] ［英］格林堡：《鸦片战争前中英通商史》，康成译，商务印书馆1961年版，第96、97页。
[②] 鸦片在扭转贸易逆差方面的作用十分明显，时人多提到"漏银"问题，如道光九年（1829）御史章沅才认为鸦片"每岁易银数百万两之多"。道光十六年（1836）鸿胪寺卿黄爵滋认为"自道光三年至十一年，岁漏银一千七八百万两；自道光十一年至十四年，岁漏银两千余万两；自道光十四年至今，渐漏至三千万两之多。此外，福建、江、浙、山东、天津各海口合之，亦数千万两。"林则徐则认为"黄爵滋所云岁漏银数千万两"，尚系举统计认为"从1800—1843年共有白银净流出2941.6万两"。费正清认为："19世纪最初十年，中国国际收支本来有约2600万的盈余，但1828—1836年由于鸦片贸易，中国则多支出3800万。"见吴承明《中国的现代化：市场与社会》，生活·读书·新知三联书店2001年版，第286、287页。

但是随着鸦片贸易额的不断扩大,问题也随之而来,鸦片导致大量白银流出,从而引起中国银贵钱贱。中国百姓日常生活主要使用铜钱,国内白银减少,兑换铜钱的比值就会改变,铜钱就会贬值,因此造成的实际影响是中国小农购买力下降,在一定程度上加强了小农经济对外国商品的抵制,这与英国工业革命的成果及预期大相径庭。从工业革命完成初期,英国商品在中国市场滞销的情况中,我们就可以看出,外国洋货无法打开中国市场。外国商品在华销售,主要以白银结算,而中国民间主要以铜钱作为支付手段。鸦片贸易带来的白银外流,导致银贵钱贱。在此影响下,一方面,农民通过出售农产品等所获铜钱的购买力减少;另一方面,外国商品的价格实际上提高了,中国农业经济为主导的前提下英国工业品就更难销售。以棉纺织品为例,1845—1855 年,英国棉布输往中国的数量从 2998126 疋下降到 1310350 疋。减少了30%以上。[1] 况且洋布的价格由于技术和运输问题致使其高于土布价格,即使是洋布价格低于土布价格,中国人也购买不起。由于同样的原因,银贵钱贱对于西方国家收购中国的出口大宗——丝、茶却提供了更加有利的条件。因为导致了茶、丝实际价格的下降,由此用于转运贸易获利空间增大。以下表为例。

表4-9　　中国对英国贸易进出口额(1831年和1846年)[2]　　单位:百万元

国别	出口		进口		出超(+)入超(-)	
	1831年	1846年	1831年	1846年	1831年	1846年
英国本土	13	20	3	10	+10	+10
英属印度	—	2	6	5	-4	-3
合计	13	21	9	15	+6	+13

从表4-9中可以看出,工业革命完成初期,1831年中国对英国的出口,超过英国对中国的进口1000万元,然而在同一时期,中国与英属印度的贸易出现逆差,造成这一现象的原因主要是鸦片贸易(当然也有少量原棉)。但总体上由于鸦片导致的白银外流实际上减少了英国制成

---

[1] 姚贤镐编:《中国对外贸易史资料(1840—1895)》,中华书局1962年版,第631页。
[2] 转引自汪敬虞《关于鸦片战后10年间银贵钱贱影响下中国对外贸易问题的商榷》,《中国经济史研究》2006年第1期。

第四章　英国扭转贸易逆差的措施

品在中国销售的可能，而反过来银贵钱贱导致的中国大宗商品出口价格随之下跌，实际上导致了英国从中国进口更多的商品，这是英国进行鸦片贸易以及工业革命始料未及的，因为不管是鸦片贸易还是工业革命，目的都是掠夺中国的财富，倾销其制成品。因此鸦片虽然改变了白银的流向，但是并非根治贸易的良策。英国政府也意识到一味地向中国输出鸦片最终会影响其制成品在中国的销售，所以有意识地逐渐缩减鸦片的数量。

从图4-1可见鸦片在中英贸易中的总比重随着工业革命的完成不断下降，而棉制纺织品及其他商品的份额不断增加。这说明鸦片虽然改变白银流向，解决了中英贸易的资金问题，但是鸦片造成中国百姓购买力的下降，不利于英国商品在中国的销售，随着工业革命的不断深入，这种矛盾就会愈演愈烈。而英国最终的目的不是要向中国销售印度的鸦片，而是向中国推本国工业制成品。

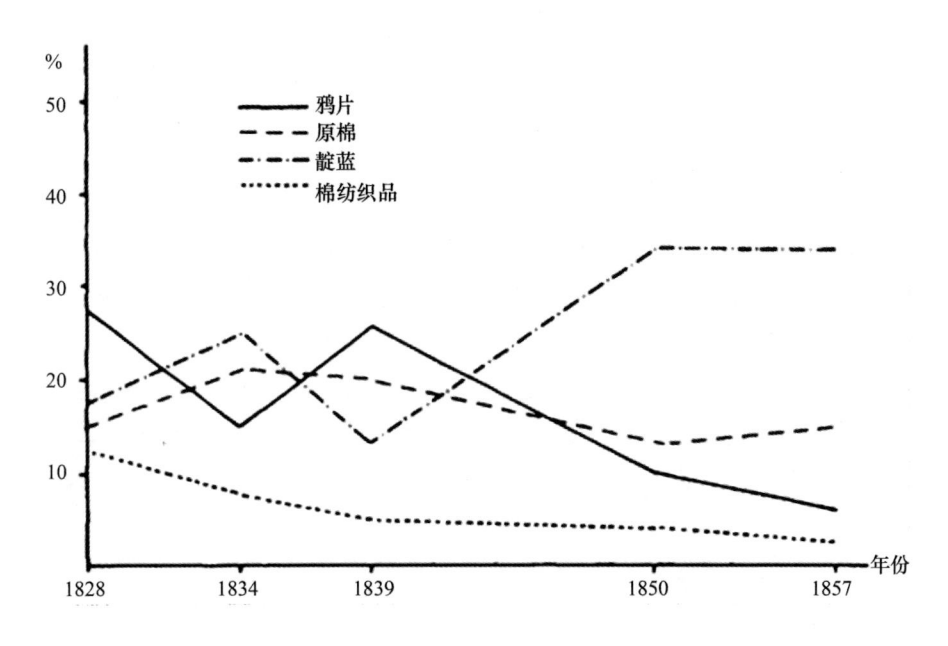

图4-1　1828—1857年英属印度政府出口商品构成①

---

① K. N. Chaudhuri, *The Economic Development of India: 1814 - 1858*, Cambridge: Cambridge University Press, 1971, p. 26.

其实鸦片在只能解决英国中英贸易中的一时之困,并非一劳永逸地解决贸易困境良策,英国人早在工业革命完成前就对鸦片贸易的前景表示过担心,假如中国政府真的将鸦片贸易合法化了,或者在中国种植鸦片,那么在英—印—中三角贸易的链条上就会出现致命缺口,"英国将没有用于购买茶叶的资金,或者支付印度战场上英国的军费及英国本土的公共建设项目"。"亨利·哈丁(Henry Hardinge)在担任印度总督期间,对鸦片贸易的前途就表示过担心。依我看来,北京政府完全有可能在几年内将中国鸦片种植合法化,这里的土地(中国南方)已经被证明像印度一样适宜鸦片的生长,这可能导致英国政府目前主要的财政收入来源之一彻底枯竭。基于这种推断,最理想的办法是尽可能地鼓励在印度进行茶叶种植,从长远来看,为英国可以提供更多更保险的财政来源。"① 19世纪末20世纪初当中国政府将鸦片合法化并在云南等地自行种植的时候,英国向中国输入的鸦片数量更是逐年减少。所以鸦片数量的减少既有英国工业革命后产品制造力水平的提升,也有中国实现鸦片自主生产后对印度鸦片进口数量的减少。所以除鸦片外,对茶叶的自行生产才是减少中英贸易逆差的根本办法。

四 印锡茶叶

茶叶一直是中英贸易中的主体商品,如果说因为棉纺织品导致英国白银涌入印度,那么因茶叶导致英国白银进入中国。最终在贸易保护和进口替代政策的推动下,英国自行生产棉织品,缓解了白银外流的现象。而茶叶则不像棉织品那样可以自行生产,因为茶树的生长有其特殊的气候条件,而英伦三岛的气候状况与中国大相径庭,所以茶叶就成为继棉织品之后又一大宗导致白银外流的特殊商品,而且所导致的白银外流问题久久不能解决。

英国在其东方贸易中最大的困难是因茶叶进口导致对华贸易逆差不断加大,大量金银外流。

---

① [美] 萨拉·罗斯:《茶叶大盗:改变世界史的中国茶》,孟驰译,社会科学文献出版社2015年版,第17页。

表4-10　　　　　　　18世纪英国平均进口茶叶数量①　　　　　　单位：千克

年份	年均进口茶叶数量
1721—1730	401.4
1731—1740	527.2
1741—1750	913.7
1751—1760	1688.2

从表4-10可见，18世纪上半叶英国进口茶叶的数量几乎增长了4倍，18世纪下半叶茶叶进口的增长速度更快。"1760—1833年间，英国直接输入中国的白银总计3358万两，其中至少80%以上用于购买茶叶。1781—1793年，英国输入中国的全部商品是16871592元，而同期中国对英国出口仅茶叶一项就达到了96267832元。"②对于英国来说，减少对华茶叶引进的最佳方式，是在印度种植茶叶。印度在英国掌控之下，又与中国南部植茶区气候条件接近，在此种植茶叶，可以减少对华贸易导致的白银外流，"每年可减少140万英镑的财政赤字"③。1788年，英国自然科学家班克斯就提出引种中国茶籽在印度种植的想法。但由于其主张影响了东印度公司对华贸易的垄断地位和经济利益，因而未能实现。至18世纪90年代初，东印度公司不满广州十三行对其贸易的限制，开始考虑在印度种植中国茶叶。1792年，马戛尔尼访华前夕，达敦斯在给他的信里写道："我国政府对茶叶的需求比以前超出3倍，如在中国能够找到茶叶种植的秘诀，对我们的贸易是大有益处的。"④1793年，马戛尔尼带队访华，途中尤为注意搜集与茶叶种植相关的信息。通过在民间探访和交易，他们获得了一些茶树，计划将之带回孟加拉种植。但由于当时茶树的种植主要集中于"皇家植物园"内，印度茶叶种植并未如预期发展起来。

---

① James D. Tracy, *The Rise of Merchant Empire*, *Long-Distance Trade in the Early Modern World*: *1350 - 1750*, Cambridge: Cambridge University Press, 1990, p.131.
② 中国人民大学清史所编：《中国近代史论文集》（上册），中华书局1979年版，第143页。
③ Earl H. Pritchard, The Instructions of the East India Company's Instructions to Lord Macacrtney, 8th September, 1792, the Instructions of the East India Company to Lord Macacrtney on His Embassy to China and His Reports to the Company, 1792 - 1794.
④ Patrick Tuck, *Britain and the China Trade 1635 - 1842*, Vol. Ⅶ, London and New York: Routledge, 2000, p.221.

■■■东西方贸易关系的演变与工业革命的缘起

　　至19世纪,英国的印度茶叶种植计划出现成效。1824年,英国开始在印度培育中国茶树;1836年,在中国茶工的技术支持下,英国人在阿萨姆地区培育红茶成功;1848年,在东印度公司的支持下,苏格兰人福琼赴中国内地搜寻茶树良种和茶工、茶农。他最终带回一批茶农和2.4万株小茶树、1.7万粒茶种。与引进中国茶叶同步,英国开始在印度大范围开辟茶叶种植园。1833年,英国议会做出决定,准许英国人在印度经营种植园;1850年代开始,印度茶叶种植园迅速发展。

表4-11　　　　1886—1910年英印茶园面积/茶叶产量统计[①]

年份	面积（英亩）	产量（磅）	亩产（磅）
1886	298219	82452812	276.5
1889	333701	107042875	320.8
1892	374869	121994274	325.4
1895	415717	143407827	345.0

　　随着茶园种植面积的增加,茶叶产量的增加更加惊人,从366000磅到"1861年印度产茶150万磅"之后增加到600万磅"1876年达到2700万磅"[②]之后,为了支持印度茶叶的生产,英国逐年降低其茶叶进口税以保证印度茶叶大量出口到英国市场。

　　继开发印度作为其茶叶生产基地后,英国为了进一步垄断国际市场又在锡兰培育和生产茶。1839年锡兰移植加尔各答茶树并种植成功,由于锡兰地理环境和气候条件都适宜种茶,所以锡兰的茶业发展迅速,从1880年前只有13家茶园,六年后猛增到900个;1877年茶叶的出口量是1800万磅,之后年年增加,到了1896年出口量达到了18000万磅还多。[③] 之后,锡兰的种植业开始逐步朝向制茶业转型;加上宗主国英国在关税和贸易方面的支持,锡兰红茶的产量一度居于世界首位,外销市场进一步扩大,成为闻名世界的著名红茶品牌。印度和锡兰茶业发展迅速。在现代技术和资

[①] 1磅约合0.45公斤,1英亩约合4046.9m²。载陶德臣《英属印度茶叶经济的崛起及其影响》,《安徽史学》2007年第3期。
[②] 陈椽编著:《茶叶贸易学》,中国科技大学出版社1991年版,第24页。
[③] 陈椽编著:《茶叶贸易学》,中国科技大学出版社1991年版,第25页。

本的支持下，它们在质量和产量方面都已领先于中国传统茶业。阿萨姆产的红茶在伦敦市场的售价比中国茶叶售价还高。[1]

英国在印锡发展起来的茶业，本质上已不同于中国的传统茶业。以英国为首的西方国家开始发展茶业较晚，但它们恰好可以充分利用工业革命带来的技术变革，将工业生产引入茶业，提高生产效率。1872年，杰克逊发明揉茶机；1877年，沙弥尔·戴维德逊发明了第一台以热气焙炒茶叶的西洛钩式焙炒机，取代了传统的炭炉焙炒；1887年，杰克逊改进压卷机，使其更为快速；而西洛钩式焙炒机也改进成上下通气式。正是在工业化生产的推动下，建立在科学技术基础上的欧式茶业迅速发展。至19世纪末，茶业生产已经基本实现了工业化，生产效率和成本都得到了优化。欧式茶业的生产方式深刻影响了世界。受其影响，中国茶业也在传统模式的基础上引入了一些机械元素。但由于业内工厂数量少、技术落后、产量小，中国茶业并未能追上西欧步伐。

1851年，印度输入英国的茶叶达25万磅；1864年至1865年，在英国进口茶叶总数的12000万磅中，印度茶曾至250万磅。印度茶在英国茶叶进口的地位逐渐上升，中国茶输入英国的势头遭到削弱。[2] 1852年印度开始向英国出售1740担茶叶，[3] 结束了中国茶叶在世界生产的独占地位，印度茶叶开始出现在伦敦，从此中国茶叶开始面临竞争。

表4-12　　　　1866—1893年英国进口印度和中国茶叶数量　　　　单位：万磅

年份	从印度进口茶叶数量	从中国进口茶叶数量
1866	513	10970
1867	708	11407
1868	813	13270

---

[1] J. C. Marshman, Notes on the Production of Tea in Assam, and in India Generally, *The Journal of the Royal Asiatic Society of Great Britain and Ireland*, Vol. 19. No. 6, 1862, pp. 315-320. J. Forbes Royle, Report on the Progress of the Culture of the China Tea Plant in the Himalayas, from 1835 to 1847, *The Journal of the Royal Asiatic Society of Great Britain and Ireland*, Vol. 19, 1849, pp. 125-152.

[2] 姚贤镐编：《中国近代对外贸易史资料（1840—1895）》（第一册），中华书局1962年版，第629页。

[3] ［美］马士：《中华帝国对外关系史》（第二卷），张汇文等译，商务印书馆1963年版，第449页。

■ ■ ■ 东西方贸易关系的演变与工业革命的缘起

续表

年份	从印度进口茶叶数量	从中国进口茶叶数量
1869	1045	13200
1870	1315	11850
1871	1535	13890
1872	1694	14100
1873	1842	13210
1874	1738	14990
1875	2516	14080
1876	2938	13760
1879	3848	13160
1882	5408	13440
1886	7686	12550
1887	7850	10510
1889	9450	7980
1890	10069	5700
1892	11102	4810
1893	10750	4880

19世纪七八十年代，中国茶叶在印度红茶和日本绿茶的冲击下，在国际贸易的影响力不断下降。到1887年，中国茶叶出口到达从增长到衰退的转折点。在英国市场，1865年中国茶和印度茶的消费比例分别是97%和3%，1875年这一比例分别是84%和16%，1886年分别是59%和41%，到1887年，英国市场上的中国茶终于被印度茶叶超过。1868年中国绿茶出口额为19.7903万担，日本为7.4391万担；然而1878年，中国绿茶出口额仅为17.286万担，日本上升到19.5343万担。此后，日本绿茶出口额逐年增加。[①] 1878年，世界茶叶生产总额233488千磅，其中中国出口茶叶215701千磅，占世界茶叶市场份额的92%。1888年，世界茶叶生产总额302123千磅，其中中国出口茶叶264976千磅，占世界茶叶市场份额的

---

① 姚贤镐编：《中国近代对外贸易史资料（1840—1895）》，中华书局1962年版，第1187页。

· 172 ·

87%。1893年世界茶叶生产总额495315千磅，其中中国出口茶叶242777千磅，占世界茶叶市场份额的49%。同年印度出口茶叶115617千磅，占世界茶叶市场份额的23%，锡兰出产茶叶82296千磅，占世界茶叶市场份额的16%，1903年，世界茶叶市场总产量675958千磅，其中中国茶叶产量为223670千磅，占世界市场份额为33%，而印度在这一年茶叶出口量为209552千磅，占世界茶叶市场份额31%，出口量已经和中国不相上下。而锡兰茶叶在1903年，其茶叶出口量占世界茶叶出口总额的22%，可以说20世纪初印锡茶叶总量已经占到世纪茶叶出口总量的一半以上，还有日本绿茶的产量不断增加，在世界茶叶市场的份额不断上涨，中国茶叶在世界市场的份额不断下降，最终到1910年，印度茶叶出口量首次超过中国。[①] 19世纪末，印度茶叶取代了中国茶叶，成为英国市场上的主流。中国茶业的衰落，既是受到印度茶业迅速发展的冲击，更主要的原因在于产业内部。在内外多重因素的作用下，中国茶叶在国际市场上的竞争力下降。

第三节　产业政策

16世纪初，英国国王伊丽莎白一世为缓解英国财政危机曾向伦敦造币所人员提问，如何才能增加英国的财富，当时伦敦造币所的查德·爱尔斯伯利回答道："英国金银矿藏十分稀少，所有的金银都是从外国运入的，如果我们使英国向外国购买的商品少于我们所出售的商品数额，那么大量货币就会从外国流向英国。"[②] 他的答复反映了当时商业资本对货币的迫切需要。但是仔细理解查德·爱尔斯伯利对伊丽莎白一世的回答，能够体会到重金主义在向重工主义过渡，"我们购买的商品要少于我们向外国出售商品"[③]。即英国出口要大于进口，实现贸易顺差才能实现贵金属的内流，不能单纯地或强制性地禁止贵金属外流。正如约翰·洛克所言："通向财

[①] 严中平等编：《中国近代经济史统计资料选辑》，中国社会科学出版社2012年版，第82页。

[②] 张亚东：《重商帝国（1689—1783年的英帝国研究）》，中国社会科学出版社2004年版，第6页。

[③] 张亚东：《重商帝国（1689—1783年的英帝国研究）》，中国社会科学出版社2004年版，第6页。

富的道路只有两条：掠夺和贸易。"① 而贸易顺差的前提就是提高国内产业制造水平，自主生产的产品不仅能充分满足国内需求还要出口其他地区以换取外汇从而增加国内财富。英国率先认识到扩大贸易顺差的最好办法是扩大商品生产，发展本国工业和手工业，提高商品质量，降低商品价格并增强商品的国际竞争力。而为达到上述目的，应利用关税，保护国内产业，限制原材料出口，扩大成品出口。因为制成品的附加值即"人为财富"要比自然资源这样的"自然财富"重要得多。达维南特就指出："一个国家真正的财富是国内所能生产出来的商品。"②

大量美洲白银源源不断流入亚洲，东方产品的输入，使欧洲金银迅速枯竭。这一情况是欧洲各国普遍存在的。为了遏制白银外流的势头，加强本地制造业的竞争力是最好的解决办法。贸易保护催生进口替代，自行生产才是最根本解决之道。由于印度与中国的产品都是依托廉价的劳动力成本及丰富的自然资源取胜的，而英国由于劳动力成本一直较高，要想通过自行生产来改变贸易逆差的不利局面，只有通过生产方式的变革，提高生产效率，降低生产成本，才能最终扭转贸易局面。

一 纺织业

在贸易保护政策下最先受益的当然是纺织业，正是因为无法与印度棉织品抗衡才引发贸易保护，但是随后导致棉纺织品价格飞涨，走私盛行，贸易保护可以阻挡印度棉织品的涌入，却无法限制人们对棉织品急切的需求。"如果一个人不能拥有印度进口的印花布，也会通过其他渠道获得相当的纺织品。"③ 因此进口替代，自行生产是减少贸易逆差的最好办法。即可减少贵金属的流失，又可增加国内就业，从而创造国民财富。

"据统计，1664年，棉织品占东印度公司进口商品总值的73%，1684年，棉织品则占到进口商品总值的83%。"④

---

① [德] 汉斯·豪斯赫尔：《近代经济史》，王余庆译，商务印书馆1987年版，第228页。
② [英] 查尔斯·达维南特：《论英国的公共收入与贸易》，朱泱、胡企林译，商务印书馆1995年版，第144页。
③ Giorgio Riello and Pransannan Parthasarathi, *The Spinning World: A Global History of Cotton Textile: 1200 – 1850*, Oxford: The Oxford Press, 2009, p. 271.
④ K. N. Chaudhri, *The Trading World of Asia and the English East India Company: 1600 – 1700*, Cambridge: Cambridge University Press, 1978, p. 282.

表4-13　　　17—18世纪英国东印度公司进口棉织品数量①　　　单位：匹

时期	东印度公司进口棉织品数量
1651—1660	199000
1661—1670	578000
1671—1680	707000
1681—1690	296000
1691—1700	277000
1711—1720	552000
1721—1730	783000
1731—1740	765000
1741—1750	772000
1751—1760	527000

从表4-13数据中可以看到，在英国颁布禁止进口印度棉织品禁令的1700年左右，英国东印度公司进口印度棉织品的数量降到历史最低。但是政策上的禁止并不能隔绝人们日常生活中对印度棉织品的狂热需求，因此1711年以后，在利益驱使下，东印度公司进口印度棉织品的数量逐年增加。所以关税保护政策并不能从根本上改变白银外流的现状。"禁止进口印度棉织品或对印度棉织品实行高关税的目的就是要最终实现进口替代。"② 只有这样才是缓解贸易逆差最彻底的办法，因为转口贸易要受到其他地区商品生产及需求的变化，利润是不固定的。在禁令实施以后，这种对印度棉纺织品的需求刺激欧洲商人对印度棉织品进行仿制，趋利的本性使英国和其他欧洲国家开始加大了对棉织品的仿造。"英国棉织业起源与对印度棉布、中国南京布的模仿，先是东印度公司的这些舶来品充斥着欧洲市场，继而英国用本国制品逐步替代了这些产品。虽然这一过程得到了贸易保护政策的辅助。"③

---

① James D. Tracy, *The Rise of Merchant Empire*, *Long-Distance Trade in the Early Modern World*: *1350 – 1750*, Cambridge: Cambridge University Press, 1990, p. 126.

② Giorgio Riello and PransannanParthasarathi, *The Spinning World*: *A Global History of Cotton Textile*: *1200 – 1850*, Oxford: The Oxford Press. 2009. p. 273.

③ Stanley L. Engerman, *Trade and the Industrial Revolution*: *1700 – 1850*, Camberley: Edward Elgar Publishing Ltd 1996, p. 13.

■■■东西方贸易关系的演变与工业革命的缘起

  18世纪以前,相比于印度,英国棉纺织业既没有技术优势,也没有足够的自产原料。17世纪后期,受限于生产水平,英国的棉纺织品主要以麻经棉纬的棉麻混纺织品为主,其外观与质量都逊色于印度舶来品,甚至在价格方面也没有优势。"18世纪以前英国同类棉纺织品的价格比印度要贵50%—60%。"[①] 18世纪英国棉纺织业的滞后状况与消费市场巨大需求的反差使得商人们争相从印度大量购进棉织品,大发其财。在利益的驱动下,英国工业一方面通过议会制定法律来保护国内的棉纺织业;另一方面通过不断地改善生产组织方式和提高技艺水平等措施提高生产效率,再者印度这种精纺棉织品是一种劳动密集型产品,依托廉价劳动力而拥有强大市场竞争力。相比于印度,英国人工工资较高,[②] 如果要与印度竞争,占领国际市场,英国棉纺织品加工商必须采用机械化生产方式来降低生产成本。英国丰富廉价的煤炭资源等固有因素,英国工业革命顺势最先在棉纺织业发生。

  通过对印度棉纺织技术的模仿,英国人获得了巨大的成功,历史的发展表明,正是这个"源自中世纪的古老行业纺织行当成为带动英国工业革命的第一原动力,为实现英国的产业革命起到了重要作用,并很快成为报复印度的手段"。正是近代国际商品贸易的繁荣和东方奢侈消费品的引入,刺激了欧洲,特别是英国"消费革命"的出现。17—18世纪,英国市场上的很多消费品来自东方:丝绸和瓷器产于中国,印花棉布来自印度,漆器则取自日本,英国同时还从法国和意大利进口奢侈品,如果说工业革命得益于技术革新和出口贸易的快速扩张,那么为人所忽视的产品革新无疑刺激了前者的进步。英国以仿制为路径的进口替代产业的建立不仅仅刺激了生产技术方面的革新,也促使了以商品消费为基础的工业革命的到来。

  在探讨英国工业革命的起因时,国内外学界都提到需求的作用,但同时又不禁思考是什么力量造成市场需求的压力导致工业革命首先从棉纺业开始?在此,笔者认为,是来自东方贸易的长期逆差。因为英国本身不生产棉花,棉织品依靠进口,如果不发展自身制造业,势必会加重业已形成

---

① 王铭、王薇:《英国工业革命的前提条件》,《辽宁大学学报》(哲学社会科学) 2004年第1期。
② [英]罗伯特·艾伦:《近代英国工业革命揭秘:放眼全球的深度透视》,毛立坤译,浙江大学出版社2012年版,第51页。

第四章 英国扭转贸易逆差的措施

的不利的贸易逆差,其实英国很早就注意到这个问题。东方商品在欧洲颇受欢迎,经营东方产品获利颇丰。如果不考虑贸易逆差以及贵金属不足的因素,那么不断进口就可以。比如印度的棉织品在欧洲十分流行且需求量很大,那不断进口就可以了,印度当时棉织品的生产力是能够满足欧洲市场需求的,而欧洲为什么还要自行生产,如果单纯地说是为了获取更丰厚的利润,英国当时模仿印度棉织品时由于技术条件的制约,其自行生产的棉织品不仅质量不及印度产品而且成本还高于印度产品,也就是其产品的市场竞争力是不足的,这也可以更好地理解英国及欧洲许多国家之所以对印度棉织品实行高关税制度的原因。况且英国并不产棉花,原棉主要依赖进口。所以工业革命率先从棉纺织业开始,显然是东方贸易挤压的结果,因贵金属不足,又不能提供其他可供交换的产品,所以只有自行生产。一来,缓解贵金属的压力;二来,可以占领国际市场,尤其是还要与欧洲国家进行贸易争夺战。加上英国本来所具备的其他有利因素即工业革命产生的必要条件,以及东方贸易的催生,所以工业革命应运而生。

亨利·皮朗认为"哪里有羊毛,哪里就有纺织业"[①]。在这里亨利·皮朗说的是养羊和毛纺织业天然紧密的关系,就像印度的棉花种植和棉纺织业存在紧密的关系一样,英国从不种植棉花,而工业革命率先从棉纺织业开始,显然就是对印度贸易的一种抗衡。掠夺是资本积累的重要形式,但要实现对外贸易的盈利,光靠掠夺是不够的,西、葡、荷兰等国的发展告诉我们,要实现经济的真正增长,只有重视生产力的发展,不断提升制造力水平。荷兰也在工业革命前进行了农业革命,农业生产力也大幅度提升,但它忽视了工业技术的改进,错失了发展良机。另外,关于工业革命为什么会从纺织业先开始,以往研究认为,棉纺织业作为新兴产业,受到的约束较小,作为新兴工业,容易采用新技术,再加上投资小,以及农业革命带来的人口增长和消费拉动等因素。总之,在解释这一问题时,采用的是一种"顺势而为"的观点。但是,英国不产原棉,棉织品主要从东方进口。如果仅仅是消费拉动,那么进口就可以。而英国明令禁止使用印度棉织品,即便印度棉织品物美价廉,另外英国又继续进口印度棉织品向欧

---

① [比]亨利·皮朗:《中世纪欧洲经济社会史》,乐文译,上海人民出版社2001年版,第35页。

洲大陆出售。此举一举两得，一来，转口贸易增加财富；二来，阻碍大陆国家的棉纺织业，但同时又不断发展自己的制造业，英国对东方的贸易又主要是以白银交换。也就是说如果能够减少对东方产品的进口，就可以缩减贸易逆差额。因此，工业革命以棉纺织业为先导，不是"顺势而为"，实乃"刻意而为"。是英国在同东方国家进行贸易时，主动地对本国经济结构的调整，是解决其自身生产力不足问题的重要举措。

二 瓷器制造业

如前所述，东西方贸易之间，由于需求和供给的差异，体现出一种特别的互补性，即大量商品从东方输入西欧，而大量白银从西欧流向东方。瓷器是东方，特别是中国特有的产品，"欧洲商人必须用金银来偿付亚洲瓷器的输入"[①]。16世纪、17世纪由于贵金属的匮乏，很多贵族将金银器都熔化以铸币，市场上器皿缺乏正好有利于中国瓷器占领英国市场。[②] 1609年，瓷质的中国茶具第一次出现在英国消费市场便备受欢迎。[③] 随着茶叶贸易的不断扩大，茶叶消费引发瓷器消费的浪潮不断高涨，饮茶变成人们生活中不可或缺的一部分，瓷器的使用也愈发广泛，对瓷器的需求也不断上涨，因瓷器贸易带来的白银外流越发严重。

与茶叶贸易联系最为紧密的就是饮茶的瓷杯，1764年和1773年两年外国船只从广州进口的瓷杯一项数据就可以很好地说明（见表4-14）。

表4-14　　　　　　外国进口中国瓷杯数量[④]

国家	1764年		1773年	
	船只数量	瓷杯（担）	船只数量	瓷杯（担）
英国	14	370	13	1211
荷兰	4	3326	4	2372

---

① ［英］简·迪维斯:《欧洲瓷器史》，熊寥译，浙江美术学院出版社1991年版，第26页。
② Robert Finlay, "The Pilgrim Art: The Culture of Porcelain in World History", *Journal of World History*, Vol. 9, No. 2, 1998, pp. 141–189.
③ Beth Kowalesky-Wallace, "Women, China and Consumer Culture in Eighteenth Century England", *Eighteenth Century Studies*, 1996, Vol. 29. No. 2.
④ Laura Cruz and Joel Mokyr, *The Birth of Modern Europe, Culture and Economy: 1400–1800*, Leiden: Boston Brill, 2010, p. 144.

续表

国家	1764 年		1773 年	
	船只数量	瓷杯（担）	船只数量	瓷杯（担）
法国	4	2284	3	1400
丹麦	2	1460	2	1470
瑞典	1	1170	2	1887

"中国学者马斌统计，整个明清两朝，我国出口到欧洲的瓷器大约有1.5亿件。"① 就英国来看，瓷器贸易额的增长是极为显著的。早在17世纪，瓷器已经作为一种彰显身份的收藏品，成为英国贵族们的珍爱。菲利普二世曾收藏了3000多件瓷器；伊丽莎白一世也深以其收藏的白瓷碟和青瓷杯为傲。② 从统计数据上看，17世纪下半叶，英国进口瓷器价值在1669—1693年间增长了200多倍，从10英镑增长至2675英镑；③ 至18世纪，英国进口瓷器的价值从世纪初的年均200万件增长至世纪末的年均500万件以上。④ 总数上看，在1684—1791年间，经手东印度公司而运至英国的中国瓷器达2.15亿件。⑤ 对17—18世纪的英国来说，瓷器贸易每年造成大量贵金属流失。18世纪，在玛丽二世女王的影响下，英国社会从上到下都卷入了"瓷器热"中。⑥ 这股自上而下兴起的瓷器消费热潮，给英国的经济发展和贸易平衡造成了不利影响。亨利·菲尔丁就曾抱怨："一百个基尼买一个瓷器盘子，可恶的东印度贸易。一个印度的泥土（瓷器），拐走了另一个印度（另一个印度指的是西印度即美洲）的金子。"⑦ 笛福也对瓷器贸易持否定态度："（东印度公司的）船只出发时，装的都是

---

① 转引自施诚《早期近代世界贸易的主要商品及财富流向》，《史学集刊》2016年第2期。
② 赵欣：《十八世纪英国汉学研究》，博士学位论文，浙江大学，2008年。
③ Jean McClure Mudge, *Chinese Export Porcelain in North America*, New York: Riverside Book Company, 2000, p. 111.
④ ［英］艾瑞斯·麦克法兰：《绿色黄金：茶叶帝国》，扈喜林译，社会科学文献出版社2016年版，第118页。
⑤ James Walvin, *The Fruits of Empire: Exotic Produce and British Taste: 1660 – 1800*, New York: New York University Press, 1997, p. 27.
⑥ James Steuart, *An Enquiry into the Melancholy Circumstances of Great Britain*, London: Printed for W. Bickerton, 1740, p. 9.
⑦ Henry Fielding, *the Works of Henry Fielding: Complete in one Volume, with Memoir of Author*, ed. Thomas Roscoe, London: William Clowes and Sons, 1840, p. 856.

钱币，而回来的时候，则满载着毒药。如此大规模的贵金属外流，让我们的贸易陷入困境，总之一句话，让我们的民族穷困潦倒。"①

在茶叶贸易的带动下，瓷器贸易成为导致西方白银外流，影响贸易平衡的新问题。为解决这一问题，西欧选择尝试"生产本地瓷器"。② 中西方瓷器贸易的发展直接促进了欧洲瓷器制造业的兴起。

表4-15　17世纪中国出口瓷器总量及出口欧洲瓷器占总量的百分比③

时期	出口总量（件）	出口欧洲总量（件）	欧洲占中国瓷器总量的比例（%）
1602—1644	404535	65970	16
1645—1661	129366	41292	32
1662—1682	96308	5834	6

表4-16　17世纪末至18世纪中叶英国东印度公司进口中国瓷器价值及占进口亚洲商品价值的比例④

年份	瓷器价值（英镑）	占进口亚洲商品总价值的比例（%）
1693	6275	10.4
1697	13067	8.9
1699	15282	3.9
1702	18764	5.0
1704	20815	13.3
1705	14338	7.0
1722	9527	1.9
1729	9599	1.3
1730	11769	1.9

---

① Daniel Defoe, *A Tour through the Whole Islands of Great Britain*, Vol. 1, London: Penguin Group. 1978. p. 122.
② [英] 简·迪维斯：《欧洲瓷器史》，熊寥译，浙江美术学院出版社1999年版，第26页。
③ Laura Cruz and Joel Mokyr, *The Birth of Modern Europe, Culture and Economy: 1400-1800*, Leiden: Brill, 2010, pp. 140-141.
④ Laura Cruz and Joel Mokyr, *The Birth of Modern Europe, Culture and Economy: 1400-1800*, Leiden: Brill, 2010, pp. 142-143.

续表

年份	瓷器价值（英镑）	占进口亚洲商品总价值的比例（%）
1737	11246	1.9
1743	11995	1.6
1754	10225	1.3

17世纪中国瓷器出口主要有三大地区，第一是东南亚，其次是欧洲，再次是日本。[1] 但是到了18世纪，随着饮茶风气日盛，欧洲国家对中国瓷器的需求量不断增加。虽然瓷器在 E.I.C 的亚洲进口商品中的比例不大，但是瓷器的价值还是逐年上涨。尤其是欧洲进口的中国瓷器都为优质瓷器，虽然瓷器在进口商品中的比例不大，但是价格还是很高的，所以对英国等西方国家的贸易逆差形成不利影响。

但是18世纪以前欧洲人对瓷器的生产工艺知之甚少，"几乎整个十八世纪，真正的瓷器制作工序仍然是一个秘密。"[2] 欧洲最早的自制瓷器诞生于18世纪初。德国人贝特格成功于1708年1月15日烧制白瓷。加上稍晚开业的梅森瓷器厂，欧洲开始有了仿制中国瓷器的专业生产者。受到梅森瓷器厂的鼓励，各国纷纷尝试进行瓷器的仿制。1717年在维也纳，1720年在赫希斯特，1740年在万塞纳，1743年在那不勒斯附近的卡波迪蒙特，1744年在彼得堡和菲尔斯滕伯格，1751年在柏林，1755年在弗兰肯塔尔，1756年在塞夫勒，1758年在路德维希堡，1760年在哥本哈根，1761年在宁芬堡，一系列瓷器厂建立起来。[3]

英国制瓷业的起步略晚于欧洲大陆。18世纪上半叶，部分梅森瓷器厂的员工出走到英国，带动了英国制瓷业的发展；1736年，法国传教士殷弘旭书信的英文版出版，其中记录了他从景德镇获得的制瓷工艺；1744年，英国人托马斯·弗莱和爱德华·黑林申请了英国历史上的第二个制瓷专利。[4] 至此，

---

[1] Laura Cruz and Joel Mokyr, *The Birth of Modern Europe, Culture and Economy: 1400 – 1800*, Leiden: Brill, 2010, pp. 140 – 141.

[2] [英] 简·迪维斯：《欧洲瓷器史》，熊寥译，浙江美术学院出版社1991年版，第27页。

[3] [德] 汉斯·豪斯赫尔：《近代经济史》，王余庆等译，商务印书馆1987年版，第147页。[德] 维尔纳·桑巴特：《奢侈与资本主义》，王燕平、侯小河译，上海人民出版社2000年版，第211页。

[4] Martin Schonfeld, "Was There a Western Inventor of Porcelain?" *Technology and Culture*, Vol. 39. No. 4. 1998, p. 723.

在多方因素的影响下，英国已经基本掌握了生产软质瓷的生产工艺，仅是由于欠缺生产原料（高岭土）而未掌握硬瓷的制作工艺。

18世纪后期，英国制瓷业的发展进入新阶段。1754年，威廉·库克华斯在康瓦尔地区发现了制瓷所需的高岭土，英国终于掌握了硬瓷的制作工艺。在此后的半个世纪里，英国制瓷业不仅掌握了仿制中国各类瓷器的生产工艺，还能根据市场需要烧制带有西式风格的瓷器。英国制瓷业的发展改变了本国瓷器市场的格局。中国瓷器由于受到高关税政策的影响，所占市场份额不断下降。英国瓷器则发展成为本国市场的主流。当时英国流行着这样一首歌谣："我们不需要把钱送给别人，我们再也不需要也不要到中国去购买他们的瓷器，因为我们可以使用自己的瓷器。"① 至1792年，英国东印度公司停止进口中国瓷器。英国瓷器不仅质量上乘而且外形美观，从造型的审美和实用角度都更符合欧洲人的消费心理，所以英国瓷器不仅占据了本国市场，还走出国门，行销世界，"英国瓷器在海外在海外的销售额从1785—1800年间增长了两倍"②。法国旅行家付亚思·圣方德曾在游记中记叙英国陶瓷在海外受欢迎的程度："从巴黎到圣彼得堡、从阿姆斯特丹到瑞典的最远端，我们所到的每一间酒店都使用英国陶瓷。同样精美的器物也点缀着西班牙、葡萄牙、意大利的餐桌，它还被运往东印度和西印度销售。"③

而英国制瓷业之所以飞速发展的重要原因就在于本国强大的工业实力。在工业化时代，工匠和组织者们将蒸汽机引入制瓷业中，并在中国制瓷工序基础上完善生产程序。他们还在生产中发明和改进了一系列工具和工艺，如发明炉温计、印花转移工艺，发明骨瓷、皂石瓷、米色瓷的生产工艺等。同时，英国制瓷业的发展也离不开英国政府的政策支持。英国政府一方面通过设立相关组织（如"艺术、制造和商业促进会"）、通过相关法律（如专利法），为制瓷业发展提供良好内部环境；另一方面还通过对中国瓷器征收高关税，为本国产业提供保护。④

---

① ［法］路易·艾黎：《瓷国旅游纪》，游恩博译，中国轻工业出版社1985年版，第36页。
② Maxine Berg, *Luxury and Pleasure in Eighteenth-Century Britain*, Oxford: Oxford University Press, 2007, p. 130.
③ Llewellynn Frederick & William Jewitt, *The Wedgwoods: Being a Life of Josiah Wedgwood*, London: Virtue Brothers and Co., 1865, p. 345.
④ Robin Hildyard, *European Ceramics*, Philadelphia: University of Pennsylvania Press, 1999, pp. 70–91.

从深层次角度来看，刺激英国制瓷业发展的根源，在于东方瓷器造成的贸易失衡问题。欧洲试图制作瓷器的事例证明，其发展的动力不仅在于事业心的启迪，而且还为经济窘迫所致。东方瓷器占据西欧市场，吸走大量白银。这一情况导致贵金属的外流在整个欧洲都是十分普遍的现象。因此本地生产是解决这个问题的最佳办法。

西欧制瓷业发展的意义，首先在于解决了中国瓷器输入造成的白银外流问题。到18世纪末，西欧瓷器已经在本国市场上取得了胜利。18世纪末各国东印度公司结束中国瓷器进口业务，标志着这一问题的结束；其次，作为奢侈工业的瓷器工业，在欧洲资本主义发展过程中发挥了重要作用。桑巴特最早强调资本主义初期人们对奢侈品的需求与生产扩张之间的内在联系。① 他认为，正是奢侈工业在资本主义起源时期推动了资本主义的发展，资本主义是"奢侈的产物"，而瓷器则是奢侈需求中一个特别值得注意的方面，因为"王侯们对瓷器的喜好带动了对瓷器的狂热需求，特别是在王侯们大量订货的促进下，为欧洲工业中最大规模的行业之一奠定了基础。"② 从历史事实上来看，瓷器工业对欧洲资本主义发展所起的作用不容忽视，比如陶瓷工艺改革就为英国第一次工业革命的成功作出了贡献。③

三　产业革命

为对抗进口印度棉织品引起的贸易逆差，英国使用贸易保护政策打垮印度的民族产业后又通过殖民战争使印度成为其殖民地；然而面对与中国的旷日持久的贸易逆差，英国不得不将其经济思想的关注点从流通领域扩展到生产领域。只有将经济的关注点从商品的流通领域过渡到生产领域，才是资本主义经济成熟的重要标志。而工业革命彻底解决了英国生产的动力问题，机器化生产不仅提高生产效率更降低生产成本，英国工业品市场

---

① ［德］维尔纳·桑巴特：《奢侈与资本主义》，王燕平、侯小河译，上海人民出版社2000年版，第160页。［英］M. M. 波斯坦，H. J. 哈巴库克编：《剑桥欧洲经济史》（第五卷），王春法等译，经济科学出版社1977年版，第497页。
② ［德］维尔纳·桑巴特：《奢侈与资本主义》，王燕平、侯小河译，上海人民出版社2000年版，第111—112页。
③ ［美］托马斯·K. 麦格劳：《现代资本主义：三次工业革命中的成功者》，赵文书、肖锁章译，江苏人民出版社1999年版，第29页。

竞争力大大提高。最终通过强大的产品制造力打垮了印度和中国，印度的棉纺织业和中国的茶叶、瓷器、丝绸等曾经行销世界的产品最终不敌产业化大生产而逐步沦为世界经济的"边缘区"。

在长期的东方贸易交往中，英国通过各种尝试，用机器生产代替东方的人力劳动，借助关税等经济手段最终不断减少对中、印的白银外流。"1700—1820年间，英国有大量的新生专利工艺来自于对东方工艺的模仿和学习，如7项陶器和陶艺釉技术专利、13项上漆技术、48项印花、亚麻等纺织技术专利。"[1] "目前我们国家在棉纺织品和瓷器方面的贸易一直不景气，我们面临着严峻的考验，如果能够在这两方面有所发展，那么我们对这个国家（中国）的贸易将会有所突破。"[2] 为缓解与印度的贸易逆差，由禁止进口印度棉织品到自行生产，但是英国手工纺纱不仅速度慢而且不够均匀，其手工纺纱的质量远不及印度和中国，加上英国人工劳动价格高昂，导致其棉织品的市场竞争力低下，于是"珍妮纺纱机""骡机"等一系列纺纱机器的出现，机械化生产代替传统手工操作，棉纺织品成为欧洲产业变革的突破口，成为工业革命的龙头。不仅提高了纺纱的质量，更提高了纺纱的速度。而纺纱速度的提高就要求相应地提高织布的速度，牧师埃德蒙·卡特赖特为改变纺纱与织布的平衡状态，于1785年设计了一种最初由马驱动、1789年以后由蒸汽驱动的动力织机的专利权。经过二十多年的改进，该织布机的性能不断提升，到19世纪20年代，这种动力织机在棉纺织工业中基本上已取代了手织织布工。

当纺纱机、织布机与蒸汽机的联合便是真正意义上工业革命的开端。棉纺织业技术进步，使生产率大大提高，产品价格也大大下降，1786年，英国棉纱每磅是38先令，1800年下降到9.5先令，1830年又降到3先令。据迪恩和科尔计算，"1810—1816年，棉纺织业原料投入年均增长率为3.5%，而拿破仑战争之后的25年里则为6.5%。"[3] 而棉纺织业劳动生产率的提高就会表现为劳动成本的降低，成本的降低就会降低价格从而增强

---

[1] Maxine Berg, *Luxury and Pleasure in Eighteenth-Century Britain*, Oxford: Oxford University Press, 2005, p. 82.

[2] Patrick Tuck, *Britain and the China Trade 1635 – 1842*, Vol. Ⅶ, London and New York: Routledge, 2000, p. 390.

[3] P. Deane and W. A. Cole, *British Economic Growth 1688 – 1959*, Cambridge: Cambridge University Press, 1969, p. 186.

商品的国际竞争力。"19世纪20—40年代，纺纱和织布业的单位产量劳动成本分别减少一半和一半以上。"① 这对欧洲大陆棉纺织业的冲击是致命的，中国和印度出口到英国的棉纺织品从此也就失去了竞争力。

正如纺纱方面的发明会引起织布方面相应的发明一样，某种工业中的发明促进了其他工业中相应的发明。为不断提高生产技术和降低生产成本，1760—1840年，像纺织业和工程业一样，陶器业也引进了机器，局部地实现了机械化生产。韦奇伍德用动力机械研磨陶器原料，用高温测定计测定准确的炉温，在某些工序中使用动力车床。这种机器化生产使得英国制瓷业有了突飞猛进的发展，及至马戛尔尼访华期间已经十分确定英国的制瓷业水平已经远在中国之上。

由于在纺织业中蒸汽动力的广泛使用，使原本的纺纱、织布机器的构件发生了本质变化。比如珍妮纺纱机原来是木质的，但当使用蒸汽机带动时，木制机器就无法运转，而需要铁质机器。这样对铁的需求量就很大。而英国的冶铁业一向不发达，英国虽然有丰富的煤矿，但都属于深层煤矿，需要蒸汽机抽水。另外，英国铁矿储量大，但是英国铁矿石含磷、硫等杂质太多，因此铁的冶炼难度很大，当时英国铸造机器的生铁大都从瑞典、俄国进口，为解决这一问题，亨利·科特于1784年发明"搅炼"法，把熔融生铁放在一个反射炉里，加以搅动或搅炼，通过在熔融体中环流的空气中的氧，除去熔融体中的碳。除去碳和其他杂质后，生产出的铁质地纯净韧性更高，可以用于铸造各种机器。从此，英国基本上摆脱了对瑞典、俄国生铁的依赖。冶铁业的发展，反过来对蒸汽机的要求大大提高了对蒸汽机性能的要求，这样各个产业之间就形成了一种良性互动，这对生产的发展和对技术的进步产生了巨大的推动作用。

纺织工业、采矿工业和冶金工业的发展引起交通运输方面的必要变革，如何解决原料地与需求地之间的交通运输问题？尤其是随着英国新兴工业中心形成以后，如何解决产地与市场之间交通运输问题？这样，交通运输业的革命就成为一种必要。1761年，布里奇沃特公爵在曼彻斯特和沃斯利的煤矿之间开了一条长7英里的运河，从而使曼彻斯特煤的价格下降

---

① P. Deane and W. A. Cole, *British Economic Growth 1688－1959*, Cambridge：Cambridge University Press, 1969, p.189.

了一半，后来，又将该运河伸展到默西河，这样煤炭运输的价格进一步下降为原先的六分之一。这些惊人的成果引起运河开凿的热潮。到18世纪90年代修成了英国西海岸和东海岸的大运河，意味着英国国内形成了一张运河网，运河的连通，反过来对铁等原料又有新要求，比如涵管、大坝，都需要铁。与运河时代平行的是伟大的筑路时期，铁路与公路的大量修建，大大方便了货物的运输，降低了商品成本，不仅刺激了国内消费也增强了商品出口能力。

总而言之，由棉纺织业的机械化生产带动其他相关产业的良性互动，最终引发全行业的生产力变革。而英国为取得进出贸易的平衡，最终的办法只能是开发自身工业产品。长期来看，对于欧洲，特别是英国而言，这一挑战恰恰为它自身的经济发展开辟了新的路径。实践证明，奉行重商主义理念，诸如进口原料（原棉），出口制成品，用保护主义的关税压缩外国进口，这些政策将会刺激工业化来发展经济。正如艾瑞克·霍布斯鲍姆所认为的那样，进出口贸易点燃了工业革命的火花。[1] 进口奢侈品，尤其是工业制成品所引起的消费需求和时尚，突破了传统习俗和法规的种种束缚，为英国的制造业的发展提供了重要的转折点和契机，推动了英国生产技术和产品革新的步伐，带来了工业生产的飞速进步。催生了英国新式消费品的诞生。通过对印度棉纺织技术的模仿，英国人获得了巨大的成功，历史的发展表明，英国以仿制为路径的进口替代产业的建立不仅仅刺激了生产技术方面的革新，也促使了以商品消费为基础的工业革命的到来。

本章小结

英国人防止货币或贵金属流失的方法是多样的，从早期的禁止金银出口到金融政策产生后出现的汇兑业务及发行纸币、公债等手段，这些手段不仅减少了国内商业对白银的依赖还创造了财富，大大减少国内商业对贵金属的依赖，弱化了因东方贸易造成的逆差对经济造成的负面影响，但是金融的稳定仍然依赖一定的黄金储备，尤其是实现金本位制后，就体现得

---

[1] E. J. Hobsbawm, *Industry and Empire*: *The Making of Modern English Society*: *1750 to the Present Day*, New York: Pantheon Books, 1968, p. 50.

更明显。转口贸易通过调动不同地区间的生产和需求来完成支付，但是必定受制于其他地区生产和需求的诸多因素，许多不可控因素随之产生，收益也不稳定。总之，支付机制与贸易平衡是一个很复杂的问题。

英国人在对印度棉织品的禁止和高关税中出于对利益的追逐而形成自己的民族工业，由于英国人对茶叶的极度痴迷，导致自己开辟茶园、种植茶叶，而茶叶的加工需要各种机器，饮茶需要瓷器，这都促进了英国机器制造和瓷器工业的发展。也正是因为棉纺织业带来的巨额利润为其他行业提供了大量资金，其机器化的生产和组织方式的变革使得社会生产力迅速提高。英国本身具备的有利于棉纺织业发展的独特因素，如能源、气候等促进了棉纺织业飞速发展。棉纺织业的突飞猛进，又相继带动了各行各业的发展。在短短几十年之内，英国通过工业革命成为"世界工厂"。一场由棉纺织业的变革带动整个社会生产的革新。因此我们说工业革命的产生受到了长期来与东方贸易的逆差的影响。其目的就是要改变生产力不足的问题，增强贸易能力，而工业革命的出现最终在很大程度上的确改变了中英传统的贸易格局。尽管这一转变不仅仅是经济单一作用的结果，而是政治、军事综合作用共同促成的。

第五章

近代东西方贸易地位的转换

率先通过大航海到达亚洲进行贸易的是葡萄牙人，16世纪初到17世纪头20年的东方贸易基本被葡萄牙人垄断。之后，葡萄牙在东方的贸易优势被荷兰取代。另一个重要的殖民国家是西班牙，西班牙拥有美洲得天独厚的财富却因国内政治、经济体制等原因无法将美洲的财富化为其商业和工业资本，反而因突如其来的财富陷入"价格革命"的泥潭中不能自拔，最终以1588年"无敌舰队"的覆灭结束了其在欧洲和美洲的霸权，进而失去其在亚洲的贸易优势。在美洲独立运动及银矿减产等因素的干扰下，西班牙从美洲得到的白银不断减少，最终被迫退出东方贸易。"西、葡退出对华贸易就与其对华贸易白银出了麻烦有关"，[1]17世纪初西班牙大帆船贸易也在荷兰和英国的联合打压下走向衰落。荷兰利用其商业上的资本优势和极强的从事转运贸易的能力成为马克思所说的"17世纪标准的资本主义国家"。但荷兰国内资源短缺，人口有限，虽然拥有广阔的海外市场，碍于国内制造业不能满足海外市场的需求，雄厚的商业资本因国内外多种条件的制约亦无法转化成工业资本，大量资本始终停留在商品的流通领域。由于18世纪后半期欧洲政局的动荡和19世纪初美洲白银减产等原因，再加上三次英荷战争的影响，荷兰在18世纪后半期逐步退出东方贸易。

然而西欧近代经济转型时期也是商业资本主义向工业资本主义的过渡时期，商业资本终将被工业资本取代。作为早期全球化的主角英国，其之所以将触角伸至东方，主要目的就是寻求海外市场，英国对东方尤其是对

---

[1] 郭卫东：《棉花与鸦片：19世纪初叶广州中英贸易的货品易位》，《学术研究》2011年第5期。

中国的贸易始终是逆差，导致大量白银外流，英国对中国的贸易压力增加，英国在历经各种扭转贸易逆差的努力之后，意识到对外贸易的根本是要有可交换的产品，即从关注商品的流通过渡到关注商品的生产。最终以英国为代表的西方国家率先通过产业革命，改变了整个资本主义世界的面貌。由于西、葡、荷相继退出与东方的贸易，所以早期的东西方贸易在18世纪后半叶就变成了英国与印度和中国的贸易。

伴随工业革命，东西方贸易格局最终发生逆转。印度在英国军事与政治的双重打击下失去了独立的经济地位，开始沦为英国经济发展的牺牲品。印度的棉纺织业在英国的贸易遏制下，逐渐衰落，成为英国远东地区战略发展的附庸。中国的康乾盛世虽比前朝略有发展，但生产始终停留在手工操作的水平，小农经济无法与工业文明抗衡，最终败北。至此英国开始逐步扭转贸易逆差，也改变了东西方的经济发展轨迹。

第一节　东方贸易地位的边缘化：以中印两国为例

一　印度从传统经济到殖民地经济

南亚次大陆自古以来就是农业发源地之一，直到殖民者入侵之前，其文明和经济发展程度都很高，尤其是棉、麻纺织业始终热销世界。历史上印度这块古老的国度其文明虽几经更迭，却始终保持独立与完整性。但是大航海以来，随着英国在印度势力的扩张并最终将其纳入英国殖民版图，印度的经济也开始迅速随之变化，原有的独立性很快丧失，转而成为完全为英国服务的殖民地经济。印度从出口棉织品到出口原棉，为英国棉纺织业的发展作出了巨大牺牲，逐步丧失了其工业优势；英国为改变与中国的贸易劣势，将印度的土地用于种植非生活必需品的鸦片和茶叶，而鸦片和茶叶的利润又被英国所占用，印度愈发贫困，其原有的农业经济结构也发生了巨大改变。经济上的巨大创伤最终导致政治上软弱。

（一）英国统治对印度工业性质的改变

这里要谈的印度工业，主要以印度手工业为主，尤以纺织业最具代表性。罗马时期以来，印度工业及手工艺产品一直是各国商人追逐的目标，也是印度巨大财富的主要来源。西方专家在《工业委员会报告》中感

■■■ 东西方贸易关系的演变与工业革命的缘起

叹:"欧人东来初时,印度工业的发达绝不逊色于西方国家,有些方面甚至更为进步。"① 在对外贸易上,印度一直处于有利的出超地位。在18世纪以前的印度,它的"纺织生产异常发达已为众所周知……村村都有织机;城市里的织工更比比皆是;从苏拉特到恒河,织布工场密如星云,或自产自销,或接受大出口商的订货"。② 其中最著名的是旁遮普、孟加拉和克什米尔。精美的围巾是在旁遮普和克什米尔造的,孟加拉的达卡则以其精美而结实的平纹细布驰名世界。孟加拉棉产品的质量和声誉令欧洲人感叹不已,在他们看来,"在孟加拉,棉花和蚕丝多到这个王国可以被称为储藏这两种货物的公共仓库,不只是印度斯坦即大莫卧儿帝国的公共仓库,而且是所有毗邻的王国,甚至是欧洲的公共仓库"③。由于印度自然经济的繁荣以及封建经济的封闭性,英国只能以贵金属购买印度纺织品,因此大量美洲金银经欧洲国家源源流入印度,贵金属构成了英国及其他西欧国家对印贸易的主要商品。

然而这种情况与英国旨在将印度变成商品市场和原料产地的目标是不符的,且印度棉纺织品的大量输入,会导致英国呢绒产业受损,引起国内工人失业。④ 为此,英国议会采取多项相关措施以限制印度棉布的进口,最主要的方法是对其征收高关税,以遏制印度棉纺织品在英倾销。在高额关税的影响下,18世纪初,英国的东印度公司减少了进口印度棉纺织品的数量,⑤ 以至于其相关业务"受到了相当大的打击"。⑥ 也是在多项限制印度棉纺织品进口的政策和手段之下,英国的纺织业才得以在印度商品的冲击下存活。英国学者都不得不承认,英国棉纺织业是通过采取不公平竞争手段,才战胜印度棉纺织业的。前者正是以后者的鲜血,铺就了自己发展的康庄大道。⑦ 进入19世纪,伴随工业革命的深入,在英国棉织品出口量

---

① 林太:《印度通史》,上海社会科学出版社2007年版,第222页。
② [法]费尔南·布罗代尔:《十五至十八世纪的物质文明、经济和资本主义》(第三卷),商务印书馆2017年版,第584页。
③ [印] R. C. 马宗达:《高级印度史》(上),张澍霖等译,商务印书馆1986年版,第619页。
④ K. N. Chaudhuri, *The Trading World of Asia and the English East India Company*: 1600 – 1760, New York: Cambridge University Press, 1978, p. 278.
⑤ Hilary Young, *English Porcelain 1745 – 1795*, London: Victoria & Albert, 1999, p. 74.
⑥ Audrey W. Douglas, "Cotton Textiles in England: the East India Company's Attempt to Exploit Development in Fashion 1660 – 1721", *The Journal of British Studies*, Vol. 8, Issue 2, 1969, pp. 28 – 43.
⑦ Peter Fryer, *Black People in the British Empire*, London: Pluto Press, 1988, p. 12.

与日俱增的同时，利用关税压制印度纺织业的现象愈发严重。

表 5-1　1812—1824 年对输入英国的印度手工业品征收的捐税①　　　单位:%

	1812 年（税率）	1824 年（税率）
细棉布	27.3	37.5
棉布	71.3	67.5
其他棉织品	27.3	50.0
山羊毛围巾	71.0	67.5

由表 5-1 可见，1812—1824 年间，英国对输入的印度纺织品征收高额关税。1812 年，各类纺织品的平均税率约为 50%，1824 年这一数据约为 56%，个别类型的纺织品税率高达 60% 以上。如此重税，使得印度纺织品再也无法在英国市场上与英国本土商品进行竞争。英国一方面提高印度棉织品进口税；另一方面降低本国商品出口税。这种保护性关税使得英国纺织品成本大大下降，提升了其产品竞争力。

表 5-2　1812 年和 1830 年英国和印度棉纱成本比较②

棉纱种类	英国每磅棉纱成本 1812 年	英国每磅棉纱成本 1830 年	印度每磅棉纱成本 1812 年和 1830 年
40	2 先令 6 便士	1 先令 2 又 1/2 便士	3 先令 7 便士
60	3 先令 6 便士	1 先令 10 又 1/2 便士	6 先令
80	4 先令 4 便士	2 先令 6 又 3/4 便士	9 先令 3 便士
100	5 先令 2 便士	3 先令 4 又 1/4 便士	12 先令 4 便士
120	6 先令	4 先令	16 先令 5 便士
150	9 先令 4 便士	6 先令 7 便士	25 先令 6 便士
200	20 先令	14 先令 6 便士	45 先令 1 便士
250	35 先令	28 先令 2 便士	84 先令

---

① Romesh Chunder Dutt, *The Economic History of India under early British Rule：From the Rise of the British Power in 1757 to the Accession of Queen Victoria in 1837*, London：Routledge, 1950, pp. 293-294.

② Edward Baines, *History of the Cotton Manufacture in Great Britain*, London, Routledge, 1966, p. 353.

伴随工业革命的开展，英国棉纱成本呈不断下降的趋势。随着生产成本的降低，英国棉织业发展迅猛，从1782年开始，英国原棉进口量急剧增长。

表5-3　　　　1781—1818年英国原棉的进口量急剧增长[①]

年份	原棉进口额（磅）
1781	5914019
1782	11828039
1787	23250268
1799	43379278
1800	56010732
1802	60345600
1807	71925306
1810	132488935
1818	177282158

与原棉进口量增长的同时，是英国棉纺织品出口的增加。自1782年第一批英国棉布进入印度以来，英国棉织品出口逐年增加。[②] 1786—1790年，年均输入印度的英国棉织品约为120万英镑，到1809年增加到1840万英镑，二十多年间出口量增长了15倍。[③] 1813年英国议会取消东印度公司在印度的贸易垄断权后，英国纺织品涌入印度市场的步伐大大加快，英国向亚洲的出口额从1811年的170万英镑上升到1821年的440万英镑。与之相对应的是，印度出口棉纺织品数量锐减。1814年，印度输入英国的棉布数量为120万余匹；至1828年，这一数字降低至42万余匹，减少了近三分之二。[④] 印度从出口棉织品到变为出口原棉，18世纪后半叶，东印度公

[①] C. J. Hamilton. M. A., *The Trade Relations between England and India: 1600 - 1869*, New Delhi: Idarah-i-Adabyat-i-Delli, 1975, p. 259.

[②] 林承节：《印度史》，人民出版社2004年版，第241—242页。

[③] Romesh Chunder Dutt, *The Economic History of India under early British Rule: From the Rise of the British Power in 1757 to the accession of Queen Victoria in 1837*, London: Routledge, 1950, p. 293.

[④] Romesh Chunder Dutt, *The Economic History of India under early British Rule: From the Rise of the British Power in 1757 to the accession of Queen Victoria in 1837*, London: Routledge, 1950, p. 89.

司开始为英国进口苏拉特和孟加拉等地的棉花，1797 年运往英国的棉花约为 2000 捆，1798 年涨到 4400 捆，1799 年和 1800 年平均每年有 18000 捆（每捆为 400 磅）。对于英国出口产品总量来说，18 世纪后半叶棉纺织品就超越了毛织品的地位，自 19 世纪始就一直维持在 50% 以上的份额。[1] 至此，通过诸多手段，英国基本实现了遏制和挤垮印度纺织业的目标，成功地将印度排斥于日益发展的世界市场之外。

由于英国制成品的冲击，印度国内的家庭日益瓦解，许多家庭手工经济破产。印度从出口制成品转变为向英国出口原棉，以支撑英国棉纺织业的发展。印度的重要港口加尔各答对英国出口产品的变化就是这种贸易格局转变的缩影。

表 5-4　　　　　1800—1829 年加尔各答对英国出口[2]

年份	棉花（包）	棉布（包）	生丝（包）	丝绸（包）
1800	506	2636	213	—
1801	222	6341	238	—
1802	2072	14817	400	—
1803	2420	13649	1232	—
1804	602	9631	1926	—
1805	2453	2325	1327	—
1806	7315	651	1689	—
1807	3717	1686	482	—
1808	2016	237	817	—
1809	40781	104	1124	—
1810	3477	1167	949	—
1811	160	955	2623	—
1812	—	1471	1889	—
1813	11705	557	638	—

---

[1] R. Crafts, *British Economic Growth During the Industrial Revolution*, Oxford: Clarendon Press, 1985, p. 143.

[2] Romesh Chunder Dutt, *The Economic History of India under early British Rule: From the Rise of the British Power in 1757 to the accession of Queen Victoria in 1837*, London: Routledge, 1950, p. 295.

■■■东西方贸易关系的演变与工业革命的缘起

续表

年份	棉花（包）	棉布（包）	生丝（包）	丝绸（包）
1814	21587	919	1786	—
1815	17228	3842	2796	—
1816	85024	2711	8884	—
1817	50176	1904	2260	—
1818	127124	666	2066	—
1819	30683	536	6998	468
1820	12939	3186	6805	522
1821	5415	2130	6977	704
1822	6544	1668	7893	950
1823	11713	1354	6357	742
1824	12415	1337	7609	1105
1825	15800	1878	8061	1558
1826	15101	1253	6856	1233
1827	4735	541	7719	971
1828	4105	736	10431	500
1829	—	433	7000	—

在这种贸易格局的转变下，印度输往英国的棉布数量整体呈现下降趋势，而输往英国的棉花数量却在不断上升。即印度从成品输出转变为原料输出，而英国从最初的进口成品到进口原材料，实现了两国进出口商品结构的逆转。同时，印度其他工业领域也因为差别关税遭受严重打击。英国将应用于棉纺织品上的差别关税，应用于印度其他制造业上，以此引导英国制造业侵蚀印度市场。至19世纪中期，"不列颠的蒸汽和科学在印度全境把农业和手工业彻底摧垮了。"[1] 丝织业、运输业、造船业等都如纺织业一般，在英国的关税保护摧残之下逐一衰落。

英国成功将印度变成了自己的原料产地和商品市场。印度也由此变成了一个贸易进口国。在此之前，印度人基本上掌握着自己的棉织业、丝织业与毛织业和运输业，印度每年有大量的纺织品、铜器、金银器等大量商

---

[1] 《马克思恩格斯全集》（第九卷），人民出版社1973年版，第65页。

品出口，造船业甚至比英国还要发达。但此后，随着大批英国商品的涌入，使印度各个行业和对外贸易都受到沉重打击，印度的贸易和工业开始走向衰落，到19世纪中叶则走向破产。①

（二）对印度农业性质的改变

1757年普拉西战役后不久，东印度公司就在孟加拉的占领地直接征收田赋。1765年公司从莫卧儿帝国皇帝处取得了孟加拉的财政管理权，它们扩大征税区域，加大榨取田赋的力度。英国人不考虑原来土地所有者的利益，将包税权进行拍卖，按出资多少决定承包权，所以投机者出高价取得承包权后进而肆无忌惮地进行搜刮。例如1770年印度大饥荒饿死约1000万人，孟加拉的人口饿死三分之一，可是1771年的税收依然超过1768年税收总额。这种杀鸡取卵、竭泽而渔的掠夺方式注定不能维持多久。之后实施"固定柴明达尔制""莱特瓦尔制""马哈尔瓦尔制"三种田赋制度，也对印度农业产生了很大的破坏作用。在孟加拉主要实行"固定柴明达尔制"，这是一种永久性的田赋制度，就是确认包税的柴明达尔为土地所有者，田赋一经固定，永久不变。这种极度的掠夺使得农民普遍陷入贫穷，更对印度农业社会带来强大冲击。在孟买和马德拉斯则主要实行"莱特瓦尔制"，"莱特"是印地语对农民的称谓，19世纪初，英国殖民当局在孟买和马德拉斯直接向农民征收占收成三分之一至二分之一的土地税，也称农民租佃制。后因农民无力缴税，欠税日增，土地逐渐转归商人高利贷者。在北印度则实行"马哈尔瓦尔制"，根据这种税制，耕地归农民占有，由村社统一纳税并由村社原头人统一上交，税率可高达83%到95%。②高额税率使得印度农民破产，农业凋敝，大量财富流向英国。"据估计，1757—1780年间，从孟加拉流入英格兰的财富总价值约达3800万镑"。③总体而言，1765—1780年的十五年间，东印度公司利用取得的包括征收田赋在内的各类征税权，将超过1000万英镑的收益，或购买印度货出口，或将金银直接输出（有一部分输往中国），或以各种方式转往英国，造成印

---

① 王助民等：《近代西方殖民主义史1415—1990》，中国档案出版社1995年版，第58—59页。

② Romesh Chunder Dutt, *The Economic History of India Under Early British Rule: From the Rise of the British Power in 1757 to the Accession of Queen Victoria in 1837*, London: Routledge, 1950, p. Ⅳ.

③ ［印］R.C.马宗达、H.C.赖乔杜里、卡尔利卡尔·达塔：《高级印度史》（上），张澍霖等译，商务印书馆1986年版，第869、870页。

度财富大量外流。在农业凋零的同时，贸易和工业发展的后续资金也枯竭了。

与此同时，印度农业经济的生产方式也发生了改变。以前，印度农业属自给自足的自然经济，种植农作物主要是维持自我消费，现在转向为商品经济服务。世界市场需要的农产商品，在印度扩大种植。这些经济作物主要是罂粟、棉花、黄麻、蓝靛、烟草、茶叶、桑蚕、咖啡等。以棉花来看，印度原本是棉布出口国，以本国棉花为原料，对外提供制成品，而今印度成为原料输出国，棉布制造业凋零，棉花出口额猛增。1813—1844年印度输往宗主国的原棉由4000多吨增长到40000多吨，增长了10倍。[①] 1850年，印度棉花种植面积为800万英亩，1890年猛增到1700万英亩。[②] 随着英国对中国鸦片贸易的发展，鸦片种植面积亦不断扩大，鸦片收入成为仅次于田赋的第二大政府财政税收来源。鸦片产于孟加拉、比哈尔等地，英国占领孟加拉后对鸦片实行专卖，殖民征服收购罂粟后，加工成鸦片，向中国等地走私，1834年前，在印度出口产品中，鸦片居首位，1858年，鸦片出口总值为910.7万英镑。[③] 为对抗因中国茶叶导致的白银外流，英国在印度阿萨姆地区开辟大片茶园，茶叶产量逐年增加。印度经济作物种植面积不断扩大，并且形成了经济作物种植专业区，商品化农业趋势进一步加强。[④] 印度之前作为自给自足的传统农业经济逐步沦为英国经济发展的附庸。

综上所述，英印当局对于印度农业种植控制的手段主要有以下几个特点，其一，由自行种植到强迫种植制，特别是由于这些作物非农民生活所需，农民缺乏生产积极性，殖民当局通过行政干预，规定农民种什么以及种多少，然后产品由东印度公司统购包销。其二，种植园经济，由英商或东印度公司职员兴办茶叶、蓝靛、咖啡等种植园。尤其是当印度已经沦为英国殖民地，成为英国经济附庸之后，英国与中国的贸易逆差却依旧旷日

---

① 林太：《印度通史》，上海社会科学院出版社2012年版，第224页。
② [美] 埃里克·沃尔夫：《欧洲与没有历史的人民》，赵丙祥、刘传珠、杨玉静译，上海人民出版社2006年版，第338页。
③ Romesh Chunder Dutt, *The Economic History of India Under Early British Rule: From the Rise of the British Power in 1757 to the Accession of Queen Victoria in 1837*, London: Routledge, 1950, pp. 131–132.
④ 林承节：《印度史》，人民出版社2004年版，第243、244页。

持久，为平衡对华贸易逆差，英国在印度开辟大量茶园，兴办者或者依靠殖民当局支持，以很低甚至全免租金租用国家土地，或者由政府给予长期低息贷款，租用地主土地。他们招募工人进行生产，产品主要销往欧洲。如1854年殖民当局颁布了《阿萨姆茶叶开垦法案》（Assam Tea Clearance Act），承诺凡是到这里种植茶树并外销的欧洲种植园主，可获得本地区多达3000平方米的土地。但原住民不同意，因为砍伐森林改成种植茶园将意味着他们半游牧的生活方式的消失。于是英国殖民当局强行推行这一法案并最终收到成效，从1870年左右到1900年间，阿萨姆的茶叶输出量增加了19倍，喜马拉雅山麓丘陵其他地区也开始种植茶树（其中闻名遐迩的大吉岭，就位于圣母峰附近）。就是在这样的种植园经济和强迫种植政策的结合下，西方终于可以凭借自身满足对茶叶的需求。其三，由殖民当局或英商预付资本组织生产，他们与农民签订合约，向农民提供种子、技术培训及必要的投入，产品由出资方收购。蓝靛、罂粟、烟草等大都采用此方式。虽然运用了近代生产方式，但这些都是必须卖出的非生活所需商品，而且唯殖民当局和英人是出资者、管理者和购买者，其掠夺式的收购价，让种植者无利可图。这些政策对印度农业经济破坏严重，使得印度作为历史上的农业大国，却一度依靠进口粮食。

印度就在这样外来摧毁性破坏的基础之上，在一轮又一轮的掠夺中被迫与世界接轨。最终，印度成为宗主国英国的原料供应地、商品倾销市场和投资场所。从独立自主的经济主体变成英国远东经济战略利益的一枚重要棋子。

二 中国小农经济的稳定性与受到的冲击

西欧重商主义未能触动中国的小农经济。欧洲人在打开东西方直接海上贸易通道后，不能像控制印度那样控制中国，在使印度最终沦为英国的殖民地，成为英国经济发展附庸的同时，中国与西方国家的贸易却能够继续平稳地维持下去，而且中国以巨大的贸易顺差成为保持在世界经济中心地位。中国大一统的小农文明所形成的历史积淀是中国在近代早期取得贸易优势的关键。欧洲在资本主义文明出现以前，也就是在重商主义的早期阶段，还没有力量与中国的小农文明所形成的生产力抗衡。新开通的东西方贸易不仅没有摧毁中国小农文明的生产力，反而进一步激发小农文明的内在潜力，使中国在西欧转型时期出现了"康乾盛世"，人口数量与国民生产总量均出现史无前例的增长。这种小农文明与西欧资本主义文明同时提升，"并驾齐驱"的现象，在近代早期的世界史上是独一无二的。但是到清朝晚期，尤其是在五口通商后，大量洋货的涌入以及因鸦片导致的白银外流，中国的自然经济还是受到很大的冲击。中国经济在近代早期三百多年的贸易交往中既表现出小农文明固有的坚韧与稳定性，也表现出在英国工业革命冲击下的被迫与无力。

（一）小农经济的稳定性

经济上，中国男耕女织、精耕细作的小农经济通过聚合所形成的庞大生产力，对欧洲来说，直到工业革命以前，是难以匹敌的。一位西方人士曾经说过："早在一千年前，中国经济总量最高时占当时世界经济总量的80％。"[1] 这个说法现在看来，是一种夸张。[2] 但中国式的小农生产力在世界范围内所具有的无可比拟的优势是不容否认的。这种优势并不是体现在个体生产效率上，而是体现在由无数个体所构成的整体生产能力上。近年来，据西方学者研究，西欧人均 GDP 水平可能在 1300 年前后已经超过了中国。[3] 少数中国学者的研究也认为，16 世纪时，中国的户均粮食产量已经只有英国的一半。[4] 18 世纪时，更不及英国的 1/3。[5] 可见在人均生产力方面，中国并不具备优势。但是，大约从 1700 年起，因新航路的开辟和美洲的发现，旱地农作物引进中国，农作物产量大幅度上升，使中国人口增长的速度超过西欧，中国经济总量与过去相比亦出现了上升趋势，见麦迪森的统计表。

---

[1] 原载《中外读点》，转见《书刊报参考》2006 年 8 月 24 日，第 10 版。

[2] 中国历史的 GDP 水平可能从未超过 35％，见谢丰斋《中西方的经济差距何时拉开？——谈安格斯·麦迪森的"千年统计"》，《史学理论研究》2012 年第 4 期。

[3] ［英］安格斯·麦迪森：《世界经济千年史》，伍晓鹰等译，北京大学出版社 2003 年版，第 30 页。

[4] 侯建新：《现代化第一基石：农民个人力量与中世纪晚期社会变迁》，天津社会科学院出版社 1991 年版，第 264 页。

[5] 侯建新：《现代化第一基石：农民个人力量与中世纪晚期社会变迁》，天津社会科学院出版社 1991 年版，第 267—268 页。

第五章　近代东西方贸易地位的转换

表5-5　　　　　中国在世界经济中的地位（1700—1820）[①]

	1700 年	1820 年
	人口（百万）	人口（百万）
中国 世界 中国占世界比重（%）	138 603 23	381 1042 37
	GDP（10亿1990年国际元）	GDP（10亿1990年国际元）
中国 世界 中国占世界比重（%）	83 371 22	229 696 33
	人均GDP（10亿1990年国际元）	人均GDP（10亿1990年国际元）
中国 世界 中国/世界（世界=1）	600 615 0.98	600 668 0.90

表5-5显示：1700—1820年，中国GDP总值在世界GDP总值中所占的比重从23%上升到37%。有人说，在整个清朝前期阶段，中国的经济总量一直呈上升趋势。1700年时，中国只有世界经济总量的1/4，1820年时，上升到了1/3以上，超过欧洲、美国和俄国国内生产总值的总和。[②]郭成康等的研究也认为：中国经济总量在18世纪末已经占到世界经济总量的近1/3，[③]超过了今天美国在全球经济中所拥有的份额。甚至直到19世纪上半期，中国的GDP仍占世界经济总量的30%以上。[④]

同一时期，中国不仅是世界上最大的农产品生产国，也是最大的制成品生产国。中国除了最大规模地生产丝织品、瓷器和茶叶之外，其他制成品的产量也享誉世界。嘉靖年间（1522—1566），中国的生铁产量达到4.5

[①] ［英］安格斯·麦迪森：《世界经济千年史》，伍晓鹰等译，北京大学出版社2003年版，中文版前言。
[②] ［英］安格斯·麦迪森：《世界经济千年史》，伍晓鹰、许宪春等译，北京大学出版社2003年版，中文版前言。
[③] 郭成康等：《康乾盛世历史报告》，中国言实出版社2002年版，第6页。
[④] Angus Maddison, *Chinese Economic Performance in the Long Run*, Paris, DECD Development Centre, 1998, p.40.

· 199 ·

东西方贸易关系的演变与工业革命的缘起

万吨,而英国直到1740年才只有将近2万吨。① 至18世纪末乾隆辞世以前,中国的制造业超过了欧洲5个百分点,相当于英国的8倍,俄国的6倍和日本的9倍。另有一份统计数据显示:1750年时,中国的制造业是世界工业生产总额的32.8%,而印度只占24.5%,欧洲占23.2%;1800年时,英国工业革命已经发生,制造业开始朝有利于欧洲的方向发展,但中国制造业的份额仍在扩大,达到世界工业总产量的33.3%,同时期,欧洲只有28.1%,印度则下降到19.7%。②

在政治上,中国大一统的政治权力在"船坚炮利"的现代军事技术出现以前,是富有侵略性的欧洲小国难以对抗的。整个欧洲的总面积如果以乌拉尔山为界是1016万平方公里,与中国版图大致相当,但欧洲的政局是小国林立,而中国差不多在同等范围内建立了大一统的中央政权,这种集权的力量使包括南海在内的所有沿海、沿边地区均能够得到有效防范和保护,欧洲列强在取得高效能的军事装备技术以前,难以突破这样的防御,无法对中国国家主权和领土完整产生威胁。中国对边疆强有力的保护与印度形成强烈对比,中国大一统的中央集权也和印度分裂,内部宗教、民族矛盾尖锐的政治状况形成强烈对比。因此欧洲国家,尤其是英国不能够向在印度那样先通过垄断贸易公司、再到武力干预继而实行殖民统治控制印度那样控制中国。这使得中国与西方国家的贸易优势得以继续保持并不断扩大,反映出中国的政治体制的强有力以及对自身经济优势的政治保障。

近代早期,整个东方世界的沿海地区,只有中国对其东南沿海拥有军事上的控制力。葡萄牙、西班牙、荷兰、英国等西欧国家相继于1514年、1575年、1604年和1636年首次入中国沿海,这些国家在进入中国以前已经在印度洋沿海各地建立了一系列的贸易站,它们在继续向东行进时,也希望同样能够在中国建立贸易站,但是这种愿望在中国变成了奢望,葡萄牙虽费尽周折,总算在三十多年后的1547年以租借的形式借用澳门,但前提是必须向中国政府"称臣纳税",西班牙人进入中国南海的时间正值腓力二世统治的"强盛"时期,他们因美洲大陆的发现而盛极一时,也没能在与中国的贸易中占据优势,反而输入了大量美洲白银。之后,英国于

---

① 黄启臣:《十四—十七世纪中国钢铁生产史》,中州古籍出版社1989年版,第17页。
② [美]保罗·肯尼迪:《大国的兴衰》,王保存等译,求实出版社1988年版,第186页。

1600年成立东印度公司，1636年首次到达广州，炮击中国城镇，企图给中国政府施加压力，结果遭到广东地方当局的有力回击，结果只能赔款了事。荷兰在17世纪初战胜西班牙后，一度成为海洋霸主，进入中国沿海以后，在与明朝的博弈中，从澎湖列岛退居台湾，企图将台湾变成殖民地据点，结果被郑成功击退，最终只能选择离中国较近的巴达维亚作为"落脚点"。

由此可见，在中国强大的政体面前，早期欧洲小国的武力均不能对中国造成威胁，欧洲国家在近代以来的对外开拓中，从没遇到像中国这样强大的对手，因为它们遇到的既不是美洲或非洲大陆的"半开化的酋邦"，也不是印度次大陆或阿拉伯人的所谓的"离散的帝国"，而是一个权力高度集中统一的中央大帝国。因此，西方国家惯用的手段无法奏效，只能以商人的身份与中国指定的十三行做本分的生意。并接受中国约定俗成的贸易规则。

总结而言，欧洲人在开辟"新航路"的过程中，对所到之处大致采取了三种接触方式，可分别归结为"种族主义""殖民主义"和"贸易主义"。在美洲、大洋洲及非洲部分地区，实行野蛮的、赤裸裸的种族迫害政策，大肆屠杀、奴役印第安人和黑人，在印度次大陆、中南半岛、印尼群岛及部分阿拉伯地区，则采用巧取豪夺的殖民主义政策，从这些东方地区尽可能地掠夺社会财富和资源；在中国、日本等远东地区，欧洲人只能委曲求全地奉行贸易主义政策。尤其对中国，欧洲人只能遵守传统的"朝贡贸易"原则，在进口丝绸、茶叶、瓷器的同时输出大量白银。

在文化传统上，中国农耕文明虽然农商合一，不排斥商业文明，但是与近代早期西方的重商主义文明相比较，仍然存在着天然的对抗性。两者接触之后，双边贸易自然发生了，但是最终不能有机地结合到一起，因为，深深扎根于土地的农耕文明，"重农抑商"不仅是国家层面的基本国策，也是民族层面的民族性格之一，它与彻底的重商主义文明存在着颠覆性的差异，二者之间最终只能"南辕北辙"，根本走不到一起。

中国社会早在夏、商、周时期，就已经确立了以农为本的生活理念。例如，西周宣王时，虢文公曾规劝宣王说："民的大事在农业，祭祀上帝的谷物多由此而出，人民众多由此而生，事务供给在于此，和谐爱慕由此而兴，财务之用，人口繁殖由此开始，敦厚纯固由此而成。因此，稷为农

■■■ 东西方贸易关系的演变与工业革命的缘起

官,专务农业,不居官求利而侵犯农业。一年三季务农,而冬天一季练武,因此征伐有威,守卫有财。这样就能讨好于神而使民和睦,供奉祭祀按时进行布施很丰厚。"① 虢文公的劝告集中表达了中国人重农、安民的思想,后世的帝王将相无不奉之为圭臬。我们认为,在这样一个经典的农耕社会里,商业从来不是经济生活的主导面,而只是"农业的某种延伸",商业无论怎样发展,也逃不脱农业的约束力,更不可能支配农业,换句话说,在中国商业的发展必须从属于农业。

海外贸易更被中国人看作是可有可无,欧洲工业革命发生后,商品生产率有了巨大提高,贸易理应朝着有利于英国的方向发展,与中国交易时似乎可以用商品取代白银。但是,正如彭慕兰所说:"当时对这种工业品的需求有限,而对农产品,手工艺品的需求却较大。"② 1793年6月,为了寻求贸易平衡,英国政府特派以马戛尔尼为首的700人使团,以给乾隆皇帝祝寿为名,出访中国,企图加强与中国的双边贸易关系,一方面向北京派驻商务使节;另一方面希望在广州以北的地区开设港口以利于英国贸易并且在沿海地区划出一块地供英国存放货物。但乾隆皇帝的答复是:"天朝大国,无奇不有,原不藉外夷以通有无。"英国的要求被中国拒绝了。鸦片战争之后,担任中国海关税务总长的英国人赫德,也不无遗憾地说:"中国有世界上最好的粮食——大米;最好的饮料——茶;最好的衣物——棉、丝和皮毛。他们无须从别处购买一文钱的东西。"③

康乾年间,中国人口迅速增长,中国自然经济商品化程度不断加深,"闯关东""下南洋""走西口"的人口大迁徙局面出现;但是,这种商业性扩张仍然没有形成脱离农业的现代商业机制。"树高千丈,叶落归根,"外出经商的中国人总是惦念故土。例如,航行南海的中国商船,在马六甲海峡遭遇"印度洋季风向北吹刮"以后,即自动折返中国,不会继续向西航行。但建立在农业文明伦理基础上的中国将"外溢"的国民视为异类,"弃之如敝屣",任其孤悬海外,自生自灭。相比之下,建立在商业文明理念基础上的西方国家则唯恐对移民社会的控制力发挥不足,因而举措丛

---

① (春秋)左丘明:《国语》,中州古籍出版社2010年版,第26页。
② [美]彭慕兰、史蒂夫·托皮克:《贸易打造的世界:社会、文化与世界经济》,黄中宪译,陕西师范大学出版社2008年版,第117页。
③ [英]格林堡:《鸦片战争前中英通商史》,康成译,商务印书馆1961年版,第4页。

生,最终导致那些从前的殖民地移民纷纷革命而独立。二者比较,农业文明所具有的天然的自闭性是十分明显的。

在中国,商业性扩张似乎存在着一道难以突破的"天然屏障",这道屏障除非有强有力的政治背景做依托,否则是不会使中央王朝动员举国之力,做这样大的一个冲刺,最终突破可能存在的某个极限。例如,经常被冠之以贸易之名的郑和下西洋就是这样一个例子。明成祖朱棣为了"斩草除根",寻找逃逸的建文帝,不惜建造庞大的舰队,派郑和南下西洋,几乎倾全国之力寻找建文帝的踪迹。这支船队七下西洋,不仅越过了民间商船极少越过的马六甲海峡,而且利用指南针在印度洋海域一路北上又西行,最终抵达了红海沿岸的亚丁湾和非洲东海岸的桑给巴尔,几乎找遍了整个南洋和西洋。因此郑和下西洋实际上是一个政治性事件而非商业性事件,它的性质不能和西欧以商业为目标的大航海相提并论。

从现实层面看,中国皇权政府的运行也不需要海外贸易作为支撑,中国的关税有无数小农缴纳的地税和人丁税,而不是西方国家普遍关注的关税,海外贸易是否正常进行,从来不是中国中央政府十分关注的事情。清朝在广州开设的专门管理西方贸易的半官方机构"十三行",类似于清朝以前在沿海城市设立的"市舶司",它并不是西方式的享有独立"法权"的贸易公司,而是公私合营的官商代理机构。19世纪美国人威廉·朗顿认为:"十三行是一种领有牌照的批发商公司。"[1] 某种程度上模糊了中西方贸易管理机构的性质。

(二) 小农经济受到的冲击

中国小农经济除稳定性以外,长期的中西方贸易也对中国经济产生一系列的影响。鸦片引起的白银外流对中国社会经济产生深远影响,随着英国工业革命的完成,英国生产力不断提高,输入中国的商品越来越多,价格不断下降,市场竞争力不断提升,再加上鸦片战争后,中国被迫开放口岸城市,传统经济体制受到巨大变化,中国传统自给自足经济受到很大

---

[1] 威廉·朗顿在1842年曾写道:"十三行"行商"是一种拥有牌照的批发商所组成的公司,它们有权处理同来自欧洲、美国和亚洲其他港口的外国人交涉。"见 Longdon William B., *Ten-thousand things Relating to China and Chinese: An Epitome of the Genius, Government, History, Literature, Agriculture, Arts, Trade, Manners, Customs, and Social Life of the People of the Celestial Empire, together with a Synopsis of the Chinese Collection*, London: Hyde Park Corner, 1842, p. 210.

■■■东西方贸易关系的演变与工业革命的缘起

冲击。

　　19世纪中期的中国,约有一半的人口从事棉纺织业。耕织合一的农家,是当时主要的棉纺织从业单位。早在鸦片战争前,中国已经开始出现自然经济解体的情况,最初的自然经济解体主要发生在棉纺织业内部,一部分农家生产者出于效益考虑,从市场买入制成的棉纱以纺布,由此开启了自然经济解体的第一步,即纺纱与织布分离。但这种情况尚比较少见,通过史料可见,中国当时还没有形成大的棉纱市场。即便在江南地区,棉纱交易市场也只是稀疏可见,不成规模,绝大多数农家还是处于自给自足的状态。

　　英国对华贸易冲击了中国的自然经济,棉纺织业首当其冲。从贸易格局上看,中国本是棉纺织品出口大国,在19世纪初,中国通过东印度公司,每年向英国输出超过20万匹棉纺织品。随着英国工业革命的进行,情况很快发生变化。至19世纪20年代,英国进口中国棉纺织品数量开始锐减。与之相对应的,则是英国开始大量向华输出棉纺织品。"洋布盛行……布市消减……商贾不行,生计路绌。"[1] 在此过程中,中国不仅经历着纺织分离,还遭受到自然经济解体带来的经济动荡。

　　英国机制产品的输入,进一步加速了纺织分离的速度。鸦片战争前后,英国人运来大量机器生产、质优价廉的棉纱,冲击了传统的生产格局。纺织就此完成分离。随后,自然经济解体开始进入下个阶段。机制洋布不断输入中国,农家生产者无力与之竞争,传统生产方式纷纷破产。

　　鸦片战争前,对外贸易完全由清政府主导,外国人在华贸易,需要遵守清政府的诸多规定,颇受限制,难以发展壮大。虽然在19世纪30年代,外国商品已经开始大量输入中国,中国由商品输出国慢慢变成商品输入国,但中国对外贸易的性质未变。外国人依然只能在广州等寥寥几处开展贸易。鸦片战争后,中国沦为半殖民地半封建国家,西方列强为控制中国经济,迅速打开并占领中国市场,强迫中国在广阔的地域上向外国人开放通商,使中国丧失了自主的地域开放权,对外贸易的主导权,开始交到列强手中。中国逐步变成西方工业品的销售市场及原料供应地。中国对外贸易成为受西方人控制的半殖民地性对外贸易。

---

[1] (清)包世臣:《齐民四术》,潘竟翰点校,中华书局2001年版,第60页。

综上所述，中国小农经济及专制统治有其稳固性的一面，不管来华贸易的西方国家对中国采取什么样的经济、政治甚至军事策略，中国传统政治体制、经济构成及文化心理都没有发生巨大的变化，小农经济、自耕自足、儒家文化始终是社会的绝对特征。不管对外贸易在西方国家如何重要，但整个明清，关税始终不占国家财政的主体，农业经济始终占据主导地位。但是至鸦片战争前两百多年的中西贸易，尤其是中英贸易，对中国经济、消费心理还是产生一定的冲击，尤其是在东南沿海地区这种影响更为明显。比如，茶叶贸易的兴起，中国茶农收入与茶叶的国际市场息息相关，进而茶农所缴纳赋税与地方税收产生紧密联系。江浙、闽南地区因茶叶种植面积不断扩大，当地所需其他生活用品则需购买，进一步促进了当地商品经济的发展。鸦片的大量流入，导致白银大量流出，银贵钱贱使得百姓生活不断恶化。之后随着英国工业革命的展开，机织棉布大量涌入中国市场，对江浙一带的织户生活影响最为深重，大量手工织户破产，传统自给自足的耕织经济受到严重挑战。经济对社会生活的影响是方方面面的，中国传统经济在几百年的中西交往中既表现出其坚韧、稳定的一面但也难免受到各种冲击，只是鸦片战争后，这种影响伴随工业革命巨大的经济冲击则表现得更为深重。

第二节　西方贸易地位的崛起：以英国为例

工业革命对英国经济社会产生了深刻影响。首先，工业革命带来生产力的飞跃式进步，极大地推动了经济发展；其次，工业革命带动了制造业的发展，使之取代传统农业，成为国家新的经济支柱，进而改变了英国进出口商品结构，从大量进口制成品到进口原材料，从出口原材料到出口制成品。贸易结构的变化使英国的资本主义发展更加完善。用机器操纵世界，将其他地区变成商品市场和原料供应地，成为沃勒斯坦所言的"中心区"。① 也就是说直到工业革命后，以英国为中心的西欧才真正成为世界经济的中心。这又回到本书第一章的话题，即从大航海到工业

---

① [美]伊曼纽尔·沃勒斯坦：《现代世界体系》（第一卷），尤来寅等译，高等教育出版社1998年版，第5页。

■ ■ ■ 东西方贸易关系的演变与工业革命的缘起

革命这漫长的三百年时间里,西欧(英国)并没有成为世界经济的中心,这个中心一直是在亚洲,尤其是中国和印度。而英国为扭转贸易不利地位所做的努力最终通过产业革命,使生产力得到快速发展,最终在与印度及中国的商业角逐中胜出,古老的农业文明才在机器的打压下败北。

一 工业生产量增加

机器生产极大地提高了劳动生产率,使工业生产量大幅度上升。在工业革命初期,增长最快的要数棉纺织业。1770年,英国出口的棉纺织品数额为200000英镑,而毛织品出口额为500万英镑,仅为毛织品的4%。1802年,棉纺织品的出口额已经超过毛织品,1804年棉织品出口额达到1000万英镑。① 1751年英国进口棉花297万磅,1800年增加到5601万磅,在同一时期,棉纺织品出口值从45986英镑增加到540.6万英镑。棉纺织业发展的关键是生产成本的降低,1780—1830年,每码棉布的生产成本降低了83%,每码平纹细布的成本降低了76%。② 成本的降低使得市场价格大大降低,从而刺激了消费,反过来激发了生产。生产扩大的同时增加原棉消量,1800年英国原棉消耗量为5200万磅,到1830年增加到的2.48亿磅,1850年则达到5.88亿磅。③

根据迪恩和科尔计算,"1810—1816年,棉纺织业的原料年均增长率为3.5%,而拿破仑战争之后的25年里则为6.5%。"④ 增长了近两倍。与原料投入的迅速增长相并行,棉纺织品产量也在迅速增长。"1785—1850年,棉织品产量由4000万码增加到20亿码,增长了49倍。19世纪最初25年,棉纺织品产量增加2倍,1816—1840年增加3.5倍。"⑤ 这也可以从英国进口原棉的数量看出。

---

① [意]乔吉奥·列略:《棉的全球史》,刘媺译,上海人民出版社2018年版,第236页。
② [意]乔吉奥·列略:《棉的全球史》,刘媺译,上海人民出版社2018年版,第236页。
③ B. R Mitchell and P. Deane, *Abstract of British Historical Statistics*, Cambridge: Cambridge University Press, 1962, p. 179.
④ P. Deane and W. A. Cole, *British Economic Growth: 1688 – 1959 Trends and Structure*, Cambridge: Cambridge University Press, 1964, p. 186.
⑤ P. Deane and W. A. Cole, *British Economic Growth: 1688 – 1959 Trends and Structure*, Cambridge: Cambridge University Press, 1964, p. 187.

表 5-6　　　　1701—1818 年英国进口印度原棉数量①　　　　单位：千克

年份	数量	年份	数量
1701—1705	1170881（均值）	1807	71925306
1776—1780	6706013（均值）	1810	132488935
1790	31447605	1817	124912968
1800	56010732	1818	177282158

表 5-6 显示，英国原棉进口量的迅速增加不仅反映生产力不断攀升，尤其重要的是，原料投入与成品产出的增长是以劳动生产率的增长为前提的。埃里森认为："截至 1812 年，一个纺织工人所生产的棉纱数量已经相当于珍妮纺纱机发明之前的 200 个纺织工在同样时间里所生产的棉纱。"② "1827 年，一家棉纺厂 750 个专业合作者利用机器可以生产相当于 20 万个手纺工所生产的纱线。"③ 即劳动生产率提高了 260 倍。而棉纺织业劳动生产率的提高还表现为劳动成本的降低。成本的降低就会降低商品价格从而增强商品的国际竞争力。"19 世纪 20—40 年代，纺纱和织布业的单位产量劳动成本分别减少一半和一半以上。"④

表 5-7　　　　　　19 世纪英国棉纺织业进出口对照⑤

时期	年均原棉进口量 （百万英镑）	年均产值 （百万英镑）	出口值占产值的比重 （％）
1819—1821	141	29.4	52.8
1824—1826	169	33.1	51.1

---

① C. J. Hamilton, *The Trade Relations between England and India (1600-1896)*, Delli: Idarah-I, 2009, p. 259.

② P. Deane and W. A. Cole, *British Economic Growth: 1688-1959 Trends and Structure*, Cambridge: Cambridge University Press, 1964, p. 183.

③ H. Perkin, *The Origin of the Modern English Society: 1780-1880*, London and New York: Routledge, 1969, p. 112.

④ P. Deane and W. A. Cole, *British Economic Growth: 1688-1959 Trends and Structure*, Cambridge: Cambridge University Press, 1964, p. 189.

⑤ [日] 宫崎犀一、奥村茂次、森田桐郎：《近代国际经济要览（16 世纪以来）》，陈小洪等译，中国财经出版社 1990 年版，第 109 页。

■■■ 东西方贸易关系的演变与工业革命的缘起

续表

时期	年均原棉进口量（百万英镑）	年均产值（百万英镑）	出口值占产值的比重（%）
1829—1831	249	32.1	56.4
1834—1836	331	44.6	50.4
1839—1841	452	46.7	49.8
1844—1846	560	46.7	55.4
1849—1851	621	45.7	60.8
1854—1856	802	56.9	61.4
1859—1861	1050	77.0	63.8

从表5-7来看，原棉进口量、棉纺织业产值都随着时间的推移在增加，同时出口产值也大幅度上升。除棉纺织业外，麻纺织业和丝织业增长也十分迅速。1770年麻纺织业的毛产值大约为570万英镑，1860年增加到1560万英镑，丝织业产值从1770年的200万英镑增加到1860年的1700万英镑。[1] 除此之外，钢铁业的发展也取得突飞猛进的发展。过去，英国所需钢和铁需要从西班牙、瑞典和德国进口，在英国发明了焦炭炼铁法及新的熟铁和钢的冶炼技术后，钢和铁生产量迅速增加。估计英国的生铁产量1720年只有2.5万吨，1788年6.83万吨，1852年增加到270.1万吨，[2] 钢铁产量的增加使得机器制造成本下降，1825年机器出口禁令解除后，英国生产的蒸汽机不仅可以满足国内需要，还大量出口到欧洲和北美国家。1850年，英国有129万马力的蒸汽机，占欧洲总量的58.5%，1800—1870年，蒸汽机的总功率增加了400倍。[3]

工业革命前，英国工业在欧洲国家中并不占优势，甚至在有的方面还不如法国。工业革命后，英国在工业生产的各个领域都远超法国，在全世界首屈一指。"1780年，出口数额约占国民生产总值的9%，1850

---

[1] P. Deane and W. A. Cole, *British Economic Growth: 1688–1959 Trends and Structure*, Cambridge: Cambridge University Press, 1964, pp. 204–210.

[2] B. R. Mitchell, *Abstract of British Historical Statistics*, Cambridge: Cambridge University Press, 1962, p. 131.

[3] 王章辉：《英国经济史》，中国社会科学出版社2013年版，第169页。

第五章　近代东西方贸易地位的转换

年，增长到20%，同期进口数额分别约占10%和25%。如果换算成当前的价格指数，也就是说1850年英国的贸易输出和再输出比1780年增加了6倍，进口总值增加了5倍。其中超过80%的出口货物来自工业部门"①英国的国民财富"从1760年的16.3亿英镑增加到1800年的20.7亿英镑，1860年则高达46.4亿英镑，100年间增长了184%，平均每年增长1.8%。"②

二　工业品出口剧增

当产品丰富程度超过国内市场的需求时，扩大海外市场和增加出口成了工业继续发展的重要条件。英国用机器生产出来的产品质量好，价格低廉，具有很强的竞争力。加上英国是最先实现工业革命的国家，它的工业品，特别是它制造的各种机器在世界市场上占有垄断地位，在相当长的一段时间里没有竞争对手可以匹敌。18世纪末和19世纪，英国工业品的出口增长非常迅速。"英国产品出口额从1794—1796年的2170万英镑，增长到1804—1806年的3750万英镑，1814—1816年增长至4440万英镑。"③ "1820年，英国出口贸易额在世界贸易总额中占18%，1850年这一比例上升至21%，1870年则增到22%。"④ "在工业革命刚刚开始的1760年，英国出口商品价值合白银2595586两，到1784年，猛增至6099908两，1796年则增加到7576269两。"⑤

---

① Daunton, *Progress and Poverty: An Economic and Social History of Britain: 1700 – 1850*, Oxford: Oxford University Press, 1995, pp. 374 – 380, 588. E. J. Evans, *the Forging of the Modern State: Early Industrial Britain, 1783 – 1870*, London and New York: Routledge, 1983, pp. 392 – 394.

② [英] 彼德·马塞厄斯、M. M. 波斯坦主编：《剑桥欧洲经济史》（第七卷），徐强等译，经济科学出版社2004年版，第84页。

③ [美] 保罗·肯尼迪：《大国的兴衰——1500—2000年的经济变迁与军事冲突》，王保存等译，求实出版社1988年版，第158页。

④ [日] 宫崎犀一、奥村茂次、森田桐郎：《近代国际经济要览（16世纪以来）》，陈小洪等译，中国财经出版社1990年版，第21页。

⑤ Patrick Tuck, *Britain and the China Trade 1635 – 1842*, Vol. Ⅵ, London and New York: Routledge, 2000, p. 154.

东西方贸易关系的演变与工业革命的缘起

表5-8　　　　　　　　1783—1820年英国贸易额①　　　　单位：百万英镑

	1783—1785年	1790—1792年	1800—1802年	1814—1816年	1818—1820年
原棉进口	0.4	0.9	1.9	2.8	5.2
进口	14.9	19.5	31.6	31.1	33.4
本国产品出口	11.0	16.7	28.3	37.6	38.2
再出口	4.1	5.9	18.2	16.2	10.5

表5-8显示英国原棉进口额从工业革命初期到工业革命后期增长了13倍，说明英国产品制造力提升速度很快，也就意味着其棉纺织品量迅速增加。当国内市场得到充分满足后，即可大大提升出口额。剩余产品会向海外出口。在1814—1816这三年里，英国的出口额首次超过进口额65000万英镑，实现了自身贸易的平衡，而在这之前，如第二章所列数据，英国历年整体贸易全部是逆差。足可见，平衡贸易逆差的根本办法是提高产品制造力，与之相对应的是，英国再出口贸易额逐步下降，因为英国用以维持贸易平衡所选择的再出口商品主要是亚洲和美洲的产品，而随着国内贸易出口额的增加，转口贸易在对外贸易的作用开始下降。

纵观整个19世纪，英国工业品的出口额呈现出逐年增加的状态。1815年至1860年，煤炭从1万英镑（当年价格，下同）增加到34万英镑，钢铁从11万英镑增加到136万英镑，棉织品从206万英镑增加到520英镑。谷物、木材、原棉和原毛等原料的进口量大幅度增加，在1800年至1855年期间，谷物进口值（名义价格，下同）从267.3万英镑增加到800.3万英镑，木材进口值从58.2万英镑增加到138.9万英镑，原棉进口值从184.8万英镑增加到2858.8万英镑，原毛进口值从50万英镑增加到253.3万英镑。②

与此同时，英国进出口贸易结构发生了很大变化。在18世纪以前，英国还需要从东方进口棉纺织品、手工制品和土特产品，出口粮食、羊毛、呢绒等初级产品。工业革命完全改变了英国进出口贸易的结构，变为主要

---

① B. R. Mitchell, *British Historical Statistics*, Cambridge: Cambridge University Press, 1962, pp. 442-453.
② ［日］宫崎犀一、奥村茂次、森田桐郎：《近代国际经济要览（16世纪以来）》，陈小洪等译，中国财经出版社1990年版，第115—116、112页。

出口工业制成品，进口商品则变为以工业原料和食品为主，在进口商品构成中原料和半成品占56.6%，食品、饮料和烟草占39.9%，制成品只占3.7%。纺织品约占出口总额的75%，仅棉纺织品就占50%，毛纺织品占15%。[1]

表5-9　　　　1697—1797年英国棉纺织业的出口贸易值[2]　　　　单位：英镑

年份	英国出口总值的官方价值	年份	英国出口总值的官方价值
1697	5915	1786	915046
1701	23253	1787	1101457
1710	5698	1788	1252240
1720	16200	1789	1231537
1730	13524	1790	1662369
1741	20709	1791	1875046
1751	45986	1792	2024638
1764	200354	1793	1733807
1765	248348	1794	2376077
1766	220759	1795	2433331
1780	355060	1796	3214020
1785	864710	1797	2580568

进入19世纪，英国纺织业出口依旧保持迅猛势头。从1820年到1860年，英国每年出口的棉布从25090万码增加到267620万码，其中出口到英属印度和日本、中国、爪哇等国的棉布从1420万码增加到82510万码。出口棉纱从2300万磅增加到19730万磅，其中出口到英属印度和日本、中国、爪哇等国的棉纱从1830年的220万磅增加到1860年的3950万磅，仅印度就达到3070万磅。[3]

---

[1] A. J. Holland, *The Age of Industrial Expansion*, *British Economic and Social History Since 1700*, London: Thomas Nelson and Sons Ltd., 1968, p. 126.

[2] Edward Baines, *History of the Cotton Manufacture in Great Britain*, London: H. Fisher, R. Fisher, and P. Johnson, 1835, p. 349.

[3] [日]宫崎犀一、奥村茂次、森田桐郎：《近代国际经济要览（16世纪以来）》，陈小洪等译，中国财经出版社1990年版，第120页。

除棉纺织品外,其他纺织品发展也是劲头十足。1770年麻纺织业的毛产值约为570万英镑,1860年增加到1560万英镑。丝纺织工业最终产品的产值从1770年的200万英镑增加到1860年的1700万英镑。①

纺织业的纺纱和织布及印染等操作过程的工业化生产对机器制造业提出新的更高要求,从而刺激煤炭、冶金业的迅速发展。过去,英国需要的钢和铁要从西班牙、瑞典和德国进口,在英国发明了焦炭炼铁法及新的熟铁和钢的冶炼技术后,钢和铁的生产量迅速增长。估计英国的生铁产量1720年只有2.5万吨,1788年6.83万吨,1852年增加到270.1吨。② 19世纪初,英国的生铁冶炼技术已经实现技术改造,全部采用焦炭炼铁,而法国到1850年还有23万吨生铁是木炭冶炼的,只有17.6万吨是用焦炭和混合燃料冶炼的,普鲁士三分之二以上的生铁都是木炭冶炼的。③

表5-10　　1700—1818年部分年份英国生铁产量(大约数)④　　单位:千吨

年份	产量
1700	15
1720	15—20
1750	28
1760	35
1775	44
1780	54
1785	62
1788	70
1790	87
1791	90

① B. R Mitchell and P. Deane, *Abstract of British Historical Statistics*, Cambridge: Cambridge University Press, 1962, pp. 204-210.
② B. R Mitchell and P. Deane, *Abstract of British Historical Statistics*, Cambridge: Cambridge University Press, 1962, p. 131.
③ [英]M. M. 波斯坦、H. J. 哈巴库主编:《剑桥欧洲经济史》(第六卷),王春法等译,经济科学出版社2002年版,第446页。
④ Phyllis Deane, *The First Industrial Revolution*, Cambridge: Cambridge University Press, 1979, pp. 103-104.

第五章　近代东西方贸易地位的转换

续表

年份	产量
1796	125
1802	170
1806	250
1818	325

伴随钢铁产量的增加，英国的机器制造业出口猛增。随着工业革命的不断深入，英国生产力使得国内市场达到饱和，国内市场已经吸收不了所生产的产品，所以英国改变了禁止出口机器的政策，1825年废除了禁止出口机器的法令，但有些机器，如部分纺织机和工作母机还是在出口禁令之列。到1843年，剩下的禁令也废除了，这之后机器设备的出口迅速增加。"1825—1872年，机器每年的出口额从21万英镑增加到820万英镑，增加了38倍。"[1] 不仅正在进行工业革命的欧洲、美国和日本等国家和地区大量进口英国的机器设备，而且因英、法等殖民国家在殖民地修建铁路、港口和开办初级产品加工工厂，也从英国进口铁路和港口器材及机器设备。

其他重要出口产品还有条铁、煤炭、有色金属、陶土等。1850年以后，煤炭、机器、铁和钢产品的出口大幅度增加，而纺织品在出口中的比重则有所下降。国内需要的大部分原料则要靠外国供应。英国广大的殖民地是其重要的工业品市场和原料产地。英国需要的棉花主要来自美国南部，其次是印度、埃及、巴西和西印度群岛，所进口的粮食来自俄国、美国和南美国家。除大宗进口棉花、粮食以外，英国还大量进口蔗糖、咖啡、可可、茶叶、烟草、酒等消费品以及羊毛、生丝、黄麻、亚麻、木材等工业原料。

经过工业革命，英国一跃成为世界头等工业强国，被称为"世界工厂"。在工业革命前，英国工业在欧洲国家中并不占什么优势，在有的方面还不如法国。经过工业革命，英国在工业生产的各个领域都大大超过法国，在全世界都首屈一指。

---

[1] 中国科学院经济研究所世界经济研究室编：《主要资本主义国家经济统计集》，世界知识出版社1962年版，第236页。

■■■ 东西方贸易关系的演变与工业革命的缘起

表5-11　　世界制造业产量的相对份额（1750—1900年）①　　　　单位:%

年份 国家和地区	1750	1800	1830	1860	1880	1900
整个欧洲	23.2	28.1	34.2	53.2	61.3	62.0
英国	1.9	4.3	9.5	19.9	22.9	18.5
奥地利	2.9	3.2	3.2	4.2	4.4	4.7
法国	4.0	4.2	5.2	7.9	7.8	6.8
德国	2.9	3.5	3.5	4.9	8.5	13.2
意大利	2.4	2.5	2.3	2.5	2.5	2.5
俄国	5.0	5.6	5.6	7.0	7.6	8.8
美国	0.1	0.8	2.4	7.2	14.7	23.6
日本	3.8	3.5	2.8	2.6	2.4	2.4
第三世界	73.0	67.7	60.5	36.6	20.3	11.0
中国	32.8	33.3	29.8	19.7	12.5	6.2
印、巴	24.5	19.7	17.6	8.6	2.8	1.7

从各个国家制造业份额的分布来看，表5-11表明在1750年，中国的制造业是世界制造业产量的32.8%，比欧洲主要国家的总和还高，是英国的17倍，这也是英国在工业革命前其对华贸易逆差产生的主要原因。从欧洲内部来说，英国虽比法国、德国较早参与东方贸易，但其产品制造力还是有限的，只占整个欧洲的8%，远远落后于其他欧洲大陆国家。但是随着工业革命的完成，1830年英国制造产业份额增长到9.5%，比1750年提高5倍。由于中国经济在近代以来始终停留在手工操作水平，即所谓的"停滞"，比1750年所占比重已经开始下降了。在英国处于发展顶峰时的1880年，其制造业占比是世界制造业的22.9%，中国被压缩为仅占世界制造业的12.5%。与此同时，美国也超过中国，占比达到14.7%。至1900年，中国制造业的占比进一步压缩为6.2%，整个第三世界的占比也只有11.0%，而欧洲和美国即西方世界制造业的份额达到85.6%。此时东西方之间的生产力实现根本反转，工业革命彻底拉开了西方与东方之间的距

---

① [美]保罗·肯尼迪：《大国的兴衰——1500—2000年的经济变迁与军事冲突》，王保存等译，求实出版社1988年版，第117页。

离。因此大航海时，东西方贸易逆差产生的根本原因是西方制造业水平有限，而东西方贸易局面扭转的关键就是工业革命。

三 贸易逆差的扭转

斯塔夫里阿诺斯指出："事实上，欧洲直到18世纪末发展起动力机器时才解决与亚洲贸易中的这一问题。"① "18世纪中期，英国本土棉纱年均产量仅为平均300万磅，而孟加拉地区仅出口量就为8500万磅。"② 然而到19世纪末，形势完全改变，因为欧洲能用机器织的廉价纺织品湮没亚洲。

工业生产力的迅猛发展和工业生产量的高速增长大大超过了英国国内市场的需求量，扩大海外市场和增加出口成了工业继续发展的主要动力。"从1801年至1870年，英国商品每年的进口和出口额分别从3180万英镑和3490万英镑增加到25880万英镑和19960万英镑，进出口贸易额均增长7倍多。"③ 英国成了国际贸易的中心。马尔霍尔把1820年世界贸易数字与1780年和1800年的数字相比较，说明英印贸易地位的反转。

表5-12 英印贸易额对比④

国别	1780年 贸易额（百万英镑）	1780年 占世界总额的百分比（%）	1780年 与1750年相比增加的百分比（%）	1800年 贸易额（百万英镑）	1800年 占世界总额的百分比（%）	1800年 与1780年相比增加的百分比（%）	1820年 贸易额（百万英镑）	1820年 占世界总额的百分比（%）	1820年 与1800年相比增加的百分比（%）
英国	23	12	10	67	22	291	74	22	10
印度	10	5	11	10	3	0	11	3	10

---

① ［美］斯塔夫里阿诺斯：《全球通史：1500年以后的世界》，吴象婴、梁赤民译，上海社会科学院出版社1998年版，第221页。
② 转引自杨松、马瑞映《内驱与统合：英国棉纺织工业的发展及对全球体系的影响》，《世界历史》2018年第3期。
③ 王章辉：《英国经济史》，中国社会科学院出版社2013年版，第170页。
④ ［美］W. W. 罗斯托：《这一切是怎么开始的——现代经济的起源》，黄其祥等译，商务印书馆2014年版，第200页。

■■■东西方贸易关系的演变与工业革命的缘起

印度是英国工业经济的关键,纺织业出口市场的重要性在1850年以后显著提高。印度变成原材料的产地和成品销售市场。在工业革命以前的17—18世纪,英国所需的棉纺织品大部分靠从印度进口,现在英国制造的棉纺织品出口到世界的每个角落,过去输出棉纺织品的大国印度变成了英国最大的棉纺织品市场,实现了英印贸易结构的逆转。

表5-13　　　印度与英国布料贸易情况(1814—1824年)①

时间	印度出口到英国的布料(匹)	英国出口到印度的布料(码)
1814年	1266608	818208
1824年	422504	42822077

英印之间贸易结构的逆转虽是在英国军事、政治的辅助下完成的,但英国产品制造力的提升才是贸易逆转的核心因素。在19世纪中叶,英国通过工业革命不仅仅向亚洲出口制成品,而且实现了其对东亚贸易的扭转。②"1700—1750年间,E.I.C出口亚洲的商品总额中白银占72%,1764—1800年间,白银的比重下降到27%,商品占据了其余的73%。"③

随着英国棉纺织业的发展,英国在成功占领印度市场后,对华贸易输出中棉织品的比例也逐渐增加。尤其是五口通商以后,在进口货物中,除鸦片外,绝大部分是棉织物等工业品。以1850年与1860年这两年为例,在上海进口的总货值中,鸦片占的比重分别为54%和48%,棉织品和棉纱的比重分别占40%和48%,剩下的6%和4%,有很大一部分是毛织品。1869年的全国进口总值中,36.8%是鸦片,31.29%是棉织品,2.36%是棉纱,三者共占70.45%。此外是毛织品、棉花、铁、煤、锡、糖、火柴等。在进口中,除了鸦片外,其余的都是工业制成品。④在工业革命早期甚至完成初期,由于政治、经济、文化心理等因素,英国虽没有

---

① 杰克·古迪:《西方中的东方》,沈毅译,浙江大学出版社2012年版,第142页。
② Gordon Johnson, *the New Cambridge History of India*: *India Society and the Making of the British Empire*, Cambridge: Cambridge University Press, 2008, p. 2.
③ Dennis O. Flynn, *Global Connections and Monetary History*: *1470 - 1800*, England: Ashgate Publishing Limited, 2003, p. 75.
④ 宋则行、樊亢主编:《世界经济史》(上卷),经济科学出版社1993年版,第152页。

立即凭借工业品扭转贸易逆差，但是鸦片在中英贸易所占的比重不断下降，而工业制成品在中英贸易中所占的比重却在不断攀升。这是因为经济的发展需要过程，而中国对英国产品的接受也需要时间。但在中英贸易的发展趋势中，确实出现了中国逐渐由贸易顺差到贸易逆差的趋势。

表 5 – 14　　　　　　　英国机制棉纱布输华数量①

年份	平织棉布（码）	棉纱（磅）
1829	910000	500000
1830	600000	380000
1831	1732000	955000
1832	2262776	383600
1833	4492563	400000
1834	5699106	901120
1835	10356047	2344482
1836	13049250	3155769
1837	10567120	1845977
1838	23063784	3733580
1839	20567207	1588500
1840	21355763	2419560
1841	22541855	2914250
1842	19358120	4485856

而伴随对华实物输出比例的增加，英国东印度公司购买茶叶数量在增加的同时，还减少了白银输出。可见工业革命在扭转贸易逆差方面的积极作用。

---

① 严中平：《中国棉纺织史稿》，商务印书馆2011年版，第73页。据统计，在《南京条约》签订之前，英国已经向中国出口棉布和棉纱，但是其数量不大。在1829年，才输入91万码棉布和50万磅棉纱，当英国的棉纺织企业主和棉货商人在1834年号召英国废除东印度公司的对华贸易专利权之后，其棉织品出口量才得以增加，至1842年，棉布增加了21倍，棉纱增加了约9倍。

■■■ 东西方贸易关系的演变与工业革命的缘起

表 5-15　　1760—1799 年英国东印度公司购买茶叶数量和
白银输华数量变化（年平均数）[①]

年份	从中国进口货值（两）	茶叶货值（两）	运入中国白银（两）	白银所占支付手段比例（%）
1760—1764	876846	806242	434243	49.5
1765—1769	1602289	1179854	1066596	66.6
1770—1774	1415428	963287	471600	33.3
1775—1779	1208312	666039	143032	12.0
1780—1784	1632720	1130059	1728	1.0
1785—1789	1437123	3659266	1478240	33.0
1790—1794	4025092	3575409	559448	14.0
1795—1799	4277416	3868126	739585	17.0

此表可以说明伴随工业革命的产生，虽然东印度公司从中国进口的货值除特殊年份略有减少以外，基本呈逐年增加的趋势。尤其是茶叶的进口货值增长近 4 倍，然而输入中国的白银除 1765—1769 年有所增加以外，白银在整个中英贸易中所占的比重逐年缩小。一方面是对华进口贸易货值总额的增加；另一方面却是白银数量的不断减少。可见工业革命，尤其是制造力的大幅度提升是扭转贸易逆差的重要手段。值得指出的是，这里面有鸦片的原因，英国为减少白银外流，利用鸦片贸易，客观上缓解了资金问题，改变了白银流向，但导致中国国内银贵钱贱，降低了中国人的购买力，从长远利益的角度出发，是不利于英国工业资产阶级的利益的。这一点从 1832 年英国议会改革后，工业资产阶级在议会中的力量得到加强后，为了进一步打开中国市场，取消东印度公司的贸易垄断权就可窥见一斑。所以鸦片贸易最终会影响到英国的经济利益。

表 5-16 则更可以说明随着工业革命的继续深入开展，英国不依靠鸦片而凭借自身经济实力依然在不断地扭转贸易逆差。

[①] 庄国土：《茶叶、白银和鸦片：1750—1840 年中西贸易结构》，《中国经济史研究》1995 年第 3 期。

表5-16　　中英贸易收支（不含印度）(1818—1857)[①]　　单位：银元

年份	出口到英国（A）	从英国进口（B）	收支（A-B）
1818	10910868	9631547	1279321
1819	10341649	10671280	-329811
1820	11903785	14587074	-2683289
1821	11903785	6908965	4806681
1822	10805739	8236546	2569193
1823	10240924	9320422	920502
1824	14076188	11161897	2914291
1825	12269148	7953774	4315374
1826	14530527	11764214	2766313
1827	19420660	14973568	4447092
1828	16832644	22305904	-5473260
1829	16197436	7572592	8624844
1830	16172592	10857252	5315340
1831	14751084	15167992	-416908
1832	14642852	12736200	1906652
1833	15233528	16844636	-1611108
1834	16089028	14973568	1115460
1835	20403664	22317072	-1913408
1836	23793760	27982760	-4189000
1837	19895028	19612652	282376
1838	19083880	22305904	-3222024
1839	16716424	7572592	9143832
1840	12071764	10857252	1214512
1841	14125936	15167992	-1042056

[①] Messenger, John A. *India and China (Exports and Imports) Office of Inspector-General of Imports and Exports, Custom House*, London: The House of Commons, June 21, 1859, pp.8-9. 书中原始单位是镑，出于方便阅读的考虑，此处换算成银元。

续表

年份	出口到英国（A）	从英国进口（B）	收支（A－B）
1842	18114248	21708520	－3594272
1843	21082116	29896692	－8814576
1844	25479624	31763320	－6283696
1845	26217824	36094264	－9876440
1846	29238224	28634576	603648
1847	30868512	23360352	7508160
1848	26600160	32246976	－5646816
1849	27921892	31964852	－4042960
1850	27353576	31904360	－4550784
1851	35582600	43025880	－7433280
1852	34318856	40714676	－6395820
1853	36263808	34045956	2217852
1854	40160356	29869000	10291356
1855	38137228	31587796	6549432
1856	40085280	39422872	662408
1857	49457988	47488044	1969944
1814—1817 粗估值			－14378308
1818—1826	106794294	90235719	16558575
1827—1856	712854584	727488028	－14633444

表5-16所说不包括印度，即不包括鸦片的输入，英国依靠其国内工业品在19世纪上半叶的中英贸易中除个别年份外，基本扭转了贸易逆差，实现了贸易顺差，尤其是1827年即工业革命基本完成后，其贸易优势愈发明显。虽然1840年后，贸易逆差的扭转与五口通商的政治因素密不可分，但英国自身产品制造力的提升才是其对外贸易转变的根本原因。因为五口通商的最终目的是要同中国进行贸易，而贸易的前提是有可交换的产品。可见，工业革命的产生受到东方贸易逆差的刺激，又在改变东方贸易的逆

差中完成，工业革命的产生与发展自始至终都受到东方贸易的影响。

表 5-17　英格兰和威尔士在1697—1780年国内贸易情况[①]　　单位：千英镑

年份	进口	出口
1697	3344	2295
1700	5840	3731
1703	4450	3888
1713	5811	4490
1718	6669	4381
1720	6090	4611
1723	6506	4725
1724	7394	5107
1729	7541	4904
1735	8160	5927
1739	7829	5572
1741	7936	5995
1744	6363	5411
1745	7847	5739
1748	8136	7317
1768	11879	9695
1769	11909	8984
1774	13098	10049
1775	13550	9723
1776	11703	9275
1777	11842	8750
1778	10293	7754
1779	10660	7113
1780	10812	8033

① B. R Mitchell and P. Deane, *Abstract of British Historical Statistics*, Cambridge: Cambridge University Press, 1962, pp. 279-280.

■■■ 东西方贸易关系的演变与工业革命的缘起

从表5-17可见，工业革命前，英国整体贸易情况是逆差，然而随着工业革命的推进，英国的整体贸易实现了顺差。

普立查特的统计也同样显示，随着工业革命的推进，不论是英国整体的进出口贸易还是东印度公司的进出口贸易都在不断增长，贸易逆差逐步扭转。

表5-18　　　　1784—1854年英国工业品进出口数据[①]　　　单位：千英镑

年份	进口	出口
1784—1786	2144	10658
1794—1796	2450	19043
1804—1806	1729	33775
1814—1816	731	38019
1824—1826	892	32619
1834—1836	1926	42083
1844—1836	3544	51434
1854—1856	7680	83091

特别是第二次鸦片战争后，中国被迫在更大范围上对西方列强开放，尤其是长江及内地贸易的开放，使西方工业品可以畅通无阻地深入广大内陆各省。而洋货得以2.5%的子口税代替一切内地税，更使之竞争优势得到进一步增强。与此同时，西方社会生产力取得突破性的进步。19世纪60年代末，产业革命的成果日益显现，其他欧美国家也开始了资本主义机器大工业生产。此后，随着第二次产业革命的发生和推广，西方工业品的生产成本大幅度降低，产品质量显著提高。与此同时，世界范围内交通运输业实现革命性变化，1869年苏伊士运河通航，从欧洲到亚洲的距离缩短了7000公里。从事中英贸易的商船不必再绕道非洲南端的好望角，从伦敦到上海的海上距离由22500公里骤减至17700公里，货物运输从伦敦到中国只需12个星期左右；1866年横贯大西洋的第一条海底电缆建成。1871年上海和伦敦之间也建起丁海底电报的联系。由海底电报产生了电子汇兑，

[①] B. R. Mitchell and P. Deane, *Abstract of British Statistics*, Cambridge: Cambridge University Press, 1962, p. 456.

第五章 近代东西方贸易地位的转换

从而取代了汇票。国际贸易的支付方式更加便利。从19世纪70年代开始，欧美等国的主要铁路干线已建立起来，钢壳轮船普遍应用，以石油为动力的内燃机的发明和应用，又使远洋航行的速度大大加快。商品运输成本大幅度降低，且时间大大缩短，通信速度的加快也使经营对华贸易的西方商人能够迅速掌握市场行情的变化。因而，到第二次鸦片战争时期，西方社会生产力的突破性进步，进一步拉开了其与中国的距离，加强了它们对华经济侵掠的力量。中国被迫更深地卷入世界市场中去。

19世纪70年代以前，西方的社会生产力虽强于中国，但还无力挤垮自给自足的自然经济。受限于生产力水平、科技水平，西方无法将强大的工业生产能力转化为市场竞争力，其商品在中国市场上销售低迷。19世纪70年代之后，西方社会生产力取得突破性的进步，而中国则进一步沦为半殖民地，被迫更深的卷入世界市场之中。其重要表现就是，进出口贸易有了较大增长，1864—1894年进出口总额从9000万海关两增至2.9亿海关两。按美元计算，这一时期年均进出口贸易总额大体上在2亿—3亿美元左右。[①]在西方商品竞争力日益增强的同时，中国出口商品的竞争力没有明显变化。中国出口贸易不但未能与进口贸易同步发展，且大宗商品出口额还开始下跌，比如印、锡及日本茶叶的发展对华茶的冲击导致茶叶出口额的减少，（前文已经论述）结果导致进口贸易的增长大大超过出口贸易的增长。中国对外贸易的长期优势被打破，经常性国际收支由顺差转为逆差。自此，直到1949年中国出现了连续长达七十余年的贸易逆差。[②]

中国对外贸易由顺差转变为逆差，除却内部自然经济发展落后、世界市场竞争力弱的因素外，还需着重考虑西方的变化。首先，就进口增长而言。进入19世纪下半叶，西方在社会生产力上取得了突破性发展，工业生产能力和生产线率显著提升，中国的地理位置已无力抵消西方的生产优势。同时，受限于战争失败签订的不平等条约，清政府无法在国内市场采

---

① 孙玉琴编著：《中国对外贸易史》（第二卷），对外经贸大学出版社2008年版，第76页。
② 李康华等编著：《中国对外贸易史简论》，对外贸易出版社1981年版，第502页。附表九（9）。该数值为中国海关原始统计。19世纪90年代以前，中国海关统计中，出口贸易额不包括货物的出口税和离岸前的杂费，进口贸易额则不仅包括进口税，还包括到岸后的各项杂费，故海关统计高估了进口额，低估了出口额。后世对此曾经修正，但各家修正后的数值不一。综合来看，大体上在19世纪80年代以前，逆差、顺差交替存在，总体仍以逆差为主，且逆差额不断扩大。到19世纪90年代以后，几乎年年逆差。

取任何保护措施。第二次鸦片战争后,西方列强在中国的特权进一步扩大,借助不平等条约迫使中国开放更大的市场,增强了对华经济控制,助力其打开中国市场。

从出口方面来看,中国商品在海外的市场竞争力已然不再。中国出口的商品,如茶叶、瓷器、棉布等,其生产工艺并不高深,经营模式也较为落后,仅是凭借其低廉价格和独特价值而畅销世界。随着英国工业化水平的不断提高,中国渐渐失去了商品的优势,日益在竞争中失败。而出口商品以原料性为主,附加值低,进口以工业制成品为主,附加值高。自然使其在国际市场竞争中越来越处于不利的地位。

本章小结

为改变英国在东方贸易的不利地位,英国通过武力征服将印度沦为其殖民地,将印度与英国紧紧捆绑在一起。当然这与印度自身地方管理体制与军事水平有密切关系。普拉西战役之后,印度成为英国经济发展的牺牲品和英国经济发展的附庸,之后继而成为英国平衡对中国贸易的重要一环,如果没有印度的鸦片和棉花,英国对中国的贸易逆差将无法平衡,英国很难与中国继续进行茶叶贸易,而作为英国财政收入重要来源的茶叶税也将无从征收,从而影响到英国的产业革命的资金供给。将缺乏资金供给。这之后,英国对东方的贸易逆差主要是与中国的逆差。为了扭转逆差,英国在印度种植茶叶,建立茶园,又种植鸦片,迫使印度人民从事"非生活必需品"的生产,对印度农业产生了极其惨重的负面影响,南亚地区作为世界上农业最为发达的地区,一时间竟需要进口粮食来满足内需。

当英法等国视工商为国本,鼓励发展工商业的同时,中国却固守千年古训"重本抑末",因为农业是封建社会中最重要的生产部门,也是政府税收的主要来源。在这样的政策下,中国的生产关系仍以封建土地所有制为主,中国手工业的发展步履维艰。再加上清朝盲目鼓励人口增长,导致单位面积的劳动生产率下降,从而引起粮食紧缺物价飞涨,人民贫困。农民被固着在土地上,封建自给自足的经济使得小农的购买力低下。中西方对钱的用法也不同,西方资本主义国家将积累起来的金银用于投资、开厂,用于生产。中国则用于购买土地及储存而非用于生产投资。在中西方商贸交往过程中，中国小农经济固有的稳定性使得已经进行产业革命的英国很难打入中国市场，英国意识到拓宽其商品倾销市场的道路在中国不能仅凭经济手段，还需辅以军事和政治手段。于是，在政治、军事、经济的多重打击下，中国传统的小农经济既表现出受到冲击，逐渐发生动摇的一面，也表现出其稳固的一面。伴随着西方工业革命进程的加深和外来产品冲击的加深，落后的小农经济最终不敌工业经济，英国凭借其强大的经济实力最终征服中国市场，扭转了长期以来的贸易劣势。虽然这种贸易不利局面是在工业革命结束后很长一段时间在军事、政治等多重因素的共同作用下才得以完成的。但是从长远来看，英国的的确确通过工业革命扭转了其在整个近代早期东方贸易的不利局面，完成了从最初单纯地输出贵金属到输出工业制成品的巨大转变。东方贸易的压力成为促进工业革命不可缺少的推动力之一。这其中不仅有其内部固有的要素，但是从外部条件来说与东方贸易的压力对工业革命的到来起到了积极的促进作用。

结　　语

13—14 世纪，欧洲商品经济获得巨大发展，对货币的需求量大大增加，但是由于贵金属生产的有限性，以及在 13—14 世纪与东方贸易中的巨额逆差，大量金银外流，更加剧了贵金属的不足。这种贵金属的长期供给不足成为整个欧洲经济发展的严重障碍，这就导致了欧洲国家对黄金等贵金属的疯狂追求，引发新航路等探险活动。

因此大航海是欧洲为寻求东方财富所做的主动探索，东西方直接海上贸易兴起后，大量东方产品涌入欧洲市场及其殖民地市场。不仅丰富了欧洲人的物质生活，也为欧洲带来巨额财富。但由于东西方经济发展程度及经济体制存在巨大差异，在大航海后的三百多年时间里，欧洲人在大量进口东方商品的同时却无法提供可以交换的商品，1500—1850 年，长达三百多年的时间里，东西方贸易的整体局势是西方各国无法向东方输出其制成品，而用美洲白银作为媒介获取大量东方产品。西方国家在重商主义思想的指引及政府的带领下，控制和转运东方的商品至世界各地，以获取高额利润，但自身却没有输出大量商品的生产能力。

东西方贸易存在长期逆差，是美洲白银的出现解决了这种贸易不平衡。但美洲白银流入亚洲后受当地市场发育程度、经济形态及消费心理等多重因素的影响，白银极少流出。这样造成了欧洲国家必须用大量白银来维持其不断扩大的东西方贸易的困境。东西方贸易从早期的香料贸易到之后的纺织品、咖啡、生丝、靛蓝，再到大宗的瓷器、茶叶等，都必须使用白银作为交换媒介。东方商品到达欧洲后，确实给当地带来巨大财富，欧洲通过转口贸易，利用东西方价格差，获取了大量财富。但是同时也有苦恼，那就是白银进入印度和中国后，不再流出，欧洲必须不断压榨美洲，

结　语

换取更多白银以维持不断扩大的东方贸易。但问题是白银作为金属矿藏，不是取之不尽、用之不竭的，再者受欧洲自身经济发展的需要，战事迭起，使本就缺乏的贵金属消耗更多。

于是，欧洲各国就面临着这样一种窘境，它们常常因白银不足，又缺乏同亚洲国家交换的商品而感到担忧。一方面，同东方国家的贸易必须进行下去，因为自身消费需要也是增加自身财富的需要，但是所有同东方进行贸易的西方国家都同时出现逆差，也就是说，欧洲国家通过内部互相之间的转口贸易获取白银的可能越来越小。美洲白银减产后，如何维护与东方的贸易就变得越发艰难，就成为一个西方各国面临的重要问题。

因此进口替代、自行生产才是解决贸易逆差的根本办法。如奇波拉所言："工业革命作为一个重大的历史现象，绝不可能突然出现。在欧洲，按照奇波拉的看法，工业革命乃是18世纪以前700年来发生的历史变化的最后阶段。"[①] 而长期的与东方贸易的逆差使得贵金属匮乏，在一定程度上对工业革命的产生起到了积极促进作用。为对抗印度的棉纺织品引起的贵金属外流，英国开始模仿印度产品，但是英国在开始制造棉织品的时候，从产品成本到技术水平和人力资源上都不占优势，原棉需要进口，纺织技术需要改进，劳动力价格高昂，这些不利因素始终制约着英国棉纺织业的发展。为摆脱这些不利影响，一场动力革命势在必行，恰好固有的技术积淀和廉价而丰富的煤炭资源成为能源革命的先导。因而，棉纺织业成为英国工业革命的突破口，从纺纱到织布再到印染等一系列加工技艺的变化，引发全行业的生产变革。在政治统治的作用和关税的辅助下，英国与印度的贸易格局逐渐发生改变，印度从制成出口国变为原料出口国。

东西方贸易另一个逆差大国是中国，中国这样庞大的经济和政治实体内，小农经济表现出极强的稳定性，因此即使印度成为英国东方重要的战略棋子，英印贸易逆差得到扭转以后，英国与中国的贸易逆差依旧持续。英国首先在印度找到解决的办法，利用鸦片为其夺回大量白银。但是传统研究中将鸦片造成的白银外流无疑夸大了，因为英国并非需要白银而向中国兜售鸦片，而是为了购买中国茶叶、生丝等商品而向中国贩卖鸦片，其

[①] Carlo M. Cipolla, *Before the Industrial Revolution: European Society and Economy, 1000–1700*, New York&London: Routledge, 1993, p. XIII.

· 227 ·

东西方贸易关系的演变与工业革命的缘起

贩卖鸦片所得白银又因茶叶等其他商品返回到中国。所以鸦片战争是一场白银争夺战。但是随着英国工业革命的进行与完成，商业资本逐步向工业资本转化，生产力逐步提升，所生产的产品越来越丰富，1830年工业革命完成，1832年英国议会改革的调整，1833年英国东印度公司垄断特权的取消，英国工业资产阶级的力量不断增强，英国越来越需要广阔的原料产地和商品市场。

英国贩卖鸦片在一定程度上扭转了贸易逆差，但是也有着很大的副作用。鸦片导致的白银外流使得中国购买力低下，仍然无力购买英国产品。如果说工业革命前，英国的贸易逆差是由于英国无法提供东方国家的刚需产品，而工业革命后英国的贸易逆差至少一部分是由于鸦片导致的白银外流引起的中国购买力低下。所以可以说，英国通过第一次工业革命努力提高产品制造力，但仍然没有能够达到其扭转贸易逆差的目的。英国人逐步认识到一味地用鸦片换回白银的做法最终会伤及自身长远利益。再加上英国认为改善贸易逆差最根本的办法还是减少对进口商品的依赖。所以在输华商品中鸦片的比例是不断缩小的。在19世纪40年代以后，英国输华商品中制成品的比例不断上升。随着英国瓷器的生产，印度、锡兰茶叶的培育，印锡茶叶在世界茶叶市场的份额不断攀升，英国对中国的茶叶依赖减少，英国最终靠自己的制造品征服中国市场。伴随第二次工业革命的发生，英国等西方国家生产力进一步上升，使得产品成本下降，加上远洋运输技术的改善，大大降低了其产品在东方的市场售价，洋货最终依靠其技术和价格优势取代中国本土商品，到19世纪80年代，中国小农经济最终败北，从大航海以来延续了三百多年的贸易优势不复存在，在对外贸易中连年出现逆差，以英国为首的西方国家最终通过工业革命扭转了其不利的贸易局面，东方如南亚、东南亚、东亚等地成为英国及其他西方国家工业成品的倾销市场和原材料的供应地，东西方贸易格局完全改变。

参考文献

一　中文

（一）著作

陈曦文:《英国 16 世纪经济变革与政策研究》，首都师范大学出版社 1995 年版。

陈曦文、王乃耀主编:《英国社会转型时期经济发展研究》，首都师范大学出版社 2002 年版。

樊亢、宋则行主编:《外国近现代经济史》，人民出版社 1980 年版。

刘景华主编:《日不落的"落日"——大英帝国的兴衰》，中国文史出版社 1999 年版。

刘景华:《外来因素与英国的崛起——转型时期英国的外国人和外国资本》，人民出版社 2010 年版。

马廉颇:《晚清帝国视野下的英国——以嘉庆道光两朝为中心》，人民出版社 2003 年版。

彭信威:《中国货币史》，群联出版社 1954 年版。

钱乘旦:《第一个工业化社会》，四川人民出版社 1988 年版。

陈晓律等:《15 世纪以来世界主要发达国家发展历程》，重庆出版社 2004 年版。

钱乘旦、陈晓律:《在传统与变革之间——英国文化模式溯源》，江苏人民出版社 2010 年版。

全汉昇:《中国经济史研究》，中华书局 2011 年版。

宋则行、樊亢主编:《世界经济史》，经济科学出版社 1993 年版。

孙燕：《近代早期英国大西洋贸易研究》，武汉大学出版社2015年版。

王赓武：《1800年以来的中英碰撞：战争、贸易、科学及治理》，浙江人民出版社2015年版。

王乃耀：《英国都铎时期经济研究》，首都师范大学出版社1997年版。

王章辉：《英国经济史》，中国社会科学出版社2013年版。

王章辉、孙娴主编：《工业社会的勃兴》，人民出版社1995年版。

吴义雄：《条约口岸体制的酝酿——19世纪30年代中英关系研究》，中华书局2009年版。

吴于廑主编：《十五十六世纪东西方历史初学集》，武汉大学出版社1985年版。

严中平主编：《中国近代经济史（1840—1894）》，人民出版社1989年版。

严中平等编：《中国近代经济史统计资料选辑》，中国社会科学出版社2012年版。

杨豫：《欧洲原工业化的起源与转型》，江苏人民出版社2004年版。

姚贤镐编：《中国近代对外贸易史资料（1840—1895）》，中华书局1962年版。

张坤：《在华英商群体与鸦片战争前的中英关系》，暨南大学出版社2014年版。

张卫良：《英国社会的商业化历史进程——（1500—1750）》，人民出版社2004年版。

张亚东：《重商帝国——1689—1783年的英帝国研究》，中国社会科学出版社2004年版。

张宇燕、高程：《美洲金银和西方世界的兴起》，中信出版社2004年版。

赵秀荣：《1500—1700年英国商业与商人研究》，社会科学文献出版社2004年版。

仲伟民：《茶叶与鸦片：十九世纪经济全球化的中国》，生活·读书·新知三联书店2010年版。

朱孝远：《近代欧洲的兴起》，学林出版社1997年版。

（二）译著

[澳]安东尼·瑞德：《东南亚的贸易时代：1450—1680年》，孙来臣、李塔娜、吴小安译，商务印书馆2013年版。

［德］迪特·森哈斯：《欧洲发展的历史经验》，梅俊杰译，商务印书馆 2015 年版。

［德］贡德·弗兰克编：《19 世纪大转型》，吴延民译，中信集团出版社 2019 年版。

［德］贡德·弗兰克、巴里·K. 吉尔斯主编：《世界体系 500 年还是 5000 年？》，郝名玮译，社会科学文献出版社 2004 年版。

［德］古斯塔夫·冯·施穆勒：《重商制度及其历史意义》，严鹏译，东方出版社 2023 年版。

［德］维尔纳·桑巴特：《奢侈与资本主义》，王燕平、侯小河译，上海人民出版社 2005 年版。

［德］于尔根·奥斯特哈默：《亚洲的去魔化——18 世纪的欧洲与亚洲帝国》，刘兴华译，社会科学文献出版社 2016 年版。

［法］保尔·芒图：《十八世纪产业革命——英国近代大工业初期的状况》，杨人楩等译，商务印书馆 1997 年版。

［法］费尔南·布罗代尔：《十五至十八世纪的物质文明、经济和资本主义》，顾良、施康强译，商务印书馆 2017 年版。

［法］弗朗索瓦·吉普鲁：《亚洲的地中海：13—21 世纪中国、日本、东南亚商埠与贸易圈》，龚华燕、龙雪飞译，新世纪出版社 2014 年版。

［法］弗朗索瓦·魁奈：《魁奈〈经济表〉及著作选》，晏智杰译，华夏出版社 2006 年版。

［荷］包乐史：《中荷交往史》，庄国土、程绍刚译，路口店出版社 1999 年版。

［荷］包乐史：《看得见的城市——东亚三商港的盛衰浮沉录》，赖钰匀、彭昉译，浙江大学出版社 2010 年版。

［荷］范赞登：《通往工业革命的漫长道路——全球视野下的欧洲经济，1000—1800 年》，隋福民译，浙江大学出版社 2016 年版。

［荷］皮尔·弗里斯：《从北京回望曼彻斯特：英国、工业革命和中国》，苗婧译，浙江大学出版社 2009 年版。

［美］P. 金德尔伯格：《西欧金融史》，徐子健等译，中国金融出版社 1991 年版。

［美］W. W. 罗斯托：《这一切是怎么开始的——现代经济的起源》，黄其

祥、纪坚博译，商务印书馆 2014 年版。

［美］埃里克·沃尔夫：《欧洲与没有历史的人民》，赵丙祥、刘传珠、杨玉静译，上海世纪出版集团 2006 年版。

［美］道格拉斯·诺斯、罗伯特·托马斯：《西方世界的兴起》，厉以平、蔡磊译，华夏出版社 2009 年版。

［美］菲利普·D. 柯丁：《世界历史上的跨文化贸易》，鲍晨译，山东画报出版社 2009 年版。

［美］费正清编：《中国的世界秩序——传统中国的对外关系》，杜继东译，中国社会科学出版社 2010 年版。

［美］杰克·戈德斯通：《为什么是欧洲？——世界视角下的西方崛起（1500—1850）》，关永强译，浙江大学出版社 2010 年版。

［美］杰里·本特利：《新全球史——文明的传录与交流》，魏凤莲译，北京大学出版社 2014 年版。

［美］马丁·威纳：《英国文化与工业精神的衰弱（1850—1980）》，王章辉、吴必康译，北京大学出版社 2013 年版。

［美］马士：《东印度公司对华贸易编年史》，中国海关史研究中心组译，中山大学出版社 1991 年版。

［美］马士：《中华帝国对外关系史》（第一卷、第二卷），张汇文等译，上海书店出版社 2000 年版。

［美］彭慕兰：《大分流：欧洲、中国及现代世界经济的发展》，史建云译，江苏人民出版社 2010 年版。

［美］彭慕兰、史蒂夫·托皮克：《贸易打造的世界：社会、文化与世界经济》，黄中宪译，陕西师范大学出版社 2008 年版。

［美］萨拉·罗斯：《茶叶大盗——改变世界史的中国茶》，孟驰译，社会科学文献出版社 2015 年版。

［美］唐纳德·F. 拉赫、埃德温·J. 范·克雷：《欧洲形成中的亚洲》，周宁总校译，人民出版社 2013 年版。

［美］托马斯·莱昂斯：《中国海关与贸易统计：1859—1948》，毛立坤等译，浙江大学出版社 2009 年版。

［美］王国斌：《转变的中国——历史变迁与欧洲经验的局限》，李伯重译，江苏人民出版社 2010 年版。

［美］熊彼特：《经济分析史》（第一卷），朱泱等译，商务印书馆 1991 年版。

［美］伊曼纽尔·沃勒斯坦：《现代世界体系》（第一卷），尤来寅等译，高等教育出版社 1998 年版。

［日］滨下武志：《近代中国的国际契机——朝贡贸易体系与近代亚洲经济圈》，朱荫贵、欧阳菲译，中国社会科学出版社 1999 年版。

［日］浅田实：《东印度公司巨额商业资本之兴衰》，顾珊珊译，社会科学文献出版社 2016 年版。

［意］卡洛·M. 奇波拉主编：《欧洲经济史——十六和十七世纪》（第二卷），贝昱、张菁译，商务印书馆 1988 年版。

［印］罗梅什·杜特：《英属印度经济史》，陈洪进译，生活·读书·新知三联书店 1965 年版。

［英］E. A. 里格利：《延续、偶然与变迁：英国工业革命的特质》，侯琳琳译，浙江大学出版社 2013 年版。

［英］W. H. B. 考特：《简明英国经济史：1750 年至 1939 年》，方廷钰等译，商务印书馆 1992 年版。

［英］埃里克·霍布斯鲍姆：《工业与帝国：英国的现代化历程》，梅俊杰译，中央编译出版社 2016 年版。

［英］艾伦·麦克法兰、艾丽斯·麦克法兰：《绿色黄金：茶叶帝国》，扈喜林译，社会科学文献出版社 2016 年版。

［英］安格斯·麦迪森：《世界经济千年史》，伍晓鹰等译，北京大学出版社 2003 年版。

［英］布莱恩·莱弗里：《海洋帝国——英国海军如何改变现代世界》，施诚、张珉璐译，中信出版集团 2016 年版。

［英］格林堡：《鸦片战争前中英通商史》，康成译，商务印书馆 1961 年版。

［英］赫德逊：《欧洲与中国》，王遵仲等译，中华书局 1995 年版。

［英］简·迪维斯：《欧洲瓷器史》，熊寥译，浙江美术学院出版社 1991 年版。

［英］杰克·古迪：《西方中的东方》，沈毅译，浙江大学出版社 2012 年版。

［英］克拉潘：《现代英国经济史——自由贸易和钢（1850—1886 年）》，姚曾廙译，商务印书馆 1975 年版。

［英］罗伯特·艾伦：《近代英国工业革命揭秘：放眼全球的深度透视》，毛立坤译，浙江大学出版社 2012 年版。

［英］乔治·斯当东：《英使谒见乾隆纪实》，钱丽译，电子工业出版社 2016 年版。

［英］屈勒味林：《英国史》，钱端升译，中国社会科学出版社 2008 年版。

［英］托马斯·孟：《英国得自对外贸易的财富》，袁南宇译，商务印书馆 1959 年版。

［英］托马斯·孟等：《贸易论》，顾为群译，商务印书馆 1982 年版。

［英］雅各布·范德林特：《货币万能》，王兆基译，商务印书馆 1990 年版。

［英］亚当·斯密：《国富论》，莫里编译，中国华侨出版社 2013 年版。

［英］约翰·F. 乔恩：《货币史：从公元 800 年起》，李广乾译，商务印书馆 2002 年版。

［英］约翰·德斯蒙德·贝尔纳：《科学革命与工业革命》，伍况甫、彭家礼译，科学出版社 2015 年版。

［英］约翰·霍布森：《西方文明的东方起源》，孙建党译，山东画报出版社 2009 年版。

（三）论文

陈奉林：《东方外交与古代西太平洋贸易网的兴衰》，《世界历史》2012 年第 6 期。

陈昆：《明朝中后期海外白银输入的三条主要渠道》，《社会科学家》2011 年第 6 期。

陈昆、汪祖杰：《国际竞争力、海上贸易与套汇：明朝中后期白银流入的考察》，《经济理论与经济管理》2011 年第 6 期。

陈曦文：《英国都铎王朝前期的对外贸易和重商政策》，《世界历史》1990 年第 4 期。

杜平：《近代英国海上贸易保护政策的演变（17 世纪中叶—20 世纪初）》，博士学位论文，首都师范大学，2012 年。

高寿仙：《真实与虚幻：全球视野中的近代早期世界经济图景》，《史学理论研究》2001 年第 1 期。

郭卫东：《论明清更替时代的中外条约》，《清史研究》2016 年第 4 期。

郭卫东：《棉花与鸦片：19 世纪初叶广州中英贸易的货品易位》，《学术研究》2011 年第 5 期。

郭卫东：《印度棉花：鸦片战争之前外域原料的规模化入华》，《近代史研究》2014 年第 5 期。

贺力平：《鸦片贸易与白银外流关系之再检讨——兼论国内货币供给与对外贸易关系的历史演变》，《社会科学战线》2007 年第 1 期。

后智钢：《外国白银内流中国问题探讨（16—19 世纪中叶）》，博士学位论文，复旦大学，2009 年。

黄俊凌：《17 世纪上半叶台湾海峡贸易主导权问题新探——以荷兰侵占台湾初期的转口贸易为中心》，《世界历史》2016 年第 5 期。

李伯重：《英国模式、江南道路与资本主义萌芽》，《历史研究》2001 年第 1 期。

李德霞：《近代早期东亚海域中外贸易中的白银问题》，《中国社会经济史研究》2006 年第 2 期。

李金明：《17 世纪初全球贸易在东亚海域的形成与发展》，《史学集刊》2007 年第 6 期。

李宽柏：《论鸦片战争前"港脚商"与东印度公司在对华贸易上的特殊关系》，《湖北省社会主义学院学报》2004 年第 6 期。

李云泉：《朝贡与条约之间：近代东西方国际秩序的并存与兼容》，《社会科学辑刊》2016 年第 6 期。

刘雷、何传启：《1700 年以来世界工业现代化的历史与经验》，《理论与现代化》2016 年第 5 期。

刘平：《清朝海洋观、海盗与海上贸易（1644—1842）》，《社会科学辑刊》2016 年第 6 期。

刘霞辉：《从马尔萨斯到索洛：工业革命理论综述》，《经济研究》2006 年第 10 期。

聂德宁：《明末清初澳门的海外贸易》，《厦门大学学报》1994 年第 3 期。

钱江：《十六—十八世纪国际间白银流动及其输入中国之考察》，《南洋问题研究》1988 年第 2 期。

全汉昇：《略论新航路发现后的中国海外贸易》，载张彬村、刘石吉主编：《中国海洋发展史论文集》（第五辑）1993 年。

任放：《论印度茶叶的崛起对晚清汉口茶叶市场的冲击》，《武汉大学学报》

(人文科学版) 2001 年第 4 期。

舒小昀:《从能源角度分析〈英国工人阶级状况〉》,《学海》2015 年第 4 期。

舒小昀:《工业革命:从生物能源向矿物能源的转变》,《史学月刊》2009 年第 11 期。

陶德臣:《茶叶由文化到技贸传播世界的历程》,《农业考古》2016 年第 2 期。

陶德臣:《简论华茶贸易衰落的原因》,《镇江师专学报》(社会科学版) 1994 年第 1 期。

陶德臣:《印度茶叶的崛起及对中国茶叶的影响与打击——19 世纪末至 20 世纪上半叶》,《中国农史》2007 年第 1 期。

万钧:《东印度公司与明清瓷器外销》,《故宫博物院院刊》2009 年第 4 期。

万明:《明代白银货币化的初步考察》,《中国经济史研究》2003 年第 2 期。

徐方平:《近代中英茶叶贸易衰败的原因和启示》,《江汉论坛》1998 年第 10 期。

张铠:《晚明中国市场与世界市场》,《中国史研究》1988 年第 3 期。

张乃和:《15—17 世纪中英海外贸易政策比较研究》,《吉林大学社会科学学报》2001 年第 4 期。

张乃和:《16 世纪英国早期重商主义特征的历史考察》,《史学集刊》1999 年第 1 期。

张乃和:《近代早期中英海外贸易市场体系发育之比较》,《北方论丛》2003 年第 6 期。

张瑞:《近代印、锡、日茶叶的崛起与我国茶叶界的觉醒》,《长春理工大学学报》(高教版) 2009 年第 6 期。

张文伟:《论东方贸易与英国工业革命》,《上饶师院学报》2000 年第 4 期。

张燕清:《略论英国东印度公司对华茶叶贸易起源》,《福建省社会主义学院学报》2004 年第 3 期。

周友光:《从重商主义到工业主义》,《武汉大学学报》(哲学社会科学版) 1994 年第 3 期。

庄国土:《16—18 世纪白银流入中国数量估算》,《中国钱币》1995 年第 3 期。

庄国土:《茶叶、白银和鸦片:1750—1840 年中西贸易结构》,《中国经济史研究》1995 年第 3 期。

庄万友:《略论东方贸易对莫卧儿时代印度经济社会的影响》,《南亚研究》1989 年第 3 期。

二 外文

(一) 原始史料

Arnold Foster, *The Report of the Royal Commission on Opium Compared with the Evidence from China That Was Submitted to the Commission*, London: Eyre and Spottiswoode, 1898.

Charles Ellior, *Opium Crisis: A Letter Addressed to James*, London: Edward Suter, 29th May, 1839.

East India Company (*India and China Trade*), Return to an Order of the Honorable House of Commons, Ordered by the House of Commons 26 April 1833.

Historical View of Plans for the Government of British India and Regulation of Trade to the East Indies, London, 1831.

Joan Thirsk, *Seventeenth-Century Economic Documents*, Oxford: Clarendon Press, 1972.

The Opium Trade in China 1842 – 1856, Presented to the House of Commons, London: 1857.

The Report from the Select Committee, *The Foreign Trade of the Country East Indies and China*, Ordered by The House of Commons, London: 10 July 1821.

The Report of The House of Commons, *The East-India Company: Trade between Great Britain, The East-India Company and China*, London: Printed for Parbury, 1830.

The Reports from the Select Committee, *The Foreign Trade of the Country 1821*, Communicated by the Commons to the Lords.

Thomas John Buckton, *China Trade*, The House of Commons, London, 1830.

Woodfall's Report of the Debate in the House of Commons, *Trade with India*, London: Wednesday, Nov. 25, 1801.

（二）专著

Arnold Toynbee and Benjamin Jowett, 2012, *Lectures on the Industrial Revolution in England*, Memphis: General Books LLC.

Bal Krishna, *Commercial Relationa between India and England 1601 – 1757*, 1924, London: George Routledge & Sons, LTD.

Bruce P. L. enman, 2001, *Britain's Colonial Wars 1688 – 1783*, London: Longman.

Captain Sherard Osborn, 1860, *Past and Future of British Relations in China*, London and Edinburge: William Blackwood.

Charles More, 2000, *Understanding the Industrial Revolution*, London: Routledge.

Coleman D. C, 1977, *The Economy of England, 1450 – 1750*, Oxford: Oxford University Press.

Court, 1954, *A concise economic history of Britain*, Cambridge: Cambridge University Press.

C. G. A. Clay, 1984, *Economic Expansion and Social Change: England 1500 – 1700*, Vol. II: *Industry, Trade and Government*, Cambridge: Cambridge University Press.

C. J. A Jorg, 1982, *Porcelain and Dutch China Trade*, The Hague: Martinus Nijhoff.

Dennis O. Flynn, Arturo Gir'aldez, Richard von Glahn, ed., 2003, *Global Connections and Monet1ary History, 1470 –1800*, Aldershot: Ashgate.

Dietz, Frederick. C., 2013, *English Public Finance: volume* I, London and New York: Routledge.

Dietz, Frederick. C., 2013, *English Public Finance: volume* II, London and New York: Routledge.

Donald F. Lach, 1971, *Asia in the Making of Europe*, Vol. I, Book II, Chicago: The University of Chicago Press.

D. G. E. Hall, 1968, *a History of Southeast Asia*, London: MacMillan&Co.

E. Lipson, 1929, *the Economic History of England*, volume Ⅲ. the age of Mercantilism London: Adam & Charles Black.

Eichengreen Barry. , 2008, *Globalizing Capital: A History of the International Monetary System*, New Jersey: Princeton University Press.

Francois Crouzet, 1985, *The First Industrialists: The Problem of Origins*, Cambridge: Cambridge University Press.

Giorgio Riello, Prasannan Parthasarathi, 2009, *The Spinning World: A Global History of Cotton Textiles, 1200 – 1850*, Oxford: Oxford University Press.

Glamann Kristof, 1958, *Dutch-Asiatic Trade: 1620 – 1740*, The Hague: Martinus Nijhoff.

Godfrey Davies, 1945, *The Early Stuarts 1603 – 1660*, Oxford: Oxford University Press.

Gomes Loenard, 1987, *Foreign Trade and the National Economy: Mercantilism and Classical Perspective*, New York: Macmillan Press Ltd.

Gordon Johnson, 2008, *The New Cambridge History of India: The Portuguese in India*, Cambridge: Cambridge University Press.

Griffiths Percival, 1967, *The History of the Indian Tea Industry*, London: Weidenfeld & Nicolson.

Hamilton, 1919, *The Trade Relations between England and India 1600 – 1896*, India: Mohammad Ahmad.

Hugill Peter J. , 1993, *World Trade since 1431*, Baltimore: The Johns Hopkins University Press.

H. V. Bowen, 2006, *The Business of Empire: The East India Company and Imperial Britain, 1756 – 1833*, Cambridge: Cambridge University Press.

Jacobs, 1991, *In Pursuit of Pepper and Tea: The Story of the Dutch East Company*, Amsterdam: Netherlands Maritime Museum Walburg Press.

Jeremy Black, 1988, *Debating Foreign Policy in Eighteenth-Century Britain*, London: Ashgate.

Joel Mokyr, 2003, *The Oxford Encyclopedia of Economic History*, Vol. 5, *Spices and Spices Trade*, Oxford: Oxford University Press.

John E. Wills, 2011, *China and Maritime Europe 1500 – 1800: Trade*, Settlement, *Diplomacy and Missions*, Cambridge: Cambridge University Press.

Karl de Schweinitz Jr., 1983, *The Rise and Fall of British India: Imperialism as Inequality*, London and New York: Methuen.

Lucia Coppolaro, 2013, *A Global History of Trade and Conflict since 1500*, New York: Palgrave Macmillan.

Mckendrick Neil, Brewer John, 1982, *The Birth of a Consumer Society: The Commercialization of Eighteenth-Century England*, Bloomington: Indiana University Press.

Nicholas Tarling, 1992, *The Cambridge History of Southeast Asia*, Cambridge: Cambridge University Press.

North Douglas, 1981, *Structure and Change in Economic History*, New York: W. W. Norton & Company.

Patrick Tuck, 2000, *Britain and the China Trade: 1635 – 1842*, Vol. I – X, London and New York: Routledge.

Peer Vires, State, 2015, *Economy and the Great Divergence: Great Britain and China, 1680s – 1850s*, London: Bloomsbury Publishing Plc.

Peter D. G. Thomas, 2002, *George III: King and Politicians 1760 – 1770*, New York: Manchester University Press.

Philip Lawson, 2001, *The East India Company: A History*, London: Longman.

Phyllis Deane and W. A. Cole, 1964, *British Economic Growth 1688 – 1959 Trends and Structure*, Cambridge: Cambridge University Press.

Phyllis Deane, 1979, *The First Industrial Revolution*, Cambridge: Cambridge University Press.

P. J. Thomas, 1923, *Mercantilism and the East India Trade*, London: Frank Cass & Co. Ltd.

Ramkrishna Mukherjee, 1955, *The Rise and Fall of the East India Company*, Berlin: VEB Deutscher Verlag der Wissenschaften.

Roderic Cavaliero, 2002, *Strangers in the Land: the Rise and Decline of the British India Empire*, London & New York: I. B. Taccris Publishers.

Roderick Floud and Deirdre McCloskey, 1997, *The Economic History of Britain*

Since 1700, Cambridge: Cambridge University.

R. M. Hartwell, 1967, *The Causes of the Industrial Revolution in England*, London: Methuen.

Shiue, Carol H. and Keller Wolfgang, 2006, *Markets in China and Europe on the Eve of the Industrial Revolution*, Denver: University of Colorado.

Smith Alan K, 1991, *Creating a World Economy: Merchant Capital, Colonialism, and World Trade, 1400 – 1825*, Boulder : Westview Press.

Stanley J. Stein, Barbara H. Stein, 2000, *Silver, Trade and War: Spain and America in the Making of Early Modern Europe*, Baltimore: The Johns Hopkins University Press.

Tapan Raychaudhuri, Irfan Habib, 1987, *The Cambridge Economic History of India*, Cambridge: Cambridge University Press.

T. S. Ashton, 1962, *The Industrial Revolution, 1760 – 1830*, London: Oxford University Press.

T. S. Ashton, 2006, *An Economic History of England: The Eighteenth Century*, London: Routledge.

W. C. Costin, 1937, *Great Britain and China 1833 – 1860*, Oxford: The Clarendon press.

（三）论文

A. Kobata, "the Production and Uses of Gold and Silver in Sixteenth and Seventeenth Century Japan", *the Economic History Review*, Vol. 18, No. 2, 1965.

Abraham Berglund, "Our Trade Balance and Our Foreign Loans", *Political Economy*, Vol. 26, No. 7 Jul. , 1918.

Andre Gunder Frank, "India in the World Economy: 1400 – 1750", *Economic and Political Weekly*, Vol. 31, No. 30, 1996.

Andre Gunder Frank, "Development of Underdevelopment or Underdevelopment of Development in China", *Modern China*, Vol. 4, No. 3, 1978.

Andrew Carnegie and John Lubbock, "the Silver Problem", *the North American Review*, Vol. 157, No. 442 (Sep. , 1893).

Arif Dirlik, "Chinese History and the Question of Orientalism", *History and Theory*, Vol. 35, No. 4, 1996.

Arthur Meier Schlesinger, "The Uprising against the East India Company", *Political Science Quarterly*, Vol. 32, No. 1 (Mar., 1917).

A. H. Lybyer, "The Ottoman Turks and the Routes of Oriental Trade", *The English Historical Review*, Vol. 30, No. 120, 1915.

Bernard Tai Khiun Mien, "Foreign Direct Investment and Pattern of Trade Malaysian Experience", *Economic and Political Weekly*, Vol. 34, No. 22, 1999.

Bhaswati Bhattacharya, Gita Dharampal-Frick and Jos Gommans, "Spatial and Temporal Continuities of Merchant Networks in South Asia and the Indian Ocean (1500—2000)", *Journal of the Economic and Social History of the Orient*, Vol. 50, No. 2/3, Spatial and Temporal Continuities of Merchant Networks in South Asia and the Indian Ocean, 2007.

C. Knick Harley and N. F. R. Crafts, "Simulating the Two Views of the British Industrial Revolution", *The Journal of Economic History*, Vol. 60, No. 3, 2000.

Chandra Richard de Silva, "The Portuguese East India Company 1628 – 1633", *Luso-Brazilian Review*, Vol. 11, No. 2, 1974.

Charles Henry Fielder, "On the Rise, Progress, and Future Prospects of Tea Cultivation in British India", *The Statistical Society of London*, Vol. 32, No. 1 (Mar., 1869).

Charles J. Bullock, John H. Williams and Rufus S. Tucker, "the History of our Foreign Trade Balance from 1789 to 1914", *The Review of Economics and Statistics*, Vol. 1, No. 3 (Jul., 1919).

Charles J. Bullock, "the Theory of the Balance of Trade", *The North American Review*, Vol. 173, No. 536 (Jul., 1901).

Charles M. Andrews, "Anglo-French Commercial Rivalry, 1700 – 1750: the Western Phase, I", *The American Historical Review*, Vol. 20, No. 3 (Apr., 1915).

Charles R. Boxer, Plata Es Sangre, "Sidelights onthe Drain of Spanish-American Silver in the Far East, 1550—1700", *Philippine Studies*, Vol. 58 (3), 1970.

Charles W. Dilke, "America and England in the East", *The North American Review*, Vol. 169, No. 515 (Oct., 1899).

Cheong Weng Eang, "Changing the Rules of the Game (The India-Manila Trade: 1785 – 1809)", *Journal of Southeast Asian Studies*, Vol. 1, No. 2, 1970.

Choh-Ming Li, "the Theory of International Trade Under Silver Exchange", *The Quarterly Journal of Economics*, Vol. 53, No. 4, 1939.

Clark, Gregory and Jacks David S., "Coal and the Industrial Revolution, 1700—1869", *European Review of Economic History*, Vol. 11 (March) 2007.

Claude Markovits, "The Political Economy of Opium Smuggling in Early Nineteenth Century India: Leakage or Resistance?", *Modern Asian Studies*, Vol. 43, No. 1, 2009.

Colonel Sykes, "Notes on the Progress of the Trade of England with China since 1833, and on its Present Condition and Prospects", *The Statistical Society of London*, Vol. 25, No. 1 (Mar., 1862).

Colonel Sykes, "The External Commerce of British India During Two Periods of Years", *Journal of the Statistical Society of London*, Vol. 19, No. 2. 1856.

Conyers Read, "English Foreign Trade under Elizabeth", *The English Historical Review*, Vol. 29, No. 115, 1914.

C. H. Haring, "The Manila Galleon by William Lytle Schurz", *The Journal of Modern History*, Vol. 12, No. 1, 1940.

C. K. Hobson, "British Oversea Investments: Their Growth and Importance", *The Annals of the American Academy of Political and Social Science*, Vol. 68 (Nov., 1916).

Daniel C. S. Wilson, "Arnold Toynbee and the Industrial Revolution: the Science of History, Political Economy and the Machine Past", *History and Memory*, Vol. 26, No. 2, 2014.

Daniel Folkmar, "The Effect of the European War on America's Trade with India", *The Annals of the American Academy of Political and Science*, Vol. 60, 1915.

Davis Ralph, "English Foreign Trade, 1700—1774", *Economic History Review*, 1962 (2).

Dennis O. Flynn and Arturo Giráldez, "Born with a 'Silver Spoon': the Origin of World Trade in 1571", *Journal of World History*, Vol. 6, No. 2, 1995.

Dennis O. Flynn, Arturo Giráldez, "Cycles of Silver: Global Economic limit through the Mid-Eighteenth Century", *Journal of World History*, Vol. 13 (2), 2002.

D. C. Coleman, "Industrial Growth and Industrial Revolutions", *Economic, New Series*, Vol. 23, No. 89, 1959.

D. C. Coleman, "Proto-industrial: A Concept Too Many", *The Economic History Review*, Vol. 36, 1983.

Edward L. Uilman, "Trade Centers and Tributary Areas of the Philippines", *Geographical Review*, Vol. 50, No. 2, 1960.

Emil S. Fischer, "Through the Silk and Tea Districts of Kiangnan and Chekiang Province", *The American Geographical Society*, Vol. 32, No. 4, 1900.

E. G. West, "Literacy and the Industrial Revolution", *The Economic History Review, New Series*, Vol. 31, No. 3, 1978.

F. W. Taussig, "How to Promote Foreign Trade", *The Quarterly Journal of Economics*, Vol. 32, No. 3 (May, 1918).

Gardiner G. Hubbard, "the European Colonies and Their Trade", *Science*, Vol. 7, No. 164 (Mar. 26, 1886).

Gay L. Gullickson, "Agriculture and Cottage Industry: Redefining the Causes of Proto-Industrialization", *The Journal of Economic History*, Vol. 43, No. 4, 1983.

George Bryan Souza, "Opium and the Company: Maritime Trade and Imperial Finances on Java, 1684 – 1796", *Modern Asian Studies*, Vol. 43, No. 1, Expanding Frontiers in South Asian and World History: Essays in Honour of John F. Richards 2009.

Gergory Clark and David Jacks, "Coal and the Industrial Revolution, 1700 – 1869", *European Review of Economic History*, Vol. 11, No. 1, 2007.

Glenn Melancon, "Honour in Opium? British Declaration of War on China, 1839 – 1840", *The International History Review*, Vol. 21, No. 4, 1999.

Goldwin Smith, "British Empire in India", *the North American Review*, Vol.

183, No. 598 (Sep. 7, 1906).

G. R. Porter, "Examination of the recent Statistics of the Cotton Trade in Great Britain", *The Statistical Society of London*, Vol. 13, No. 4 (Dec., 1850).

G. V. Scammell, "England, Portugal and the Estado da India c. 1500 – 1635", *Modern Asian Studies*, Vol. 16, No. 2, 1982.

G. V. Scammell, "European Exiles, Renegades and Outlaws and the Maritime Economy of Asia c. 1500 – 1750", *Modern Asian Studies*, Vol. 26, No. 4, 1992.

Hamilton Wright, "The International Opium Commission", *the American Journal of International Law*, Vol. 3, No. 4 (Oct., 1909).

Harriet T. Zurndorfer, "Cotton Textile Manufacture and Marketing in Late Imperial China and the 'Great Divergence'", *Journal of the Economic and Social History of the Orient*, Vol. 54, No. 5, 2011.

Holden Furber, "An Abortive Attempt at Anglo-Spanish Commercial Coöperation in the Far East in 1793", *The Hispanic American Historical Review*, Vol. 15, No. 4, 1935.

H. J. Perkin, "The Social Causes of the British Industrial Revolution", *Transactions of the Royal Historical Society*, Vol. 18, 1968.

H. R. Bull, "Notes on Tea Analysis", *Transactions of the Annual Meetings of the Kansas Academy of Science*, Vol. 9 (1883 – 1884).

H. V. Bowen, "Bullion for Trade, War, and Debt-Relief: British Movements of Silver to, around and from Asia, 1760 – 1833", *Modern Asia Studies*, Vol. 44, No. 3, 2010.

J. Laurence Laughlin, "Gold and Pricessince 1873", *The Quarterly Journal of Economics*, Vol. 1, No. 3 (Apr., 1887).

Jacob M. Price; Paul G. E. Clemens, "A Revolution of Scale in Overseas Trade: British Firms in the Chesapeake Trade, 1675 – 1775", *The Economic History*, Vol. 47, No. 1. Mar., 1987.

John A. Todd, "Reconstruction in the Cotton Trade", *The Annals of the American Academy of Political and Social Science*, Vol. 104, 1922.

John E. Orchard, "Oriental Competition in World Trade", *Foreign Relations*,

Vol. 15, No. 4, 1937.

John Joyce Broderick, "The Industrial and Financial Situation in Great Britain and Its Remedies", *The Annals of the American Academy of Political and Social Science*, Vol. 102, America and the Rehabilitation of Europe (Jul., 1922).

Joseph Downs, "The China Trade and Its Influences", *The Metropolitan Museum of Art Bulletin*, Vol. 36, No. 4, 1941.

Julian Hoppit, "Counting the Industrial Revolution", *The Economic History Revie*, Vol. 43, No. 2, 1990.

J. C. Harrison, "The Silver Situation in India", *Political Science Quarterly*, Vol. 12, No. 4 (Dec., 1897).

J. F. Scheltema, "The Opium Question", *American Journal of Sociology*, Vol. 16, No. 2 (Sep., 1910).

J. F. Scheltema, "The Opium Trade in the Dutch East Indies", *American Journal of Sociology*, Vol. 13, No. 1 (Jul., 1907).

Leanna Lee-Whitman, "The Silk Trade: Chinese Silks and the British East India Company", *Winterthur Portfolio*, Vol. 17, No. 1, 1982.

Lincoln Hutchinson Source, "Oriental Trade and the Rise of the Lombard Communes", *The Quarterly Journal of Economics*, Vol. 16, No. 3 May, 1902.

Lord Hailsham, "Great Britain in the Orient", *Pacific Affairs*, Vol. 3, No. 1, 1930. Karen Hearn, "Elizabeth I and the Spanish Armada: A Painting and Its Afterlife", *Transactions of the Royal Historical Society*, Vol. 14, 2004.

Max Farrand, "The Taxation of Tea, 1767 – 1773", *The American Historical Review*, Vol. 3, No. 2 (Jan., 1898).

Michael Fores, "the Myth of a British Industrial Revolution", *History*, Vol. 66, No. 217, 1981.

M'Cosh, "On the Various Lines of Overland Communication between India and China", *Proceedings of the Royal Geographical Society of London*, Vol. 5, No. 2 (1860 – 1861).

North Douglass and Barry R. Weingast, "Constitutions and Commitment: theEvolution of Institutional Governing Public Choice in Seventeenth-Century England", *The Journal of Economic History*, 1984.

N. F. R. Crafts, "Industrial Revolution in England and France: Some Thoughts on the Question, 'Why Was England First?'", *The Economic History Review*, New Series, Vol. 30, No. 3, 1977.

Patrick K. O'Brien and Geoffrey Allen Pigman, "Free Trade, British Hegemony and the International Economic Order in the Nineteenth Century", *Review of International Studies*, Vol. 18, No. 2, 1992.

Patrick Karl O'Brien, "Fiscal and Financial Preconditions for the Formation of Developmental States in the West and the East from the Conquest of Ceuta (1415) to the Opium War (1839)", *Journal of World History*, Vol. 23, No. 3, 2012.

Patrick Manning, "The Slave Trade: The Formal Demography of a Global System", *Social Science History*, Vol. 14, No. 2, 1990.

Phyllis Deane, "The Industrial Revolution and Economic Growth: The Evidence of Early British National Income Estimates", *Economic Development and Culture Change*, Vol. 5, No. 2, 1957.

Pierre-Yves Manguin, "Trading Ships of the South China Sea. Shipbuilding Techniques and Their Role in the History of the Development of Asian Trade Networks", *Journal of the Economic and Social History of the Orient*, Vol. 36, No. 3, 1993.

R. Koebner, "Adam Smith and the Industrial Revolution", *The Economic History Review*, New Series, Vol. 11, No. 3. 1959.

Richard C. Rudolph, "Chinese Armorial Porcelain in Mexico", *Archives of the Chinese Art Society of America*, Vol. 15, 1961.

Robert Livingston Schuyler, "The Abolition of British Imperial Preference, 1846 – 1860", *Political Science Quarterly*, Vol. 33, No. 1 (Mar., 1918).

R. C. Allen, "Why the Industrial Revolution Was British: Commerce, Induced Invention, and the Scientific Revolution", *The Economic History Review*, Vol. 64 (2), 2011.

R. M. Hartwell, "Was There an Industrial Revolution?", *Social Science History*, Vol. 14, No. 4, 1990.

Srinivas R. Wagel, "Great Britain's Control of International Markets", *American Academy of Political and Social Science*, *the Annals of the American Academy of Political and Social Science*, Vol. 97, *the Revival of American Business* (Sep., 1921).

Stein Tonnesson, "The South China Sea in the Age of European Decline", *Modern Asian Studies*, Vol. 40, No. 1, 2006.

Stephen Bonsal, "What the Chinese Think of Us", *The North American Review*, Vol. 171, No. 526 (Sep., 1900).

Stone Lawrence, "Social Mobility in England: 1500 – 1700", *Past and Present*, 1966 (33).

Talcott Williams, "Silver in China: And Its Relation to Chinese Copper Coinage", *The Annals of the American Academy of Political and Social Science*, Vol. 9 (May, 1897).

Tasuku Harada, "In the Orient View: From the Periodical Press of Japan and China", *Pacific Affairs*, Vol. 1, No. 6, 1928.

The President and Fellows of Harvard College, "Manila as the Spanish Gateway to the East", *Bulletin of the Business Historical Society*, Vol. 4, No. 4, 1930.

Tien-Tse Chang, "The Spanish-Dutch Naval Battle of 1617 outside Manila Bay", *Journal of Southeast Asian History*, Vol. 7, No. 1, 1966.

T. M. Ainscough, "British Trade with India", *Journal of the Royal Society of Arts*, Vol. 78, No. 4044, 1930.

T. V. Jackson, "British Incomes Circa 1800", *The Economic History Review*, New Series, Vol. 52, No. 2. (May, 1999).

V. Gordon Childe, "The Orient and Europe", *American Journal of Archaeology*, Vol. 43, No. 1, 1939.

Warren Bailey and KiridaBhaopichitr, "How Important Was Silver? Some Evidence on Exchange Rate Fluctuations and StockReturns in Colonial-Era Asia", *The Journal of Business*, Vol. 77, No. 1 (January 2004).

Watson Davis, "Industrial Revolutions", *The Scientific Monthly*, Vol. 32, No. 1, 1931.

William M. Sloane, "The Continental System of Napoleon", *Political Science*

Quarterly, Vol. 13, No. 2 (Jun., 1898).

Worthington C. Ford, "Our Trade with China", *The North American Review*, Vol. 160, No. 458 (Jan., 1895).

Worthington C. Ford, "Silver in Commerce", *Political Science Quarterly*, Vol. 11, No. 3 (Sep., 1896).

W. G. Langworthy Taylor, "The Relative Importance of Our Foreign Trade", *Political Economy*, Vol. 12, No. 1 Dec., 1903.

W. W. G., "China: Its Population: Trade: and the Prospect of a Treaty", *The American Oriental Society*, Vol. 1, No. 2 (1844).